# Das jagerische Jahr

Walter Nordheim

# Das jagerische Jahr

Bechtermünz Verlag

Genehmigte Lizenzausgabe für
Weltbild Verlag GmbH, Augsburg 1999
Copyright © 1990 by Verlag Neumann-Neudamm
GmbH & Co. KG, Melsungen
Gesamtherstellung: Offizin Andersen Nexö – ein Betrieb der
INTERDRUCK Graphischer Großbetrieb GmbH
Printed in Germany
ISBN 3-8289-1566-3

# Inhaltsverzeichnis

## April

| | |
|---|---|
| Auerhahnmonat – Ostermond | 11 |
| Das Wetter | 12 |
| Die Jagd | 12 |
| Die Hege | 13 |
| Was tut sich im Revier? | 14 |
| Blüte und Ernte | 14 |
| Die hypnotisierte Katze | 16 |
| Grüne Sprüche | 18 |
| Lustiges | 18 |
| Die Waidsprüche | 20 |
| Wild des Monats: Der Wolpertinger | 22 |

## Mai

| | |
|---|---|
| Färbemonat – Wonnemond | 27 |
| Das Wetter | 28 |
| Die Jagd | 28 |
| Die Hege | 29 |
| Was tut sich im Revier? | 30 |
| Grüne Sprüche | 30 |
| Lustiges | 30 |
| Waldfrüchte | 32 |
| Wild des Monats: Das Birkwild | 34 |
| Blüte und Ernte | 36 |

## Juni

| | |
|---|---|
| Rehbockmonat – Brachmond – Brachet | 39 |
| Das Wetter | 40 |
| Die Jagd | 40 |
| Die Hege | 40 |
| Grüne Sprüche | 41 |
| Lustiges | 41 |
| Was tut sich im Revier? | 41 |
| Wild des Monats: Der Fuchs | 42 |
| Von den Lauten und den Stillen | 46 |
| Blüte und Ernte | 49 |

## Juli

| | |
|---|---|
| Blattenmonat – Heumond – Heuet | 51 |
| Das Wetter | 52 |
| Die Jagd | 52 |
| Was tut sich im Revier? | 53 |
| Die Hege | 53 |
| Wild des Monats: Das Reh | 54 |
| Grüne Sprüche | 56 |
| Lustiges | 56 |
| Blüte und Ernte | 56 |
| Grüne Gedanken | 59 |
| Waidmannsdank | 60 |

## August

| | |
|---|---|
| Feistmonat – Ernting | 63 |
| Das Wetter | 64 |
| Die Jagd | 64 |
| Was tut sich im Revier? | 64 |
| Die Hege | 65 |
| Grüne Sprüche | 65 |
| Wild des Monats: Das Gamswild | 66 |
| Lustiges | 68 |
| Blüte und Ernte | 68 |
| Vom braunen und vom glitzernden Image | 70 |

## September

| | |
|---|---|
| Feldjagdmonat – Schneiding | 75 |
| Das Wetter | 76 |
| Die Jagd | 76 |
| Die Hege | 77 |
| Was tut sich im Revier? | 78 |
| Grüne Sprüche | 78 |
| Lustiges | 80 |
| Wild des Monats: Das Rotwild | 82 |
| Mankeifett | 86 |
| Blüte und Ernte | 89 |

## Oktober

| | |
|---|---|
| Treibjagdmonat – Gilbhart | 91 |
| Das Wetter | 92 |
| Die Jagd | 92 |
| Die Hege | 93 |
| Was tut sich im Revier? | 94 |
| Waisenknaben | 96 |
| Lustiges | 100 |
| Grüne Sprüche | 100 |
| Wild des Monats: Das Rebhuhn | 102 |
| Blüte und Ernte | 104 |

## November

| | |
|---|---|
| Dachsmonat – Nebelung | 107 |
| Das Wetter | 108 |
| Die Jagd | 108 |
| Die Hege | 109 |
| Was tut sich im Revier? | 112 |
| Gebet eines Jägers gesetzteren Alters | 115 |
| Wild des Monats: „Vom Hasen" | 118 |
| Grüne Sprüche | 120 |
| Lustiges | 120 |

## Dezember

| | |
|---|---|
| Schweinehatzmonat – Julmond | 123 |
| Das Wetter | 124 |
| Die Jagd | 124 |
| Die Hege | 125 |
| Was tut sich im Revier? | 125 |
| Grüne Sprüche | 126 |
| Lustiges | 126 |
| Die lüsterne Wildsau – | 128 |
| Wild des Monats: Schwarzwild | 130 |
| Das jagerische Christkindl | 134 |

## Januar

| | |
|---|---|
| Raubzeugmonat – Hartung | 139 |
| Das Wetter | 140 |
| Die Jagd | 140 |
| Die Hege | 141 |
| Was tut sich im Revier? | 141 |
| Lustiges | 142 |
| Grüne Sprüche | 142 |
| Ist männlich Verlangen ... | 144 |
| Die Marderjagd – eine Bildergeschichte | 148 |
| Wild des Monats: Eulen, Käuze, Aberglauben | 150 |

## Februar

| | |
|---|---|
| Jagdschlußmonat – Hornung | 155 |
| Das Wetter | 156 |
| Die Jagd | 157 |
| Die Hege | 157 |
| Was tut sich im Revier? | 158 |
| Grüne Sprüche | 158 |
| Lustiges | 160 |
| Wild des Monats: Enten | 162 |
| Von grünen Hoffnungen und ebensolchen Seifenblasen | 166 |

## März

| | |
|---|---|
| Schnepfenmonat – Lenzing | 171 |
| Das Wetter | 172 |
| Die Jagd | 172 |
| Die Hege | 173 |
| Was tut sich im Revier? | 173 |
| Wild des Monats: Der Dachs | 174 |
| Lustiges | 176 |
| Blüte und Ernte | 178 |
| Grüne Sprüche | 178 |
| Das verhängnisvolle Frühjahrsschießen | 180 |
| Bekenntnis | 184 |

# Waidmannsheil!

Wir Jäger, eingebunden wie nur noch wenige Menschen in den Kreislauf der Natur, leben mit zwei Jahresrechnungen. Überall auf der Welt versucht man ja, altüberlieferte Wirtschafts- und Erlebnisjahre dem modernen Kalenderjahr anzupassen. Wo kämen wir denn auch hin, wenn jeder sein eigenes Jahr hätte. Nichts da!
Das Jahr hat am 1. Januar zu beginnen, ist in vier Jahreszeiten eingeteilt, die meist wirklich stattfinden, gliedert sich in zwölf Monate, erhält Höhepunkte durch gesetzliche Feiertage, Ferien, Urlaub und endet konsumkonform mit einem Hundertmillionen-Feuerwerk.
So einfach kann das sein.
Und das Jahr des Jägers?
Es beginnt zu einem Zeitpunkt, wo das Leben ganz augenscheinlich allerorten erwacht. Wo Leben und Tod eng beieinander stehen, die unbändige Kraft der Lebenserneuerung aber auch Schwachen eine Hoffnung läßt. Und *unser* »Feuerwerk«?
Hundert Millionen Vogelstimmen jubilieren in hundert Milliarden Bäumen, Billionen von Knospen und Blüten öffnen sich in einem einzigen Augenblick, und das Spektrum des Sonnenlichts funkelt in Billiarden von Wassertropfen...
Nun leben wir Jäger mit zwei Jahresrechnungen. Und das ist gut so. Denn deshalb leben und erleben wir intensiver, köstlicher und — wissender.
Ich habe für dieses Buch den Titel »Das jagerische Jahr« gewählt. Nicht das »jägerische« mit Umlaut und nicht »Das Jahr des Jägers«.
Das ist kein Zufall.
Es scheint mir wesentlich für die ganz persönliche Jagdauffassung zu sein, nicht nur zu *jagen,* sondern zu *jagern.* Das hat gar nichts mit linguistischen Spitzfindigkeiten zu tun, sondern ist viel eher eine

Mentalitätssache, wenn nicht gar eine grüne Philosophie. Eine sehr einfache.
Wer nur jagen geht, setzt sich eine unnötige Distanz zum Wildtier, zur Beute, zum Töten, aber auch zum Lebensraum aller Wildtiere und letztlich zu seinem eigenen.
Er befindet über Leben und Tod, ist mehr mit dem Verstand bei der Sache als mit den Sinnen. Manche Jäger suchen diese Distanz, weil sie es ihnen leichter macht, nur von Zeit zu Zeit — nach Laune, Anlaß oder innerem Drang — Jäger zu sein und mit einem Schritt den Kreis wieder verlassen zu können, dem sie vielleicht sogar mit einer Art Haßliebe verhaftet sind.
Es werden aber auch diejenigen eher jagen gehen, denen der grüne Habitus gesellschaftliches Ansehen zu versprechen scheint, die anders sein wollen, die im »Grün« eine elitäre Entscheidungsbefugnis über Leben und Tod sehen. Gottähnlich.

Über wieviel mehr innere Freiheit verfügt doch der Jäger, der ganz einfach jagert. Nicht etwa undisziplinierter, planloser oder ungebundener in seiner Handlungsweise. Auch sein Äußeres braucht sich deshalb nicht am äußersten Rand salopper Auffassung zu bewegen.

Nein, *Jagern* bedeutet, mit allen Fasern des Herzens, mit allen ansprechbaren Sinnen, mit feinstem Instinkt, weit geöffnet, anpassend und empfindsam einem Lustgefühl ehrlich Raum zu geben, das andere schamhaft verleugnen. Warum wohl?

Natürlich ist Jagern wesentlich risikoreicher als Jagen. Nicht an äußeren Gefahren, nein, aber weil es den ganzen Menschen beansprucht. Ein schwacher oder schwankender Charakter kann dabei leicht auf der Strecke bleiben.

Doch soll es jeder so halten, wie er will oder kann. Ich bin keinem gram, der nicht jagert, sondern jagt. Jeder nach seiner Fasson. Wer aber jagert, wird einiges mehr in den folgenden 6000 Zeilen – und dazwischen – lesen, das ihn beglücken kann; sie spiegeln das jagerische Jahr in seiner bunten Vielfalt wider und sind ein einfacher, immerwährender Kalender. Niemals aber sollten wir versuchen, einem Außenstehenden den Unterschied zwischen Jagen und Jagern begreiflich zu machen. Es würde ihn verwirren und vielleicht schon vorhandene gute Ansätze wieder gefährden, die Jagd nicht nur als eine tolerierbare Lebensart von ein paar hunderttausend naturverbundenen Menschen zu sehen, sondern als biologische Notwendigkeit.

Schlimm und gefährlich könnte der Pharisäer reagieren, der sich in seiner sublimierten Menschlichkeit und seiner tief ausgeprägten Tierliebe dem »primitiven« Jäger haushoch überlegen fühlt. Wehe ihm aber, wenn er mit dem Auto eines der 500 000 Wildtiere überfährt, die jährlich auf Straßen und Autobahnen zerfetzt und zermalmt werden. Wehe ihm, wenn er dem Geschöpf gegenübersteht, das waidwund im Straßengraben liegt. Dem er zwar tödliche Verletzungen beibrachte, das er jedoch, bedingt durch seine eigene Naturferne, nicht von seinen Leiden erlösen kann. Wie wünscht er sich dann den Jäger, den Töter herbei, den er sonst verachtet... Auch solche Gedanken am Beginn *unserer* Jahresrechnung sollten gedacht werden.

Ich wünsche Ihnen ein jagerisches Jahr!

Walter Nowak-Nordheim

# April

## Auerhahnmonat · Ostermond

Der Reigen des jagerischen Jahres wird durch den Monat April eröffnet. Nun heißt April ja nichts anderes als »eröffnen« – das Wort kommt aus dem Lateinischen. Was könnte die jagerische Zeitrechnung also treffender symbolisieren als dieser Monatsname?

Zugegeben – viel steht zwar noch nicht drin in den Spalten der »Jagdzeiten«, die wir schwarz auf grün in der Brieftasche stecken haben.

Geblieben ist zunächst ein wehmütig erinnernder »Auerhahnmonat«, wie ihn der alte Wildungen – noch aus dem vollen schöpfend – nannte, weil die Balzjagd auf den stolzen großen Waldvogel eine solche Selbstverständlichkeit war, wie in unseren Tagen das listenreiche Anspringen des balzenden Taubers. Man sagte zwar schon vor hundert Jahren, der Tauber sei der »Auerhahn des kleinen Mannes«. Aber was ist nicht schon alles zum Wild des kleinen Mannes geworden?

Vielleicht wird die übernächste Jägergeneration das höchste Jagdglück allenfalls noch beim Wildkaninchen finden können, weil die Möblierung und Komfortisierung unserer Wälder und Fluren für die Bequemlichkeit all der vielen Millionen Naturliebhaber dem größeren Wild allenfalls noch einen Platz im Zoo läßt.

Ich will Sie nicht in den April schicken mit dieser Schwarzmalerei, obwohl solche Überlegungen vielleicht um die Jahrtausendwende beileibe kein Aprilscherz mehr zu sein brauchen.

Möglicherweise jagen wir dann aber auch auf Wolpertinger, Elwedritsche, Kampfhasen oder Waschbären nach amerikanischen Methoden.

So wetterwendisch der April ist, so gut sollte auch der Jäger sich in diesen dreißig Tagen dem raschen Wechsel von Regen und Sonnenschein anzupassen versuchen.

Was gibt es da nicht alles zu sehen und mit den Sinnen aufzuspüren!

Dem Auge des Jägers tut das erste frische Grün so wohl wie dem Wild im Äser und im Pansen, und dem Ohr schmeicheln die kunstvollen Strophen der Singdrossel nicht weniger als der rührend bescheidene Gesang des Weidenlaubsängers. Genußvoll beugt sich der Jäger zum Seidelbast hinunter, um den unverwechselbaren, fast eleganten Duft der altrosafarbenen Blütensterne in den »Windfang« zu bekommen. Behutsam streicht die Fingerkuppe über die ersten samtigen Blatttriebe an Sträuchern, Büschen und Bäumen, zwischen denen der frisch gekehrte Pirschpfad sich hindurchschlängelt.

So, wie ein neues Kalenderjahr meist mit guten Vorsätzen gepflastert ist, so beginnt auch das neue Jagdjahr unter ähnlichen Vorzeichen. Suchen wir nicht immer nach Maßstäben, Leitbildern oder Spruchweisheiten zur leichteren Orientierung? Wie gefällt Ihnen diese:

»Jagst du in Feld, Wald oder Au,
jagst du auf Has', Hirsch oder Sau,
jagst du als Fürst, Herr oder Knecht,
nicht ›Wer‹, das ›Wie‹ macht waidgerecht.«

Hegendorf

# Das Wetter

Über das Aprilwetter viel Worte verlieren, hieße Eulen in den Wald tragen: So fest ist man davon überzeugt, daß in diesem Monat das Wetter zwischen »wechselhaft« und »extrem schlecht« schwankt, also in der Regel nichts taugt.
Falls Sie aber ein Jagdtagebuch führen und darin Aufzeichnungen über das Wetter eintragen, werden Sie sich dieser landläufigen Meinung nicht unbedingt anschließen. Denn das Aprilwetter ist beileibe nicht immer so schlecht wie sein Ruf. Ich habe die Erfahrung gemacht, daß sich von Jahr zu Jahr alles nur ein wenig verschiebt. Manchmal um acht, manchmal um vierzehn Tage.
Man kann schon recht gut jagern im April!
Und wer es ganz genau wissen will mit dem Wetter, der halte sich an die »Lostage«, an die sich auch die alte Jägerei gehalten hat. In manchem Jäger- oder Forsthaus entdeckt man an der Flurwand oder auf einem Balken zwölf seltsame kreisrunde Zeichen. Das sind die Symbole der Lostage.
Zwölf Lostage zählt man vom Stephanstag (26.12.) bis zu Dreikönig (6.1.). Jeder dieser Tage repräsentiert einen Monat des neuen Jahres. Also steht der Stephanstag für den Januar, der 27. für den Hornung und so fort. Der Dreikönigstag symbolisiert dann den Dezember. Güte und Wettergeschehen der einzelnen Monate ergeben sich aus den Wetterlagen der Lostage.
Die Beobachtungen an den Lostagen werden mit Kreidekreisen (Monatsringen) festgehalten, die quer halbiert sind: Vormittag – Nachmittag. Jede Hälfte teilt man noch einmal, so daß pro Kreis vier Viertel entstehen. Ein leeres Feld bedeutet helles, ein voll gekreidetes schlechtes Wetter. Regen wird als Schraffur dargestellt, Schnee mit Punkten.
Sollte es also an Sylvester am Vormittag schneien, so hätte man auch im Juni mit Schnee zu rechnen. Eine solche Prognose wäre gar nicht so abwegig, wenn man an die »Schafskälte« im Juni denkt oder an manchen Wettersturz mit Hagelschauern auch noch später im Sommer.
Wer es nicht glaubt, der probiere es am besten selbst aus oder orientiere sich an den folgenden Wetterregeln:

Wenn es am 1. April schneit, dann muß der Jäger noch im Mai die Hütte heizen.

Am Hugo (1.4.) darf man keinen Buchweizen säen.

Der 3. April zieht 40 gleiche Tage nach.

Aprilschnee ist besser als Schafmist.

Donner im April dem Jäger Gutes zeigen will.

Vom Regen im April zeugt der Mai seine Blumen.

Auf Tiburti (14. April) soll das Wild schon Grünes äsen.

St. Georg (23.4.) und St. Markus (25.4.), die drohen oft viel arg's.

So lange es vor St. Markus-Tag warm ist, so lange ist es nachher kalt.

Ruft der Kuckuck am 7. oder am 17. oder am 27. April, so heißt das: entweder kommt jemand, oder eine Nachricht trifft ein, oder es wird gesungen oder gestorben ...

Friert es auf Sankt Vital (24.4.), friert es fünfzehnmal.

Hält St. Peter (29. April) das Wetter schön, kann man getrost den Wildacker säen.

Ein schlechtes Bauernjahr ist auch ein schlechtes Jagdjahr.

Herrengunst, Aprilenwetter, Frauenlieb und Rosenblätter, Würfel und auch Kartenspiel ändern sich oft. Wer's glauben will.
F. v. Flemming

Ist der April auch noch so gut – er schneit dem Jäger auf den Hut!

# Die Jagd

Noch ist die Ringeltaube auf und überall balzen die Tauber. Da ruft einer im lichten Altholz seine Strophen und verrät sich dem Jäger. Spannende Jagdstunden und schmackhafte Beute sind ein vielversprechender Aufgang des Jagdjahres.
Auch die Eichelhäher wären verlockende Beute, denn sie sind jetzt viel auf den Schwingen, um ihre Brut zu versorgen. Die sonst lauten Rätscher verhalten sich aber auffallend still, als wüßten sie, daß vornehme Zurückhaltung die Überlebenschancen für sich und die Brut erhöht. Natürlich greifen sie sich Eier und Junge der Singvögel, und Feind Sperber ist selten geworden. Trotzdem sollte sich der Jäger jetzt bezähmen. Denn wenn er im Herbst und Winter Hähersuppe essen will, muß er auch säen lassen.
Ab Monatsmitte lohnt sich schon die Ansitzjagd auf Jungfüchse vor dem Bau. Zählen, schießen und liegenlassen, bis das ganze Geheck gestreckt ist. Wo die Tollwut im bisherigen Umfang besteht, sollte als Faustregel gelten: Ein befahrener Bau auf 1000 Hektar genügt!
Ein altes bayerisches Sprichwort sagt: »Sig'st Füx, gibt's z'vui. Sig'st koa, gibt's immer no gnua!« Übersetzt heißt das: »Siehst du Füchse, gibt es zu viele. Siehst du keine, gibt es immer noch genug.« Wetten wir, daß diese alte jagerische Weisheit stimmt?
Jetzt empfiehlt es sich auch, in die Dickungen zu gehen und nach Notbauten zu suchen.
Im Rotwildrevier wird man noch

# Die Hege

manche Abwurfstange finden. Alles »Raubzeug«, allen voran die jetzt immer weiter vom Dorf wegstreunenden Katzen, wird mit Falle und Schuß kurzgehalten. Katzen ranzen und gewöhnen sich weite Wege an. Hier kann ein Quäntchen Baldrian Wunder wirken. Denn bald ist das Revier eine einzige große Kinderstube. Im Interesse der Bodenbrüter, Junghasen und Rehkitze sollte das von uns gehegte Stückchen Erde von Schmarotzern entlastet sein. Krähen- und Elsternnester besser mit der Teilmantelkugel als mit groben Schroten ausschießen. Mancher »Weihnachtshund« wird an den Osterfeiertagen als »Wegwerfhund« ausgesetzt werden. Meist sind solche Hunde noch nicht einmal ein Jahr alt und für das Überleben in freier Wildbahn kaum geeignet. Deshalb: nicht schießen, sondern heranlocken und die Mühe aufwenden, für den bedauernswerten Vierbeiner zumindest einen Platz im Tierheim zu finden.

In die noch kahlen Büsche und Bäume kommt allmählich Leben. Diese Zeit nutzt der Jäger, um sich einen gründlichen Revierüberblick zu verschaffen. Auch Dickungen und Einstände werden ausgegangen, Baue und Horste in die Revierkarte eingetragen, denn nur Genies behalten alles im Kopf. Die größeren Rehwildsprünge lösen sich auf, das Wild steht wieder in Familienverbänden zusammen – doch Einstandskämpfe allerorten. Und die Wildunfälle im Straßenverkehr steigen sprunghaft an! Auch für die Autowilderei ist das eine ergiebige Zeit, denn das Wild ist gierig nach Grünäsung und springt nicht so leicht ab. Einschüsse auf Verkehrsschildern, ob in Klein- oder Schwarzpulverkalibern, sind alarmierend. Aus Dummejungenstreichen kann sich schnell Wilddieberei entwickeln.

Wenn das Wetter paßt, wird allmählich mit der Aussaat auf Wildäckern und Wildwiesen begonnen. Rillensaat – wie im Garten – geht bei nicht zu großen Flächen sehr gut. Viele Saatgutsorten gibt es pilliert, also in einen Gipsmantel gehüllt. Den kleinen Mehrpreis macht das schnellere, gezieltere und damit sparsamere Aussäen wieder wett.
Reichhaltige Mischungen sind empfehlenswerter als Einzelkulturen, z.B. Markstammkohl, Furchenkohl, Senf, Wildmöhren, Futterraps, Dauerlupine und alle Kleearten.

Für die Neuanlage von Wildwiesen kauft man eine »schnelle« Dauerwiesenmischung, die man schon im ersten Jahr reichlich nutzen kann. Wildkräuter stellen sich meist von selbst ein. Tüftler können es auch auf kleinsten Flächen mit einer »Wildapotheke« versuchen, zum Beispiel mit der Aussaat von Anis, Beifuß, Basilikum, Dill, Fenchel, Kamille, Kapuzinerkresse, Salbei, Spitzwegerich.

Wichtig ist, das Saatgut rechtzeitig zu bestellen, denn nicht alles ist vorrätig. Für die Aussaat kann man sich den ganzen April bis in den Mai hinein Zeit lassen. Mit der Anlage oder der Einzelpflanzung von Verbiß- und Deckungsgehölzen muß jetzt wirklich Ernst gemacht werden. Pirschpfade wären auszuputzen und zu kehren. Bei Windwürfen kann man den einen oder anderen Stamm in Augenhöhe abschneiden und als Stangenlecke nutzen. Reviereinrichtungen geht man sorgfältig ab und bessert sie systematisch aus. Ein Kilo Nägel wiegt nichts gegen ein gebrochenes Bein oder Schlimmeres. Wer sein Holz sonst bezahlen muß, bedient sich kostenlos an liegengebliebenen Kronen. Sie liefern Stangen und Sprossen, die zum Ausbessern allemal taugen. Fütterungen werden gesäubert, gekalkt und eventuell gleich umgestellt.

# Was tut sich im Revier?

| | |
|---|---|
| Gamswild | Kitze (1–2) |
| Rehwild | Ältere Böcke verfegen |
| Schwarzwild | Frischlinge (3–10) |
| Feldhasen | Satzhasen (1–4) |
| Wildkaninchen | Satzkaninchen (4–8) |
| Fuchs | Jungfüchse (4–6) |
| Dachs | Jungdachse (2–5) |
| Baummarder | Jungmarder (2–5) |
| Steinmarder | Jungmarder (2–5) |
| Iltis | Ranz, Iltisfähe geht dick 40–43 Tage |
| Hermelin | Jungwiesel (4–10) |
| Mauswiesel | Ranz um Monatsmitte |
| Auerwild | Balz |
| Birkwild | Balz |
| Haselwild | Balzende um Monatsmitte |
| Fasan | Balz |
| Waldschnepfe | Gelege (4 Eier), Brutdauer 22–24 Tage |
| Ringel- und Türkentaube | Brut (2 Eier), Balz usw. Brutdauer 15–17 Tage, Mehrere Bruten bis August |
| Stockente | Gelege (9–14 Eier), Brutdauer 22–26 Tage |
| Graugans | Gelege (4–9 Eier), Brutdauer 28–29 Tage |
| Mäusebussard | Gelege (2–4 Eier), Brutdauer 28–31 Tage |
| Turmfalk | Paarzeit, Gelege (5–6 Eier), Brutdauer 26–31 Tage |
| Habicht | Gelege (3–4 Eier), Brutdauer 35–38 Tage |
| Sperber | Paarzeit |
| Bläßhuhn | Paarzeit, Gelege (6–9 Eier), Brutdauer 21–24 Tage |

# Blüte und Ernte

*Es blühen (g = giftig):*

Ackerehrenpreis
Adonisröschen
Alpenglöckchen

Bachnelkenwurz
Bärenlauch
Buschwindröschen (g)

Duftende Schlüsselblume

Eibe
Enzian

Frühlingsküchenschelle (g)
Frühlingsscharbockskraut

Große Sternmiere
Großes Schöllkraut (g)

Haselstrauch
Haselwurz (g)
Holzapfel
Hohler Lärchensporn (g)
Hornkraut
Huflattich

Immergrün

Kornelkirsche
Kuckuckslichtnelke
Küchenschelle (g)

Leberblümchen

Milzkraut
Mistel

Nieswurz (g)

Reiherschnabel

Rote Nachtnelke
Rote Pestwurz
Rote Taubnessel

Sonnenwendwolfsmilch (g)
Sanddorn
Schattenblume (g)
Scilla
Schneeheide
Schneeball
Schlehe
Seidelbast
Sumpfdotterblume

Veilchen

Wacholder
Waldschlüsselblume
Weiden
Wiesenschaumkraut
Weißwurz (g)
Weiße Taubnessel

*Geerntet werden* verschiedene Heilpflanzen, z. B. der Huflattich.

Auch in den Gebirgstälern beginnt die Vegetation den Winter abzulösen. Für den Bergjäger ist das beileibe keine Zeit zum Ausruhen. Rot- und Gamswild ziehen in die höheren Sommereinstände. Der Jäger nutzt die kurze Zeit vor dem ersten Touristenansturm und dem Almviehauftrieb, die Reviereinrichtungen in Ordnung zu bringen und auf seinen Pirschgängen wieder die höchsten Regionen mit einzubeziehen. Ein Paradies, wo es heute noch Hähne zu »verlusen« gibt!

# Die hypnotisierte Katze

Wer sagt denn, daß alles in Hast geschehen muß?
Hast ist eine rein menschliche Erfindung. Eine sehr überflüssige, nach meiner Meinung.
Die Natur kennt keine Hast.
Dort geschieht alles langsam, bedächtig, scheinbar umständlich.
Wir Jäger wissen das genau.
Schon ein Grashalm braucht ein ganzes Jahr, um sich zu erfüllen. Unter zehn Jahren wird ein Strauch kein Strauch. Und erst in hundert Jahren ist ein Baum ein Baum. Oder gar die Eiche: Dreihundert Jahre wächst sie, dreihundert Jahre steht sie, dreihundert Jahre vergeht sie.
Je langsamer ein Baum wächst, um so besser wird sein Holz. Mit Hast ist da nichts auszurichten.
Hast ist auch Gift für Geist und Gemüt. Oft bleibt uns leider nichts anderes übrig, als mit der Hast unserer Umwelt und der eigenen zu leben. Wollten wir das nicht, würde sie es uns heimzahlen.
Mit ihr leben – ja. Von ihr abhängig sein – nein!
Vor lauter Hast habe ich heute die Hälfte vergessen. So muß ich mich mit dem behelfen, was sie mir ließ: die Büchsflinte, den Hubertusmantel mit zwei Schrotpatronen in der linken Tasche – die rechte hat ein Loch. Rucksack und Kugelpatronen liegen zu Hause. Und der Hut dazu, ohne den ich mir auf der Jagd wie ein Nudist unter Badehosenträgern vorkomme.
Weil die Hast und die für den Abendansitz sowieso schon knappe Zeit mich noch unruhiger gemacht haben, wähle ich die »Bodensitzl«: ein Altholz von etwa einem Tagwerk, auf einem sanft gewölbten Wiesenbuckel gelegen, unmittelbar an der tiefer vorbeiziehenden, unsichtbaren Autobahn, jedoch durch einen Zaun wildsicher von ihr getrennt. Es stehen drei Schirme am Rand, die man bei uns Bodensitzl nennt und die untereinander durch Pirschpfade verbunden sind. Für den Hastigen eine ideale Sache!
Er kann nämlich spät kommen, muß nicht unbedingt stillsitzen, sondern wird eher dazu animiert, zwischen den Schirmen zu wandern und einmal da, einmal dort und dann wieder hier Auslug zu halten. Und was für einen Auslug!
Im Süden schwingen sich hellgrüne Wiesen im Wechsel mit dunkelgrünen Wäldern in immer kürzer werdenden Wellen aufs Gebirge zu.
Links steht markant und bei jedem Licht neu beeindruckend die Benediktenwand. Dem Jäger bekannt auch durch die dort geglückte Steinwildansiedlung. Über Glaswand und Jochberg erfaßt der nach rechts schweifende Blick den Herzogstand mit dem langgezogenen Grat hinüber zum Heimgarten. Alles »nur« zwischen 1600 und 1800 Meter hoch, doch nicht zum Sattsehen. Hier kann man die Hast ablegen, mit Schauen und Wandern zwischen den Sitzeln, denn auch die beiden anderen stehen dem »Gebirgslug« nicht nach. Nach Westen ein kleiner Wiesenhang, begrenzt von einem Gehölz aus Weißdorn, Spiräen und Heckenrosen. Der Jäger weiß, was so ein Gehölz wert ist.
Im Osten dagegen eine Streuwiese mit einigem Birkenanflug, unberührt und zur Blütezeit übersät mit Knabenkraut, Teufelskralle, Rapunzel, Schwalbenwurzenzian, dazwischen Muttern, Mehlprimel, Waldnelke, Benediktenkraut und natürlich auch Arnika, um nur ein paar zu nennen.
Ich sagte es schon: Für den Hastigen sind die Bodensitzl mit den Pirschpfaden Balsam. Da kommt er beim »Wandern« zur Ruhe.
Und ich wandere. Im leichten Rauschen der Autobahn unbekümmert um Geräusche. Eine Schrotpatrone im Lauf, eine in der heilen Manteltasche.
Noch ärgere ich mich über die Hast.
Da!
Knapp hundert Meter östlich eine streunende Katze. Zwei Kilometer vom Dorf entfernt.
U–n–d k–e–i–n–e K–u–g–e–l–p–a–t–r–o–n–e! Der Fluch der Hast.
Eine erfahrene Katze, wie ich gleich feststelle. Alle zehn Minuten fängt sie eine Maus, mit einer Routine, die auch den gut versteckten Satzhasen keine Chance ließe. Ich konzentriere mich auf die Katze, ganz unter dem Eindruck eines Illustriertenartikels, den ich neulich las und dessen Autor gewisse telepathische Orientierungshilfen bei Katzen als erwiesen ansah. Ein durchaus ernstzunehmender, fundierter Artikel.
Obwohl der Wind zu mir her steht, setzt sich doch die Katze plötzlich in Bewegung und schnürt auf dem Band meiner Gedanken auf mich zu. Es ist unbegreiflich.

Ich schieße sie auf dreißig Schritt. Eine ruppige, verwilderte Katze, die offensichtlich schon lange nicht mehr den Weg ins Dorf fand.
Ich muß aber gestehen, daß es mir nie wieder gelungen ist, eine Katze zu hypnotisieren. Es gibt wohl auch Dinge zwischen Himmel und Erde, für die eben Hast, und nur die Hast das auslösende Moment ist.

Alter schützt vor Torheit nicht . . .

# Grüne Sprüche   Lustiges

Die Natur versteht keinen Spaß. Sie ist immer wahr, immer ernst, immer streng, sie hat immer recht, und die Fehler und Irrtümer sind immer die des Menschen.
                                   Goethe

★

Ein Jäger, der nicht raucht und trinkt,
nicht spielt und frohe Lieder singt,
und niemals spricht ein Wort Latein —
das kann kein rechter Jäger sein!

★

Sitzen die Jäger beim Kartenspiel,
gilt der Balg dem Fuchs noch viel.

★

Den Charakter eines Mannes lernt man kennen im Spiel, in der Liebe und auf der Jagd.

★

Wie man in den Wald hineinschreit, so schallt es heraus.

★

Die Blume ziert der Jungfrau Locken, dem Hasen hält sie das Waidloch trocken.

★

»Nun, meine Herren, raten Sie mal, was ich gestern geschossen habe!« —
Stimme aus dem Hintergrund: »Die Hälfte!«

Sie gehen im Jagdzimmer von Trophäe zu Trophäe, die der Waidmann voller Stolz seiner charmanten Besucherin zeigt und erklärt.
»Der da, der Hasenkopf mit dem Gehörn? Ja, das ist ein »Bockhase«, gnädige Frau.« —
»Ein Bockhase? Eine Paarung aus Rehbock und Häsin? Sie wollen mich wohl auf den Arm nehmen! Das geht doch rein anatomisch nicht!« »Doch, doch! Allerdings mußte ich einen Stuhl ins Revier stellen.«

★

»Mein Waldmann ist doch der klügste Hund! Hab' ich ihm doch neulich mit Wasser verdünnte Milch hingestellt. Was meinen Sie, was der Kerl macht? Schlappt doch die Milch heraus und läßt das Wasser übrig ...«

»Waidmannsheil, Herr Nachbar! Wie geht's, wie steht's?« —
»Danke der Nachfrage. Mir geht's leider hundsmiserabel. Ich bin nämlich gestern von meiner zehn Meter hohen Kanzelleiter gefallen!« —
»Und? Haben Sie sich verletzt?« »Nicht direkt. Ich stand gerade auf der untersten Sprosse!«

★

Warum schießen die ostfriesischen Jäger mehr Enten als die bayerischen?
Weil es an der Küste mehr gibt! Falsch!
Weil die Gegend so flach ist. Da können die Ostfriesen sich gut konzentrieren, wenn sie die Enten schon eine halbe Stunde vorher sehen und die Flinten in aller Ruhe in Anschlag bringen.

Nicht nur der Standaufsicht einer modernen Schießanlage, auch dem Repräsentanten des einschlägigen Versicherungszweiges müßten beim Betrachten dieser Szene die Haare zu Berge stehen. Und trotzdem ist früher nicht mehr »passiert« als heutzutage.
Dieses mit Leben randvoll angefüllte Bild könnte jene Atmosphäre, wie sie einem Schützenstand noch um die Jahrhundertwende eigen war, nicht treffender wiedergeben. Arm und reich, jung und alt, einfache Schützen und G'studierte sind hier einträchtig versammelt. Da wird geladen, visiert, geschossen, kommentiert, getrunken, geraucht, geschnupft ...
Der Schreiber links im Bild verkörpert die Ruhe selbst. Wer daneben so bedächtig zielt? Es könnte der Bräu sein. Eben hat der Herr Doktor gefeuert. Nicht schlecht getroffen, scheint's, denn sein Nachbar ruft vielleicht gerade »Vivat«. Auch beim Ladevorgang zeigen sich die Temperamente recht verschieden, wie man sieht.
So schlecht war die gute alte Schützenzeit doch nicht, in der die »Standschützen« und »Jagdschützen« noch gemeinsam übten. Die einen für's Schützenfest, die anderen — wie heute auch — um waidmännisch zu jagen!

Hasenscheibe System „Eilers".

# Die Waidsprüche

»Es kommen so viele Stümpler und Beinhasen unter der Jagerey daher, daß viele die Jagerey und das Weidwerck gar nicht lernen; sondern sie lauffen nur mit beyher, und lernen bei Gelegenheit etwa eine Flinte losschießen. Als dann sind sie schon Jäger, haben dabey brav Maulwerck, ob gleich die Thaten sehr schlecht sind, und bekommen öfters doch wohl eher Dienste, als ein rechtschaffener Jäger, der was versteht... Wie ich mich denn auch von meiner Jugend her zu entsinnen weiß, daß wir Weide-Sprüche hatten, da wir denn bei vorfallenden Gelegenheiten, sowohl bei dem Vorsuch als Zusammenkönften, einander mit Weidesprüchen complimentirten, begegneten und anredeten, auch hierbey öffters examinierten... es wußte auch einer den anderen hierdurch auszuforschen, ob er würklich was verstünde«.

So läßt sich Döbel 1746 in seiner »Jäger-Practica« vernehmen.

Was hat es auf sich mit den Waidsprüchen, denen auch die Brüder Grimm — ja, die Märchengrimms — 1816 in ihrem Buch von den altdeutschen Wäldern soviel Aufmerksamkeit schenken?

Waidsprüche oder »Weidesprüche«, wie man sie während ihres Gebrauches in früheren Zeiten nannte, haben ihre Wurzel in der Zunftsprache der Jägerei. In Reimen als Frage- und Antwortspiel, als Lehrsätze und in feste Regeln für die Hundeabführung und den praktischen Jagdablauf gekleidet, erfüllten die Waidsprüche vielerlei Aufgaben.

Aus verschiedenen Quellen habe ich eine typische Auswahl von Waidsprüchen zusammengestellt, die aufmerksam zu lesen sich vielleicht lohnt.

Wohlauf! Wohlauf!
Ein seliger Morgen gehet heut auf!

Wohlauf! Wohlauf! Ihr Waidleut jung und alt!
Daß uns der liebe Gott heut walt!

Wohlauf! Wohlauf! Die Faulen und die Trägen, die noch gern länger lägen!

Wohlauf! Wohlauf! In dessen Namen, der erschuf die Wilden und die Zahmen!

Jetzt nehm ich meinen Hund ans Seil:
Waidmannsheil!

Waidmannsdank!
Gott geb einen guten Anfang!

Wohlauf junger Jäger stolz, du führst den Leithund heut zu Holz.
Du junger Waidmann, was wittert dich an?
Es wittert mich an ein Hirsch von vierzehn Enden, im dichten Tann.

Hierfür, voran, trauter Hund, hinfür, daß dir Gott Heil gebe und auch mir!

Wenn nun der Jäger zur Vorsuche ausziehen will, soll er seinen Leithund jägerlich anreden:

Nun, wohlhin, trauter Gesell, wie's der liebe Gott wöll; wohin mit Lust und Freude, den Jägern zu Lib, dem edlen Hirsch zu Leide.
Wohlhin, trauter guter Gesellmann, hin, hin!
Wohlan hin gen Holz, da schleicht heut mancher Hirsch stolz.

Hin zu der Buchen, da wollen wir den edlen Hirsch mit Freuden suchen.
Hin zu den Eichen, da findest du des edlen Hirsches Zeichen.
Hin zu den Linden, dort wolln den edlen Hirsch wir finden.
Hin auch zu der Birken, so Gott will, wolln wir ihn bald zerwirken.
Voran, lieber Gesell, trauter Hund, fornahin! Da kumbt der edle Hirsch hin!

Lieber Waidmann, sag mir an:
Wofür muß sich hüten der Waidmann? Von vielem Reden und heimlich Geschwätz wird mancher Waidmann verletzt.

Ho ho ho, mein lieb Waidmann, wo hinein, wo hinaus? Hin hin hin ins Wirtshaus, da schlägt dir kein Reis ein Auge aus!

Sitz du zu mir und ich zu dir, ein Glas Wein, das bring ich dir, auf aller rechtschaffenen Waidleut Wohlergehen!

Der Jäger und sein Leithund, machen den edlen Hirsch wund und eine schöne Jungfrau macht den Jäger gesund.

Waidmann lieber Waidmann sag mir fein:
Was mag das Jägerlohn wohl sein?
Kopf, Hals oder Haut!

Sag mir an mein lieber Waidmann, warum wird ein Jäger ein Meister-Jäger genannt?
Ein gerechter und ein gewißer Jäger hat vom Fürsten und Herrn die Vergunst,
er solle genennet werden Meister der sieben freien Kunst!

»Sieben freie Künste« nannte man die im Mittelalter gebräuchliche Einteilung des gelehrten Unterrichts:
Grammatik, Rhetorik, Dialektik, Arithmetik, Musik, Geometrie und Astronomie. Das sogenannte artistische Studium umfaßte die sieben freien Künste und galt im allgemeinen erst als Vorbereitung für das fachwissenschaftliche Studium. Da ein Jäger, ein Zünftiger, nicht studiert, sondern aus der Praxis zu lernen hatte, wollte man mit diesem Spruch vor der Übertreibung, vor dem Prahlen warnen.

Heute würde man die Waidsprüche den Sprichwörtern allgemein zuordnen. In ihrer Blütezeit waren sie, genau wie die Poesie der Meistersinger, ein Stück Kultur.

Dieser »Brotkorb« hängt auch für einen Fuchs zu hoch!

# ...lauert er wildernden Hunden auf:
## Der Wolpertinger (Crisensus crisensus)

Als geradezu sensationell mußte die Meldung einer Nachrichtenagentur gewertet werden, die vor weit über einem viertel Jahrhundert in die Fernschreiber der europäischen Redaktionen tickte: Unbekannte Wildart entdeckt!
Die Sensationsmeldung, die damals wie eine Bombe einschlug und Naturforscher, Zoologen (Ökologen wurden erst später erfunden), Forstwissenschaftler, aber auch naturverbundene Laien gleichermaßen in Aufregung versetzte, war die Lüftung eines Geheimnisses, das bayerische Jäger über Jahrhunderte hinweg wie einen Gral gehütet hatten und das nun durch einen dummen Zufall ans Licht der Öffentlichkeit gezerrt wurde.
Was war geschehen?
Ein Offizier der amerikanischen Besatzungsarmee wurde dem Forstamtsleiter in einem heute weltbekannten Fremdenverkehrsort des bayerischen Oberlandes als Jagdgast zugeteilt. Zähneknirschend mußte der Forstmeister mitansehen, wie der schießwütige Ami aus dem Westen des gelobten Landes einen Zukunftshirsch nach dem anderen mit dem Halbautomaten in die ewigen Jagdgründe beförderte. Nach jedem Treffer brüllte der Gemütsmensch noch »Woiidmännsheul!« von der Kanzel, klatschte sich vor Vergnügen auf den feisten Oberschenkel und baumte dann schleunigst ab, um seinen von der Aufregung malträtierten Darmtrakt im dichteren Holz zu entleeren.
Da machte er eines Tages ein Lebewesen aus, das sich in seltsamen Sprüngen und mit einer unwahrscheinlichen Geschwindigkeit in den Baumkronen bewegte. »What is das?« begehrte der Ami Aufklärung. Doch der Forstmeister schwieg wie das Grab.
Da jagte der Captain dem unheimlichen Wesen Salve auf Salve nach, ohne es aber nur einmal zu treffen. Es schien, als ob das Geisterwild kugelfest sei und den Schützen nur recht zum Narren hielt.

Als der Held aus Texas aber den nächsten Hirsch schoß und unter der Kanzel die Hosen wendete, schwang sich – ähnlich wie Tarzan an Lianen – ein unbekanntes Wesen vom nächsten Baum herab, biß den Ami in den Hintern und verschwand mit Blitzesschnelle in den Kronen. Nur ein eigenartiges Kichern war zu hören, vergleichbar dem Laut eines Kuckucksweibes während der Balzzeit.

Zwei Hirsche schoß der Amerikaner noch, und noch zweimal wurde er sehr schmerzhaft gebissen — dann traute er sich nicht mehr. Denn wenngleich er auch den Jeep mit Vollgas zum Forsthaus jagte, er schaffte es nicht rechtzeitig. Und dann war jedesmal zumindest der untere Teil seiner Uniform fällig.
Selbstredend schaltete sich der CIA ein, und so kam es, wie es kommen mußte: Der Wolpertinger (Crisensus crisensus) wurde als drittes Wunder neben dem »Fräulein-« und dem »Wirtschaftswunder« entdeckt.

Heute weiß man einiges, wenn auch nichts Erschöpfendes von diesem bayerischen Urwild, das zu den liebenswertesten Geschöpfen der heimischen Wildbahn

gehört. Man nennt es auch »Kreis«, und das hat seine Bewandtnis: Durch den artbedingten, verkürzten rechten Hinterlauf bewegt es sich auf der Erde in mehr oder weniger großen Kreisen fort. Über dem Boden, vor allem auf Bäumen, ist es dagegen mit seinen Sprüngen selbst Mardern, ja sogar Eichhörnchen überlegen. Flach auf einen niedrigen Zweig geduckt, lauert der Wolpertinger wildernden Hunden und Katzen auf. Ein kräftiger Sprung – und schon sitzt er auf dem Rücken der Beute, die meist vor Schreck durch Herzschlag verendet.

Man hat aber auch schon beobachtet, daß ganze Wolpertingersippen auf Hunden und Katzen aufgeritten sind und Wettrennen auf freiem Feld veranstaltet haben. Das war eine lustige Jagd! Ihren Denkzettel hatten die Streuner weg und hüteten sich, nochmals zu wildern.

Neuerdings wurden Wolpertinger auch im linksrheinischen Bayern, in der Pfalz gesichtet, wo man sie Elwedritsche nennt. Ein erwachsener Wolpertinger mißt vom Windfang bis zur Rutenspitze 100 bis 120 cm. Die Widerristhöhe bewegt sich zwischen 25 und 30 cm. Ausgewachsene Tiere wiegen bis zu 30 kg. Rüden tragen ein Dauergehörn ohne Rosen. Bei männlichen und weiblichen Tieren ist die Lichterfarbe gelb-opalisierend. Dies mag auch der Grund sein, warum Nachtaufnahmen von diesem Wild, die ohnehin Seltenheitswert besitzen, immer überbelichtet ausfallen.

Eine Eigenart der Wolpertinger ist ihr hochentwickeltes Reinlichkeitsbedürfnis, das sich besonders im Bereich des Stoffwechsels deutlich – aber genau genommen – doch wieder ungenau zeigt.
Man wird nämlich vergebens nach der Losung von Wolpertingern suchen, auch wenn sich zumindest Spuren davon aufgrund der Populationsdichte nachweisen lassen müßten. Und doch ist es bisher kaum geglückt, Konkretes über Größe, Form, Menge, Farbe, Geruch, Zusammensetzung und typische Fundorte in Erfahrung zu bringen. Dieses Phänomen wird von Praktikern und Wissenschaftlern gleichermaßen bestätigt. Auf die Spur einer Erklärung führt einigermaßen zuverlässig das Sprichwort: »Es ist den Bach hinuntergeschwommen«.

Das kann nun nichts anderes heißen, als daß Wolpertinger sich der unbestrittenen Vorteile einer Wasserspülung im Hygienebereich bedienen. Ähnliche Gewohnheiten findet man bei Dachs und Marder, obzwar man diese Abtritte mehr mit einem »Trockenklosett« vergleichen könnte. Wolpertingeraborte, wie diese Einrichtungen fachlich richtig bezeichnet werden, überspannen unauffällig Bäche mittlerer Breite in Gestalt von scheinbar von selbst umgestürzten Bäumen, in deren unmittelbar über der Wasseroberfläche befindlichen Astgabeln sich die Wolpertinger lösen. Die natürliche Strömung trägt die Losung weg. Einen Zusatzeffekt liefert das aufspritzende Wasser. Es sorgt für eine hervorragende Hygiene einerseits und beseitigt andererseits verräterische Witterung am Waidloch.

Wolpertinger ranzen im April und setzen nach einer Tragzeit von 127 Tagen zwei bis drei schon vollbehaarte Welpen. Während der Laktationszeit sind bei den Jungtieren tägliche Gewichtszunahmen bis zu 300 g möglich.

Bereits im April des darauffolgenden Jahres sind die Wolpertingerjahrlinge – Jungrüden wie Jungfähen – geschlechtsreif, jedoch nicht fortpflanzungsfähig. In einem »Probejahr« üben die Jahrlinge sorglos und ohne Folgen für ihre künftige biologische Aufgabe.

Die Zahnformel des Wolpertingers hat keine Ähnlichkeit mit anderen Raubwildarten, was aus der unten wiedergegebenen Aufstellung zu ersehen ist. Wolpertinger sind ganzjährig geschont, jedoch werden jährlich 100 alte Rüden aufgrund eines ministeriellen Erlasses zur Jagd freigegeben und unter verdienten Jägern des Landes verlost. Den auf Seite 23 abgebildeten 19,9 kg schweren, zwölfjährigen Rüden erlegte der Autor 1978 während der Ranz (7 × 57 R, 9 g TM, stehend freihändig) in 2100 m Höhe ü. d. M. Abschußanträge außerbayerischer Jäger nehmen die zuständigen Landesjagdverbände entgegen, an die sich der interessierte Leser baldmöglichst wenden sollte.

| | |
|---|---|
| OK: 4 Incisivi (I) 1 Caninus (C) 4 Praemolares (P) 2 Molares (M) | $= \frac{11}{12} = 23 \times 2 = 46$ Zähne |
| UK: 4 Incisivi (I) 1 Caninus (C) 4 Praemolares (P) 3 Molares (M) | |

**ar Nicolaus!"**
hmster Cavalierhut für Reise,
, Promenade! Genaues Modell
m Russisch. Kaiser geführten Hutes.
te Qualität und Garnirung.
leicht! Wundervoller Sitz! Diskrete
farbe! In allen feinen Hut-
lungen. 304

**Ludwig Wichmann,**
Nauheim, Oberhessen.

**gd- u. Bergschuhe**
aus Prima-Material, mit
gesetzl. geschützter Benagelung.
Kein Ausfallen der
Nägel, kein Ausgleiten.
Alle Größen in Hand-
arbeit auf Lager.

o mache auf meine **Birschschuhe**
Gummisohlen aufmerksam. 313
ma-Referenzen. Gegründet 1873.

**„Superior"-Fahrräder**
sind auch für Saison
1902 die besten und
trotzdem billiger als
jedes Konkurrenz-
fabrikat. (Von 78 Mk.
nter Garantie.) Fordern Sie ein
en Hauptkatalog, auch über **Zu-
rtheile**, speziell **Pneumatics**, welche
o Garnitur schon von Mark 18.—
fere. **Wringmaschinen** von 10 Mk.
hmaschinen von 30 Mk an. 172
Hartmann, Eisenach 50.

dene Medaille
lin
1

**auerlandia-Socken**
unter
Nr. 4457
patentamtl. gesch.
ußleidende unersetzbar, denn sie
gen üblen Geruch, Brennen und
werden, sind garantirt filz- u. krampf-
nd sind allen 85

gern und Forstleuten,
ößere Marschleistungen zu machen
sehr zu empfehlen. Aerztlich begut-
Extra schwer 1 Dtzd. Mk. 13.—,
d. Mk. 6.60. Mittelgewicht 1 Dtzd.
0.—, ½ Dtzd. Mk. 5.25

**F. Bergenthal,**
und ältestes Strumpfwaaren-Ver-
sandhaus.
allenberg Nr. 88. Westfalen.
Preisliste auf Wunsch.

**elegenheitskauf!**
r Käfersammler. Mit 6 schwarzen
87 bunten Abbildungen, elegant
den **nur Mk. 1,50.—** In der-

---

**Centralfeuer-Doppelflinten! Drillinge!**
Repetirgewehre, Büchsflinten, Scheibenstutzen,
Zimmerstutzen, Flobert-Gewehre, Revolver,
Munition und Patronen, Jagd- u. Bedarfsartikel,
Rucksäcke. Billigste und beste Bezugsquelle!

**J. Landauer, Waffengeschäft, München**
Neuthurmstrasse 4 (nächst d. k. Hofbräuhaus).

## Abschuß gesucht.

1. von **Rehböcken** (starke Sechser mit
gut. Gehörn), 2. von **Wassergeflügel**
(Moos-, Sumpf- oder größ. Teichjagd) zu
ornith. Studien. Angebote an das Jagd-
vermittelungsbureau: **Erich Heinz,
Nürnberg,** Köhnstraße 51. 416

Ansprechende Ideen zu humoristischen
Jagd- und Schießscheibenbildern werden
gesucht und — wenn ausführbar — gut
honorirt von

**Adolf May,**
Kunstanstalt für Oelfarbendruck,
Dresden-Striesen 21. 414

## Zu verkaufen.

**Lebender Uhu.** Versandt gegen
Nachnahme. Sich
zu wenden an **Martin Risch,** Sa-
maden (Schweiz). 409

**Mahler's „Augusta"
Knochen-Oel,**
Waffenfett und Rostentfernungs-
Oel sind und bleiben das 147
**Beste für Schießwaffen.**
**Leopold Mahler, Augsburg,**
Knochenölfabrik, gegr. 1871. Zu be-
ziehen durch alle Waffenhandlungen ꝛc.

Neuestes, illustrirtes
**Preisbuch**
über
Ausrüstungs-Spezialitäten
**für Jäger**
frei zu Diensten. 152
**Heinrich Schwaiger, München,**
Rosenthal-Schulhaus.

---

## Hohe Belohnung

demjenigen, der Auskunft geben kann
über den Verbleib einer jungen Hühner-
hündin, **(damals 14 Monate alt)**,
Pointer, kurzhaarig, weiß mit braunen
Flecken, Namens „Ramasse", mit Hunde-
marke 4440 und Halsband, worauf gravirt
„v. d. Osten". Dieselbe hat sich **Donners-
tag den 23. August 1900, (vor 1½
Jahren)** Abends halb 7 Uhr auf der
Theresienwiese in München (Ochsenbraterei-
Gegend) verlaufen. Die hübsche Hündin
war munter und zutraulich." Näheres
**Bruck** bei München,
Schöngeisingerstraße 67. 425

## Gebirgs-Jäger

mit **tüchtiger Praxis** insbesondere auf **Roth- und Gemswild**, guter **Raub-
zeugvertilger**, gute Praxis zur Führung des Schweißhundes, mit abgelegter oder
in Kürze abzulegender Jagdprüfung und zurückgelegte militärische Dienstzeit. Bezüge
720 Kronen Jahreslohn, 2 Quinquenalzulagen à 100 Kronen, 60 Kronen Monturs-
pauschale, sowie Wohnung, Beheizung und Schußgelder. Gesuche sind unter **T 6542**
an **Haasenstein & Vogler, Wien I,** zu richten. 427

### Stellen-Anzeigen.

## Revierjäger gesucht.

Muß ferm in allen Jagdarten und nicht
über 40 Jahre alt sein, womöglich verheirathet **ohne Kinder.** Alles Andere
persönlich. Offerte unt. Nr. 415 an die
Exped. des „D. J." 415

## Jagdaufseher,

tüchtiger Schütze in Schrot und
Kugel, guter Raubzeugfänger, auch
in Gemüse-, Obst-, Weinbau und
Rosenzucht erfahren, verheirathet,
Soldat gewesen, gut empfohlen, **sucht
zu beliebigem Eintritt passende
Stelle.** Gefl. Anträge erbeten unt.
S. W. **1670** an **Rudolf Mosse** in
**Stuttgart.** 406

## Suche Stelle für
## meinen Jäger.

Off. unter Nr. 397 an die Exped. des
„Deutschen Jäger." 397

## Forstmann,

50 Jahre alt, in Laub- und Nadelholz-
waldung gut bewandert, sowie auch
tüchtiger Jäger, sucht unter ganz bescheidenen Ansprüchen Stellung.

---

**Ringfasanen-Brüteier,**
importirt, liefert unter Garantie
von 80 % Befruchtung 344
**Carl Schaible, Ulm a. D.**

## Zu verkaufen:

Ein schöner, leichter, brillant gut schießender
**Drilling**, Cal. 14, 14, 11, Preis 120 Mk.
sowie ein schöner fermer **Vorstehhund**,
Pointer, 2 J. alt, Preis 200 Mk.; dann
ein kurzh.-deutscher **Brauntiger**, 3 Jhr.
alt, **ferm** in jeder Beziehung und tadel-
loses Exterieur, Preis 250 Mk. Off. u.
Nr. 424 a. d. Exped. d. „D. J." 424

## Hühnerhund,

kurzh., braun, o. Abz., 1 Jahr, billig
abzugeben. Off. unt. A. B. 422 bef.
Exped. des „D. J." 422

## Ein Hühnerhund,

deutsch-kurzh., Brauntiger, 1¼ Jahre alt,
weil überzählig, zu verkaufen. 403
Der Hund hat guten Appell, hochfeine
Nase, steht fest vor und apportirt flott
Preis Mk. 120.—
**E. Weihrauch,** Jagdpächter,
Tauberbischofsheim (Baden).

Verkaufe meinen im 6. Felde stehenden
braunen, vorzüglichen, sehr schön, deutsch.
## Hühnerhund.

Derselbe hat Ia Nase, festes verlässiges
Vorstehen, ist ausgezeichneter Apporteur zu
Wasser und zu Land, besonders aber
schneidiger Raubzeugfänger und Raubzeug
apporteur. Preis 120 Mk. 373
**Franz Fuchs,** Brauereibesitzer
Beilngries (Oberpfalz)

Deutsch-langh., brauner 407
## Hühnerhund,

im 7. Jahre, gesund, kräftig, schöne Figur,
Gebrauchshund, weil durch Postenwechsel
am hiesigen Platze keine Verwendung,
billig zu verkaufen oder nach Ueberein-
kommen gegen langh. **kräftigen Dachs-
hund** zu vertauschen.
**Kundmüller,** k. Förster,
Riedlhütte (Spiegelau) im bayer. W.

# Mai

## Färbemonat · Wonnemond

Deckung, Äsung, Ruhe – diese drei Grundelemente für das Gedeihen und Bestehen aller wildlebenden Tiere sollten sich in diesem Monat als harmonischer Dreiklang einstellen.

Vielerorts wird es noch so sein. Da bewegt sich der Jäger als integrierter Teil einer heilen Welt zwischen Hell und Dunkel, Buche und Tanne, Licht und Schatten. Jenseits vom Klischee »Gut« und »Böse«, mit dem Naturapostel und Jagdgegner ihn gerne in ihr Weltbild einordnen möchten. Denn Beutesein und Beutemachen ist ein mystisches, metaphysisches Wechselverhältnis. Auch der Jäger wird einstmals zur »Beute«, wechselt ein in den ewigen Kreislauf.

Es ist schön, im Mai zu pirschen und zu jagern. Die Jägersinne registrieren den Wechsel der Jahreszeit in hundertfacher Weise. Im Mai muß man einfach pirschen! Auch alles Wild ist in ständiger, geschäftiger Bewegung. Das behutsame Gehen des Jägers wird zum Gleiten, wie das Schnüren des Fuchses. Spielerisch paßt sich der Körper an, kennt sich bald wieder aus nach der langen Pause.

Leichte und kühne Gedanken, wie eingegeben von hellem, spritzigem Wein weckt der Mai. Maiwein, richtig, mit Waldmeister angesetzt! Nach diesem Kraut lohnt die Suche in lichtem Bestand. Fast körperlich spürt man jetzt die Ruhe vor dem Sturm! Einen Vorgeschmack bringt der 1. Mai. Da kommt die Invasion aus den Ballungsräumen. Hunderte, Tausende, Hunderttausende »Naturhungriger« nehmen in Besitz, was ihnen nicht gehört, was ihnen aber das Gesetz großzügig und leichtsinnig verspricht. Resignieren? Nein, mit ihnen reden! Die Mehrzahl unserer Mitmenschen ist für ein kurzes, freundliches und informatives Gespräch dankbar und geht dann, mit mehr Wissen ausgestattet, auch behutsamer mit der Natur um.

Gegen die Unbelehrbaren aber hat der Jäger gar manches in seiner »Trickkiste«, damit solche Zeitgenossen künftig lieber im Stadtpark in Natur machen.

Wie lange können unsere Fluren und Wälder und die ganze Tierwelt diese menschliche Belastung – neben Giften und »fortschrittsabhängigen« Schadstoffen – noch verkraften?

Graf Hoensbroech, der große alte Jäger, schrieb schon vor Jahrzehnten in seinem Buch »Abseits vom Lärm«:

»Woran krankt aber die Welt? An der Vermehrung des Menschen! Es werden ihrer mehr von Jahr zu Jahr. . . .

Verdorben und verschandelt sind deshalb unsere alten deutschen Urwälder, unsere einsamen Heiden. Vergiftet und verpestet unsere reinen, klaren Flüsse. Und wohin wir Menschen mit unserer Gier nach Geld, mit unseren stinkenden Fabriken, mit der ganzen Zivilisation, die man Naturverderbung nennen müßte, hinkommen, weicht das Reine, Schöne dem Neid und dem häßlichen Surrogat.«

Diese Sätze gehen alle Menschen an – auch ihre jagenden Spezies, die doch genau wissen, daß Populationsdruck in angemessener Frist den Gegendruck erzeugt. Gegen zu viel Wildtiere helfen der Natur Jäger, Seuchen, Katastrophen. Was hilft der Natur gegen zu viele Menschen? Krieg? Den will niemand. Seuchen, Krankheiten? Dagegen hat man Medikamente. Katastrophen? Die technische Perfektion hält sie in – noch – überschaubaren Grenzen. Was dann?

Solche Gedanken gehen nicht wenigen Jägern durch den Kopf, die sich nicht nur mit dem begnügen, was der Jahreslauf mit sich bringt, sondern die durch eigenes Nachdenken, durch das Spintisieren bei Pirsch und Ansitz die Intensität des jagerischen Erlebens steigern wollen.

Für solche Jäger ist der 16. Mai mehr als nur der Jagdbeginn auf den roten Bock!

# Das Wetter

Nordwind im Mai bringt Trockenheit herbei.

Merke: Bei einem Gewitter sitzt du mit dem einzigen Stück Eisen, das weit und breit zu finden ist, als Blitzableiter im Wald. Erfahrene Jäger baumen bei Gewitter ab, auch wenn man ihnen mit dem Megaphon »Feigling« nachrufen würde ...

Naturblondes Frauenhaar warnt vor Gewitter wunderbar! Anregung: Nehm' immer eine blonde Begleiterin mit ins Revier. Denn bei der hohen Luftfeuchtigkeit vor einem Gewitter ringeln sich die (echten) Blondhaarspitzen.

Wind vorm Sonnenniedergang ist Regens Aufgang. Wind vorm Sonnenaufgang ist schönen Wetters Anfang.

Es ist kein Mai so gut, daß es dem Jäger nicht schneit auf den Hut. (Die Eisheiligen sind gemeint.)

Regen in der Walpurgisnacht (30. April/1. Mai) im Herbst den Rucksack vollgemacht.

Wenn am 1. Mai Reif fällt, gerät der zweite Hasensatz gut.

Reif am 1. Mai gibt gute Frucht.

Philipp und Jakob (1. Mai) naß, macht dem Jägersmann Spaß.

Der 3. Mai ist ein Wolf.
Der 7. eine Schlange. Des Maies Mitte hat für den Winter noch eine Hütte.

Pankraz (12. Mai), Servaz (13. Mai) und Bonifaz (14. Mai), die machen erst dem Sommer Platz.

Nach Servaz kommt kein Frost mehr, der dem Jungwild gefährlich wär'.

Was Pankraz ließ unversehrt, wird von Urban (25. Mai) oft zerstört.

Scheint die Sonn' am Urbanstag (25. Mai), Rehbrunft gut, nach alter Sag'!

Regnet's am 28. Mai, so muß der Jäger im Herbst ein Drittel des Wildes im Wald lassen.

Wenn es am Tag der heiligen Petronella regnet, trocknet der Jäger dreißig Tage die Kleider.

# Die Jagd

Die Bockjagd geht auf! Nun gelten Pirsch und Ansitz dem grauen, heimlichen Alten mit dem zurückgesetzten Gewichtl ohne Masse – der sich nicht mehr vererben soll – ebenso wie dem zwar prahlend roten, aber schwachen Spießerchen, an dem das Hegeziel vorbeigegangen ist.

Jahrlingsböcke und Schmalrehe sind bekanntlich zum Aufgang der Jagdzeit am leichtesten anzusprechen. Bei früher und konsequenter Winterfütterung kann es allerdings nach ein oder zwei Jahren bei den Böcken schon schwieriger werden. Hier bewährt sich die »15-kg-Faustregel«. Im Zweifelsfall geht Wildpretgewicht vor Geweih. Denn aller Wahrscheinlichkeit nach bringt die folgende Fütterung auch deutlich bessere Geweihmasse. Nach dieser Faustregel und dem alten Leitsatz »Gewicht geht vor Gewichtl« wird bald alles Schwache liegen. Ein Jahrlingsgabler, stark im Wildpret, ist besser als ein kümmerlicher angedeuteter Sechser. Denn der wird immer mittelmäßig bleiben. Das gleiche gilt für die jetzt Zweijährigen, die man im letzten Jahr geschont hat in der Hoffnung, daß sie es noch zu was bringen würden.

Wenn erst die Wiesen wieder hoch stehen oder Mais und Getreide genügend Deckung für die nirgends gelittenen und deshalb vagabundierenden Jahrlinge bieten, wird es mit dem notwendigen Eingriff schwierig. Gemähte Wiesen haben ihren Vorteil: Das Wild sucht schon bald wieder die ihm vertrauten Äsungsflächen auf – angelockt von den nachwachsenden zarten Untergräsern – und läßt sich ungedeckt leichter ansprechen. Auch angewelktes Mähgut wird angenommen.

Bald ist auch Kinderstubenzeit und bis dahin muß das Revier von allen Schmarotzern frei sein. Hat man füher von einem Katzenwurf ein oder zwei Junge leben lassen, bleiben heute meist alle am Leben – aus Tierliebe. Aus Wildliebe aber muß sie der Jäger spätestens nach zwei Jahren schießen oder fangen. Denn: Im ersten Jahr bleibt die Katze im Haus, im zweiten jagt sie ums Haus und im dritten wildert sie im Revier. Vernünftige Menschen wissen das und handeln danach.

Ähnlich verhält es sich mit den »Wegwerfhunden«. An Weihnachten in einem Gefühlsüber-

# Die Hege

schwang angeschafft, sind sie bereits zu Beginn der Reisezeit lästig. In der Regel kommt dann auf den Jäger die Aufgabe zu, diese ausgesetzte und bedauernswerte Kreatur einzufangen und ins Tierheim zu bringen. Ähnlich, wie er als »Müllkutscher der Nation« im Frühjahr tonnenweise Unrat und Abfall abtransportieren muß, den ihm Naturkonsumenten in der vergangenen Saison hinterlassen haben. Auch das ist »Jagd«.

Andererseits gibt es Jäger, die ihrerseits sehr sorglos mit den Überbleibseln der roten Arbeit umgehen. Für den Waldwanderer ist es sicher kein schöner Anblick, Pansen, Kleines Gescheide, Milz, Drossel, Blase, Brunftrute und Brunftkugeln am Waldrand zu finden. Wer keine Verwertung am versteckt liegenden Luderplatz hat, muß halt den ganzen Aufbruch eingraben oder zumindest so tarnen, daß ihn zwar »Nachverwerter« leicht finden, das menschliche Auge aber nicht mehr erspäht. Für den Bergjäger ist das Einsteinen des Aufbruchs an begangenen Wegen selbstverständlich. Nach Möglichkeit läßt er ihn aber den schnell abräumenden Kolkraben, den Dohlen oder dem Bergfuchs.

Auch zum Beködern der Fallen kann man Aufbrüche verwenden. Ein alter erfahrener Jäger gab mir einmal den Rat, als Sommerköder ein paar Tropfen Lebertran zu verwenden. Ein probates Mittel, zur Nachahmung empfohlen!

Der »Hege mit der Büchse« kommt in diesem Monat, wo Werden und Vergehen des Rehwilds so nahe beisammen liegen, doppelte Bedeutung zu. Einmal sollte alles, was nicht mehr als 15 kg aufgebrochen auf die Waage bringt, aus der Wildbahn genommen werden. Jahrlingsbock wie Schmalreh. Zum anderen muß das Revier von Raubwild und wildernden Haustieren entlastet werden. Die Fuchsfähe nimmt auch ein starkes Kitz und trägt es dem hungrigen Geheck zu. Ende Mai werden dann die ersten Kitzläufe vor den Bauen liegen. Ein sichtbarer Beweis dafür, daß es noch viele Füchse im Revier gibt. Weder Baubegasung noch Tollwut konnten sie ausrotten. Und auch vor einem fleißigen Jäger retten genügend ihren Balg.

Späte Maissorten, Serradella, Süßlupinen und Markstammkohl werden jetzt noch erfolgreich ausgesät. Übrigens: Topinambur ist im Rehwildrevier nicht unbedingt das Wahre. Viel Blattmasse und genügend Deckung gibt auch ausreichend gedüngter Markstammkohl. Das Aufpflügen der Topinamburknollen ist überdies ein zusätzlicher Arbeitsgang, den sich der Jäger gern spart. Es sei denn, er hätte anderes im Sinn: Klarer, aus Topinamburknollen gebrannt, ist ein Hochgenuß. Wohl dem, der einen Brenner (aber mit Lizenz!) in der Nähe hat.
Fütterungen säubern und kalken, evtl. umstellen.

Als wichtigste Hegemaßnahme jedoch unternimmt der Jäger alles, was der Sicherung des Reh-, Hasen- und Bodenbrüternachwuchses dienlich ist. Denn in diesen Tagen und Wochen ist die Zeit des ersten Schnitts! Absprachen mit den Landwirten sind die oberste Voraussetzung, um eine aktive Jungwildrettung einzuleiten. In den letzten Jahren hat man viele Methoden ausprobiert, um die Mähverluste zu senken. Je höher aber die Arbeitsgeschwindigkeiten der Kreiselmäher werden (15 km/h = 4 m/s), um so geringer ist die Wirkung der mechanischen Wildretter, da die Ketten oder Zinken keinen Bodenkontakt mehr haben. Es gibt jedoch neuerdings ein Gerät, das diesen Nachteil nicht hat!
Am wirkungsvollsten zeigen sich Kombinationsmethoden. Wenn der Mähtermin feststeht, werden am Abend vorher sogenannte Rehscheuchen um die Wiese und in die Mitte der Wiese gestellt, dünne, etwa 2 m hohe Stangen, auf die ein Papier- oder Plastiksack gestülpt wird. Diese schreckenerregenden Gebilde veranlassen die Geiß, ihren Nachwuchs nachts aus der Wiese zu führen. Kommt es am nächsten Morgen nicht zum Schnitt, z. B. weil das Wetter schlecht geworden ist, müssen die Rehscheuchen unbedingt entfernt werden. Das Wild gewöhnt sich sonst schnell daran. Auch die Chemie kann mit Verwitterungsmitteln helfen. Lappen werden damit getränkt und auf kurze Stangen rings um die Wiese gesteckt. Weiter kann man eine Verwitterungslösung, die bei trockenem Wetter drei bis vier Tage wirkt, querbeet in die Wiese spritzen. Alle fünf bis acht Meter ein Spritzer aus der Flasche. Gleichwohl gehört dem mechanischen Wildretter mit Bodenkontakt die Zukunft. Er ist zu empfehlen, weil er »aktiv« rettet, brütende Hennen zum Aufstehen zwingt.

# Was tut sich im Revier?

| | |
|---|---|
| Rotwild | Kälber ab Monatsmitte (1–2) |
| Damwild | Hirsche werfen ab |
| Gamswild | Kitze (1–2) |
| Rehwild | Kitze (1–2) |
| Iltis | Jungiltisse (3–7) |
| Hermelin | Jungwiesel (4–10) |
| Mauswiesel | Jungwiesel (3–8) |
| Auerwild | Balzende; Gelege (6–10 Eier), Brutdauer 26–28 Tage |
| Birkwild | Balzende; Gelege (6–10 Eier), Brutdauer 25–27 Tage |
| Fasan | Balz; Gelege (8–14 Eier), Brutdauer 24–28 Tage |
| Rebhühner | Gelege (10–20 Eier), Brutdauer 24–25 Tage |
| Waldschnepfe | Gelege (4 Eier), Brutdauer 22–24 Tage |
| Stockente | Gelege (8–14 Eier), Brutdauer 22–26 Tage |
| Graugans | Junggänse (4–9) |
| Turmfalk | Gelege (5–6 Eier), Brutdauer 26–31 Tage |
| Habicht | Gelege (3–4 Eier), Brutdauer 35–36 Tage |
| Sperber | Gelege (4–6 Eier), Brutdauer 31–33 Tage |

# Grüne Sprüche

Jäger spielen zu wollen ist leicht, wirklicher Jäger zu werden ist schwieriger, gerechter Jäger zu sein ist schwer, zwischen Widerspruch und Widerstreit Jäger zu bleiben, aber mitunter das Schwerste von allem.

Friedrich v. Gagern
(Stunde und Stimmung)

Vom Gamsbock lern das Steigen, das Pirschen lern vom Fuchs, vom Spielhahn lustigen Reigen, und schnellen Griff vom Luchs.

Hörst ihr Kollern, hörst ihr Schleifen, höher schlägt dir wohl die Brust; Wichte sind's, die nicht begreifen Hahnenfang und Waidmannslust.

Ist der Forstmann nichts als Jäger, bringt das Wild den Jungwuchs um; haßt er aber gar das Jagen, geht dem Wald erst recht es krumm.

*Aus dem grünen Dekameron:*
Wer nicht lieben kann im schönen Mai, an dem ist verloren Pulver und Blei.

Zu Ende des Maien blühen die Eichen. Vom edlen Hirsch merk ja die Zeichen. Den Leithund brauch zu dieser Frist, denn sonst du gar kein Jäger bist.

F. v. Flemming

# Lustiges

Mit tieftraurigem Blick schaut der Jagerloisl von dem Zeitungsblatt auf: »Der Forstmeister von Eulenschwang ist g'storb'n. Schad' ist's um ihn. Und jetzt hams'n in einem Massengrab beerdigt.« –
»Geh', des gibt's do net!« –
»Doch! Da steht's in dera Anzeig'n: ... mit ihm wurde ein unermüdlicher Forstmann, ein Naturfreund, ein passionierter Jäger und ein treusorgender Gatte zu Grabe getragen ...«

»Ihr wart's ja ganz schön besoffen heut' Nacht, wie mir heimgangen sind«, schimpft der Jagerloisl seine Spez'ln.
»Mir? Wiesooo ...?«
»Fünfmal habt's mi auslassen!«

»Ja, wia schaugst denn du aus?« fragt den Loisl seine Frau, als er mit einem blauen Auge aus der Wirtschaft nach Hause kommt.
»G'raft hab'i halt, mit'm Huber.«
»Und von dem Gartenzwerg laßt du di so naufhau'n?«
Grinst der Jagerloisl nachsichtig:
»Bet' lieber a Vaterunser für ihn.«

Felix Austria! – man könnte mit Karl Julius Weber (Demokritos, 1832) hinzufügen: Glücklich ist, wer weise genießt und nicht grübelt, keine Blume auf dem Pfade des Lebens zertritt und alle pflückt, die er erreichen kann! Nicht der Jäger hat ihn zertreten, den Lebensraum des Birkwilds. Dort, wo die Verantwortung noch bei ihm liegt, wo er walten kann, dort kann er auch noch pflücken und ernten.

# Waldfrüchte

Nehmen sich nicht die Beeren, Kräuter, Wurzeln, Nüsse und Pilze des Waldes – rein äußerlich betrachtet – recht bescheiden aus gegenüber dem Angebot einer Früchteabteilung in einem Großstadtkaufhaus? Doch so bescheiden, wie es auf den ersten Blick aussieht, ist das Angebot des Waldes gar nicht:
Himbeeren, Brombeeren, Erdbeeren, Heidel- und Moosbeeren, Preiselbeeren, Hagebutten, Sanddorn, Holunder, Haselnüsse, aber auch alle Baummast, dazu zwei Dutzend gute Speisepilze, Waldmeister, Pfefferminze, Salbei und vielerlei mehr. Haben wir eigentlich verlernt, die Köstlichkeiten, die der Wald uns bietet, anzunehmen?

Zugegeben: Das meiste, was der Wald hervorbringt, taxiert der flüchtige Blick als unscheinbar. Es kann nicht mit den großformatigen Kulturfrüchten, gar solchen aus den Tropen konkurrieren. Wo es Orangen zu kaufen gibt, weiß heute schon das Vorschulkind. Wo und wann man die Früchte der Schlehe ernten kann, weiß dagegen auch mancher sonst Kundige nicht.

Waldfrüchte erfordern Wissen.
Aber vielleicht ist die Aneignung von Wissen eine wesentlich unbequemere Sache als zum Beispiel acht Stunden an der Werkbank zu stehen oder auch hinter einem Schreibtisch zu sitzen. Mit dem verdienten Geld kann man sich auf einfachste Weise Südfrüchte kaufen.
Wissen? Hauptsache, es schmeckt!
Trotzdem: Im Falle des Falles könnte der Wald den Jäger samt Familie ernähren.

Im Falle des Falles?
Sollte man eine solche Situation nicht einmal ernsthaft überdenken?
Den älteren Jägern sind diese Dinge noch geläufig: Überlebenschancen suchen und finden. Die Jüngeren denken vielleicht schon weiter, an Survival, die Überlebenstechnik, die jenseits des großen Teiches gerade auf einer Modewelle schwimmt und im Grunde nicht viel mehr ist als eine Naturschwärmerei. Die alte Sehnsucht der Menschen in neuem Einwickelpapier: zurück zur Natur, nachdem man sie so lange mit Fortschritt vergewaltigt hat, bis auch der Fortschritt allmählich lästig wurde.

Ein siderisches Pendel, mit dem sich die Menschheit das verlorene Paradies zurückpendeln will. Wir Jäger sind, gottlob, mehr im oberen Teil der Pendelschnur angesiedelt und spüren die Ausschläge nicht so stark. Unten aber sind sie schlimm!
Unten?
Ich unterbreche das Spintisieren und schaue hinunter, durch eine Bewegung auf der Wiese aufmerksam geworden. Das Glas brauche ich nicht mehr, um zu sehen, was ich schon drei Wochen lang gesehen habe. Heute hole ich ihn mir!
Einen feuerroten, dreijährigen Gabler mit kaum lauscherhohem, recht knuffigem Gewichtl, auffällig geperlt. Satte Dachrosen darunter, blitzende Enden darüber. Stark im Wildpret. Ich schätze ihn auf neunzehn, zwanzig Kilo aufgebrochen. Verhalten und äußerer Eindruck lassen keine Zweifel aufkommen.

Gibt es das überhaupt – keine Zweifel? Ich möchte mir Sicherheit verschaffen, ich weiß. Ich will aber auch mit Anstand jagen. Es wäre mein erster Bock in diesem Jahr. Wir schreiben den 31. Mai.
Langsam äst er auf mich zu. Ich lasse mir Zeit, will ihn im Feuer liegen haben. Wenn der erste Bock gut geschossen ist, werden es die folgenden auch sein.
Aberglauben oder Selbstdisziplin?
Jetzt tupfe ich den Stecher.
Eine Sekunde Blutleere im Hirn verdichtet die Konzentration des Beutewillens zum Auslösen...

Ich baume ab und stehe nach fünfzig Gängen am Bock.
Blattschuß. Nur ein paar Meter Flucht. Da ist man zufrieden und spürt, wie sich die Spannung in ein Behagen verwandelt, das man als Glück bezeichnen darf, obwohl den Preis dafür ein Lebewesen bezahlte. Bevor ich den Bock aus der Wiese trage, um ihn am Waldrand zu versorgen, fasse ich in den Äser.

Mit einem Schlag wandelt sich die kleine rosarote Gemütswolke in eine bedrohlich schwarze: Im Unterkiefer wackeln die dritten Prämolare!
Ein Jahrling im Zahnwechsel.
Psychologen meinen, in solchen Fällen könnten ein paar Worte aus der Fäkaliensprache Wunder wirken. Wie konnte dieser Fehler im Ansprechen passieren? Hat der Beutetrieb das Gewissen oder auch den Verstand geschickt getäuscht?
Ich glaube, es hat sich etwas Ungewöhnliches ereignet. Etwas, das den bisherigen Regeln und Erfahrungen zuwiderläuft.

Vor zwei Jahren begannen wir bereits im September, die Futterautomaten mit Kraftfutterpreßlingen zu beschicken. Diese Methode – sie ist heute allgemein bekannt – soll vor allem dem Jungwild in seiner entscheidenden Wachstumsphase den kaum noch vorhandenen natürlichen Energieschub der mastspendenden Bäume ersetzen. Bei »meinem« Bock trafen allem Anschein nach einige glückliche Umstände zusammen – genetische und »futtertechnische« –, um daraus ein so ungewöhnliches Exemplar seiner Gattung zu machen.

An diesem Geburtstagsbock lernte ich das Umdenken. Ich denke immer noch. Und viele Jäger, die in Revieren jagern, wo man ähnlich füttert, sicher ebenso. »Alles auf der Welt hat sein zweites Gesicht«, schreibt Hermann Löns, »die Natur, die Kultur, die Religion, die Kunst, die Politik, die Liebe, alles, alles. Wer das nicht weiß, ist glücklich, ich weiß es.« –

Waldfrüchte schmecken manchmal recht herb. Aber sie schmecken!

*Wenn 's mag!*

# Laßt die alten Raufer leben...
## Das Birkwild (Tetrao tetrix)

»Vom Moor her klingt das Rodeln eines jungen Birkhahns, den sein kurzes, krummes Spiel eitel machte, dem die Morgensonne allerlei frühreife, knabenhafte Liebesgedanken in den Kopf setzte...« So beschreibt Hermann Löns den Zauber der Hahnenbalz. Es liegt gar nicht lange zurück – knapp zwanzig Jahre –, als noch mehrere hundert Hähne auf einen Balzplatz einfielen und ihren lustigen Reigen begannen. Und heute? Außer in Bayern, Niedersachsen und Österreich gibt es im deutschsprachigen Raum keine nennenswerten Bestände mehr. Im ganzen Bundesgebiet vielleicht noch 4000 Stück Birkwild. Natürlich rottete nicht der Jäger dieses Wild aus, sondern die Biotopzerstörung. Moore wurden trocken gelegt, Äsungsflächen gingen damit verloren und der dichte Birkenanflug, den nur Dummköpfe als »Rekultivierung« ansehen können, gab dem Lebensraum den Rest.

Daß auch die klassischen Birkwildreviere durch Sport und Ausflugsdruck naturhungriger Städter zum Sterben verurteilt wurden, ist mittlerweile erwiesen.
Aber selbst der buntgemischte Wald mit Ginster- und Farnbestand auf großen Lücken, Kahlflächen, Latschenfelder, Heide und überhaupt das Gebiet der Waldgrenze gingen in den letzten Jahrzehnten verloren. Das Birkwild ist, wie alle Waldhühner, Kulturflüchter und durch die fortschreitende Kultivierung dieser Landschaftsteile nicht mehr zu retten – es sei denn, man besinnt sich eines besseren und schafft ursprüngliche Ruhezonen, um wenigstens die Reste dieser einstmals so unproblematischen Wildart zu erhalten.
Schon immer hatte der Jäger ein besonders enges Verhältnis zum kleinen Hahn, Spielhahn, Schildhahn, Birkhahn, Brenn-, Laub- und Heidehahn. Zum einen ist es die Lebhaftigkeit des Balzbetriebes, die den Jäger fasziniert, zum anderen das Zeremoniell, das an ein Ritterturnier erinnert und sich zu heftigen Standortkämpfen auswächst. Besonders die »alten Raufer« verteidigen ihren Rang am nachhaltigsten und verlangen jüngeren Rivalen schon eine Portion Schneid ab.

Erst ein braver Hahn, also einer im fortpflanzungsfähigen Mannesalter von zwei Jahren, hat den als Trophäe begehrten sichelförmigen Stoß, auch Spiel oder Schneid genannt.
Neben dem Gamsbart gilt er nicht nur dem Jäger als Ausdruck von Männlichkeit und Draufgängertum.
Der unverheiratete Bursch trägt am Hut die Sichel nach oben offen, der reife oder verheiratete Mann läßt die Federkrümmung nach unten zeigen.
Nur Snobs oder »Sonntagsjäger« stecken sich den doppelten Stoß hinten an den Hut. Gamsbart und Spielhahnstoß gleichzeitig zu tragen, gilt heute nicht als fein. Aber noch Prinzregent Luitpold von Bayern dachte sich vor achtzig Jahren gar nichts Böses dabei und hatte seine Freude an beiden.
Setzt ein Bursch seinen Hut so auf, daß der Stoß nach vorn zeigt, so sucht er Raufhändel. Auch die Tiroler Kaiserjäger trugen den Stoß an der Mütze. Und vom Fürsten Starhemberg erzählt man, daß er für das Mützenabzeichen der österreichischen Heimwehren in den dreißiger Jahren, den »Starhembergjägern«, innerhalb weniger Jahre an die tausend Spielhahnen schoß...

Glücklich der Jäger, dem es heutzutage vergönnt ist, wenigstens einmal in seinem Leben auf den kleinen Hahn zu jagen. Er läßt sich als Trophäe meist den ganzen Hahn präparieren und verzichtet auf den Hutschmuck. Früher galt der Hahn als Leckerbissen und wurde mit Genuß verspeist.
Ohne ein Nest zu bauen, legt die Birkhenne 6 bis 10 Eier in eine ausgescharrte Mulde. Nach etwa vier Wochen fallen die Küken aus. Sie sind Nestflüchter, suchen gleich Nahrung und fliegen nach 14 Tagen. Im Herbst schon bekommen die jungen Hähne die typische metallisch-blaue Farbe und die zunächst noch sehr bescheidenen Sicheln mit weißem Unterstoß.

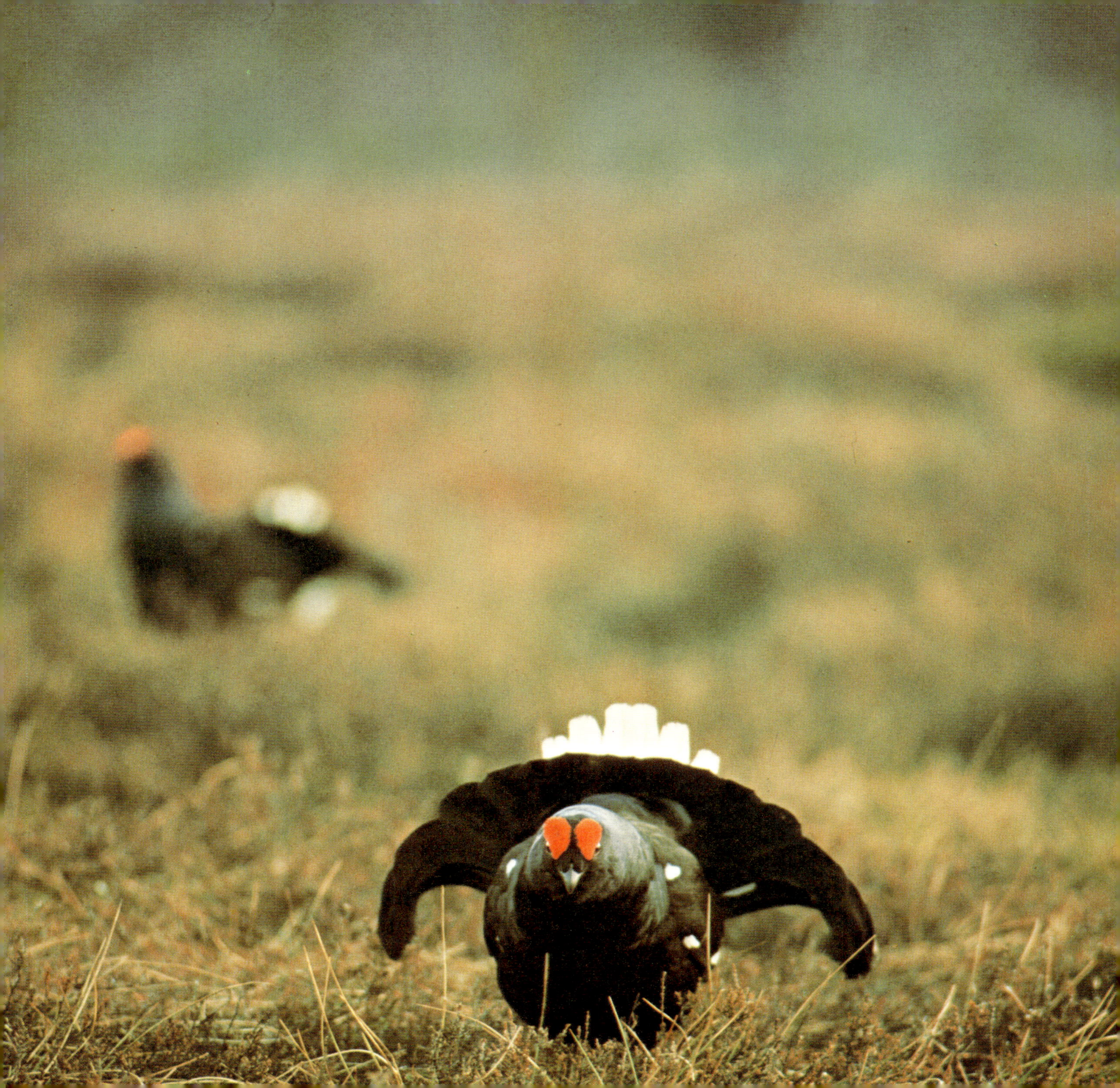

# Blüte und Ernte

*Es blühen (g = giftig):*

Ackerehrenpreis
Ackerhellerkraut
Ackersenf
Ackerstiefmütterchen
Adonisröschen
Alpennelkenwurz
Aronstab

Bachnelkenwurz
Bärenlauch
Beinwell
Besenginster
Braunelle
Brunnenkresse

Einbeere
Erdrauch

Faulbaum
Feldrittersporn
Fettkraut
Fieberklee
Fingerkraut
Frühlingsküchenschelle
Frühlingsscharbockskraut

Gagelstrauch
Gamanderehrenpreis
Gänsefingerkraut
Großes Schöllkraut

Habichtskraut
Hainfelberich
Hahnenfuß (g)
Hartriegel
Haselwurz
Heidelbeere
Himbeere
Holzapfel
Hornkraut

Immergrün

Katzenpfötchen
Klappertopf
Knabenkraut
Knoblauchrauke
Kriechender Günzel
Kriechendes Fingerkraut
Kriechweide
Kuckuckslichtnelke
Küchenschelle (g)
Kugelblume

Leberblümchen
Lerchensporn

Margerite
Mehlbeere
Mehlprimel
Milzkraut
Mistel
Moosbeere

Pfaffenhütchen
Preiselbeere

Reiherschnabel
Resede
Rote Nachtnelke

Saatwicke
Salbei
Sanddorn
Sauerampfer
Schattenblume
Schlehe
Schneeball
Sonnwendwolfsmilch (g)
Spitzwegerich
Stechginster (g)
Stechpalme
Stengelloser Enzian
Sternmiere
Sumpflabkraut
Sumpfveilchen

Taubenkropfleimkraut
Taubnessel
Trollblume

Vogelbeere, Eberesche
Vogelnestorchidee

Wacholder
Walderdbeere
Waldhyazinthe
Waldmeister
Waldschlüsselblume
Waldvögelein
Weißdorn
Weiße Lichtnelke
Weißklee

Weißwurz
Wiesenbocksbart
Wiesenkreuzblume
Wiesenraute
Wiesenschaumkraut
Wollgras
Wundklee

*Ernte:*
Verschiedene Heilkräuter, Früchte der Aspe, Silber- und Graupappel, Ulme.
*Pilzernte:*

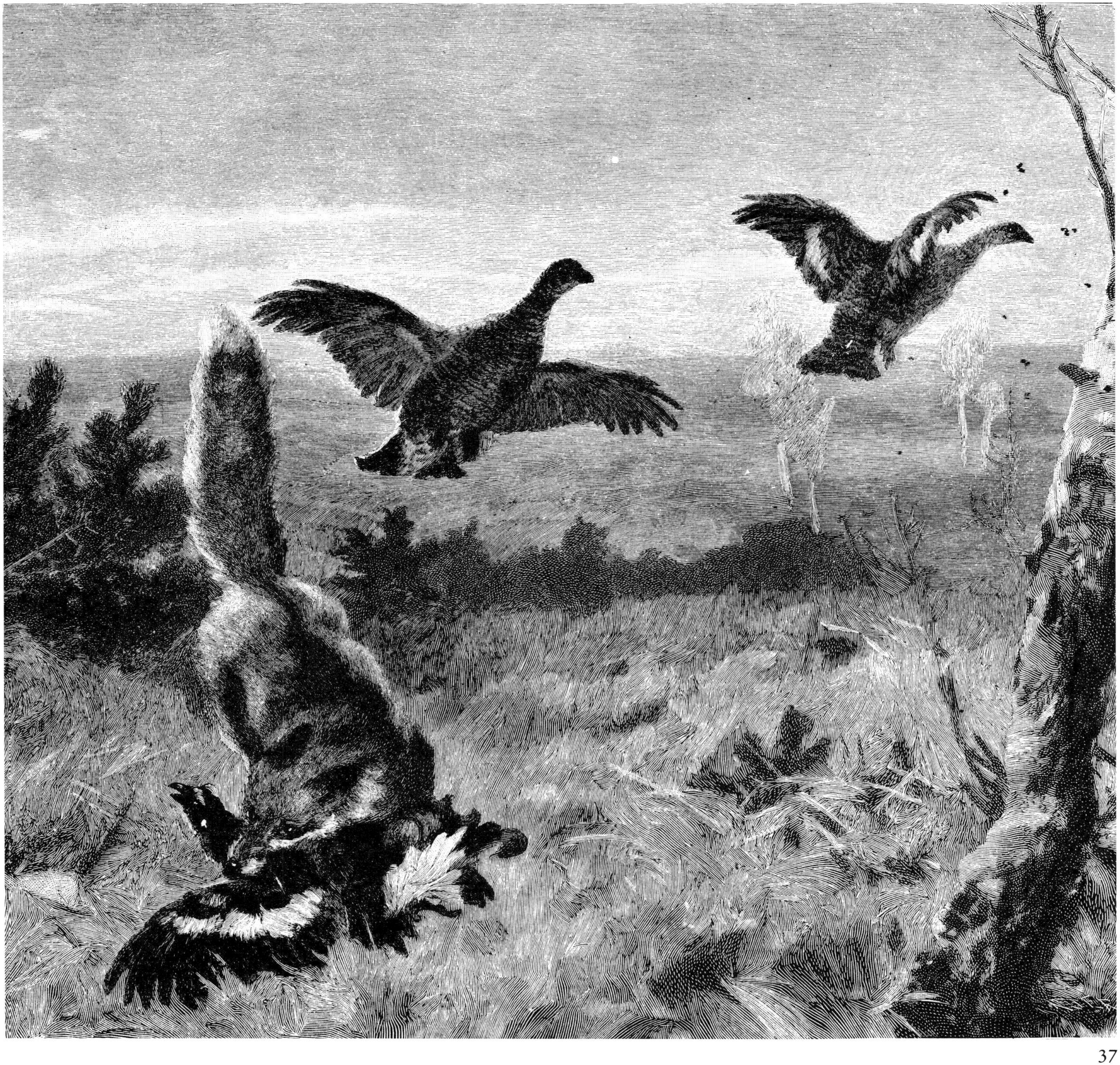

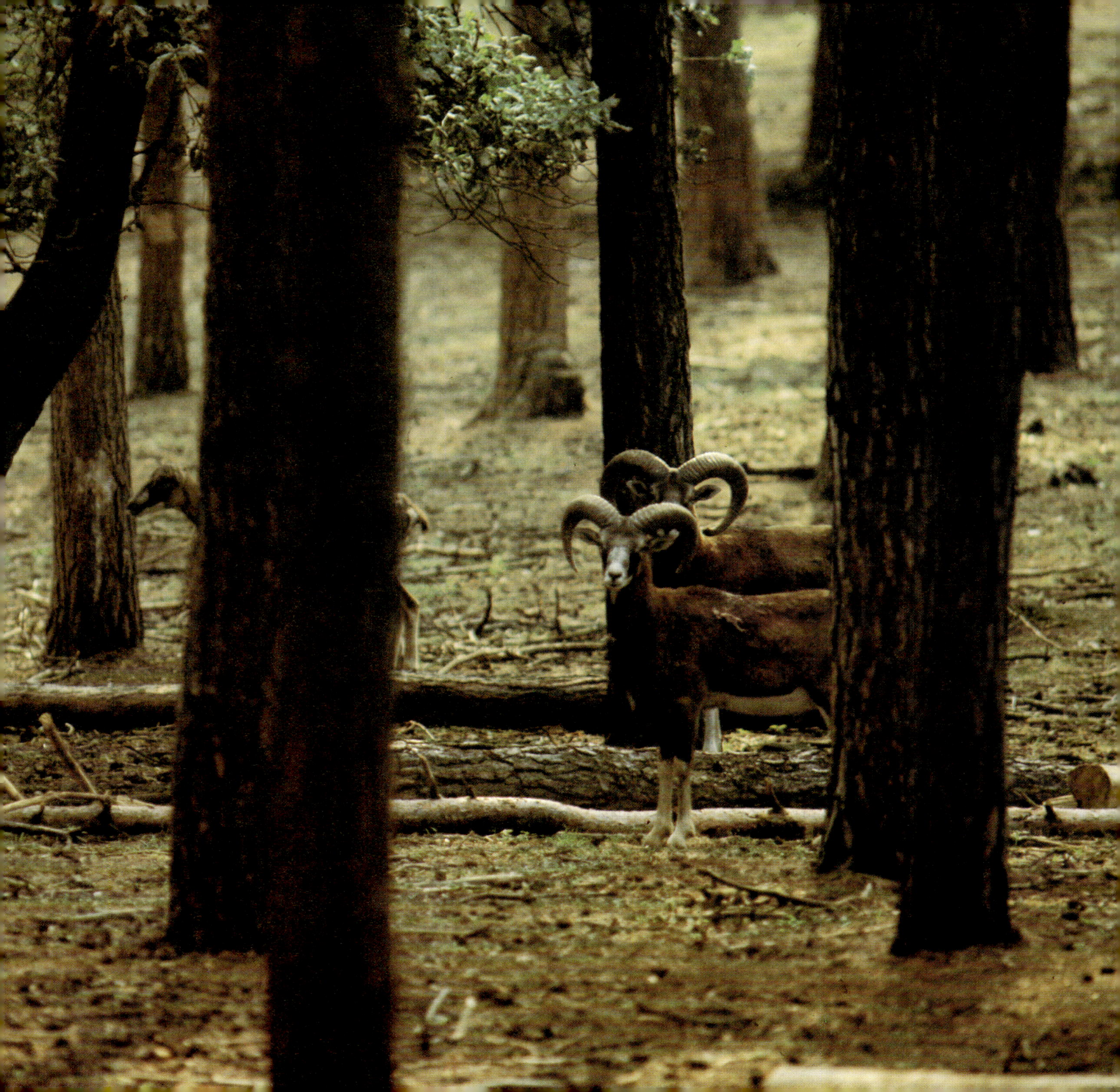

# Juni

## Rehbockmonat · Brachmond · Brachet

Jeder Monat hat seine Eigenart, ja seine ureigenste »Persönlichkeit«. Der eine gibt sich lustig-beschwingt, der andere herb, der dritte karg und jener wieder behäbig gemütlich, ähnlich etwa den menschlichen und speziell jagerischen Temperamenten.

Von allen zwölf Monaten liegt vielen Menschen der Juni am meisten. Warum das so ist? Auch mir sind diese vier hellen Wochen besonders ans Herz gewachsen.

Das Kalenderjahr pendelt sich auf seine Mitte ein, wie eine Waage, deren Schalen mit Gleichgewichtigem gefüllt sind.

Im Juni vollzieht sich der Wechsel vom Frühling zum Sommer. Von einem reifen, schon vollendeten Frühling zum noch jungen, tastenden, manchmal aber auch stürmischen Sommer. Diana hat übrigens am 10. Namenstag, und die Dianenfeste barocker Jagdgesellschaften fanden in den lauen, samtigen Nächten einen überaus stilvollen grünen Rahmen.

Im Juni ist alles noch Erwartung, vielleicht sogar mit ein kleinwenig kindlicher Vorfreude verbunden. Oder, wie es Friedrich von Gagern formuliert hat:
»Jagd ist Schauen, Jagd ist Sinnen, Jagd ist Ausruhen, Jagd ist Erwarten, Jagd ist Dankbarsein, Jagd ist Advent, Jagd ist Bereitung und Hoffen.«

Im »Rehbockmonat«, wie die alte Jägerei den Juni nannte, galt die Jagd dem roten Bock. Und nur diesem, denn aus »Hegegründen« wurde weibliches Rehwild bis Ende des vorigen Jahrhunderts überhaupt nicht bejagt. Woher sollte schließlich der Nachwuchs kommen? Nun war das Rehwild noch im 18. Jahrhundert mengenmäßig fast bedeutungslos – wenn auch nicht uninteressant für die Feinschmeckerküche der herrschaftlichen Jagd. Zum einen gab es ja genügend Rot- und Schwarzwild, das zum Schaden der Bauern hochgehegt wurde, zum anderen entsprach die Art des Waldes in der damaligen Zeit nicht unbedingt den Lebensraumbedürfnissen des Rehwildes, und nicht zuletzt vertragen sich auch heute Reh- und Rotwild nur bedingt als Nahrungs- und Einstandskonkurrenten.

Gern sitzt man im Juni draußen. Ob morgens oder am Abend oder gar über Mittag, bleibt sich gleich. Immer wird es ein besonders intensives Naturerlebnis. So freut sich der Jäger am meist sicheren Anblick der Kitze. Dort, wo die hochbeschlagene Geiß in der Wiese stand, führt sie jetzt auch die Kitze.

Der Nachwuchs des Vorjahres – Schmalreh oder Jahrling – wagt sich, weil energisch abgeschlagen nicht näher. Und die alten Böcke halten sowieso nicht viel von der Unruhe der Kinderstuben. Nur manchmal hat man den Eindruck, sie interessieren sich doch für den leiblichen Nachwuchs, bewinden ihn – und befinden ihn für gut. Oder ist das nur menschliche Einbildung, Wunschdenken? Aber da der Mensch die Natur und ihre Geschöpfe meist danach beurteilt und bemißt, wie schön oder nützlich, wie häßlich oder unnütz sie ihm scheinen, so bezieht er aus Trugschlüssen oder gar wissenschaftlichen Hypothesen Fehlurteile. Protegiert sinnlos die eine Tierart, rottet zwecklos eine andere aus.

Wir Jäger haben vor hundert Jahren begonnen, diese anmaßende Vormundschaft der Natur gegenüber abzulegen. Heute sind wir mit unseren Einsichten schon sehr weit gekommen. Doch andere, die nicht vor Tau und Tag oder noch in später Dämmerung draußen sind, denen in naturfernen Ballungsräumen allein schon der elementare Kontakt fehlt, wollen uns lehren, was nützlich oder schädlich ist? Lassen wir sie reden! Wir wissen es besser.

# Das Wetter

Viermal Juniregen bringt dem Wildacker Segen.

Juniregen und Brauttränen dauern so lange wie's Gähnen.

Schnappt das Weidevieh nach Luft, riecht es schon Gewitterduft.

Der Juni macht Heu

Wenn der Medardus (8. Juni) in die Hos schißt, gibt's e schlechte Rehbrunft.

Was St. Medardus (8. Juni) für Wetter hält, solch Wetter auch in die Ernte fällt.

St. Barnabas (11. Juni) macht, wenn er trocken ist, wieder gut, was verdorben ist.

Regnets an St. Barnabas, wird die Rehbrunft spät und naß.

Hat St. Vitus (Veit, 15. Juni) starken Regen, geht's mit der Gerste wohl daneben.

Vier Tage vor und vier Tage nach Sonnenwende (22. Juni) zeigen die herrschende Sommerwitterung an.

Der St. Johannistag (24. Juni) bringt dem Jäger gern Unglück mit Feuer und Wasser (Gewitter, Wolkenbruch).

Wenn es am Siebenschläfertag (27. Juni) regnet, regnet's auch Ende Juli (Rehbrunft).

# Die Jagd

Wo die Jagd auf Rotwild schon begonnen hat, ist es doch letztlich Ansichts- oder mehr noch Geschmackssache, jetzt schwache Schmaltiere oder Schmalspießer zu schießen. Möglichst lange Ruhe im Revier ist dem Rotwildjäger meist lieber.

Jungfüchse stecken um diese Zeit schon gern im Getreide. Mit dem Kitzfiep oder mit Mäuseln lassen sie sich leicht überlisten. Auch junge Krähen, Elstern und Eichelhäher streichen auf den Lockruf heran und werden Beute. Dabei ist der Knall der kleinkalibrigen Kugel sicher dem Schrotschuß vorzuziehen, sofern das Wild gegen einen kugelfangenden Hintergrund beschossen werden kann. Katzen streunen überall. Sie fangen im Getreide die Mäuse ebenso wie den Junghasensatz, die Rebhuhnküken und das Fasangesperre. Alle Fallen stehen fängisch.

Die alten Böcke werden ab Monatsmitte allmählich heimlich; sie setzen Feist an. Wieder öfter sieht man jetzt die jungen herumgeistern. Immer unstet und bereit zur Flucht vor dem Platzbock. Einige jedoch, die man »fest« zu haben meinte, sind urplötzlich verschwunden. Es sind die Wanderer zwischen den Revieren, die jetzt vielleicht zehn Kilometer weiter ihren Einstand gefunden haben.

# Die Hege

Duftendes, kräftiges Heu vom ersten Schnitt und vom Jäger selbst geworben ist für Rotwild in einem harten Winter fast eine Lebensversicherung. Wenn man Ortega y Gassets »Wir jagen, um gejagt zu haben« sinngemäß umsetzt in »Wir hegen, um gehegt zu haben«, erkennt man, was hinter beidem steckt: Passion!

Wildwiesen werden einmal gemäht, am besten Ende Juni, anfangs Juli. Dann ist das Grummet noch nicht zu lang, und auch der Klee liefert viele Blüten und Stengelrohfasern. Da von nichts bekanntlich nicht viel kommt, sollte nach dem ersten Schnitt gedüngt werden.

Stallmist oder Gülle ausbringen macht mehr Arbeit, ist aber billig. Das Wild vergrämt man für einige Zeit. Handelsdünger ist bequemer zu streuen und der Erfolg schneller sichtbar. Ein hoher Stickstoffanteil bringt nochmal gute, saftige Äsung bis in den Spätherbst.

Natürlich kann die Wildwiese auch zur Silagebereitung genutzt werden. Empfehlenswert ist immer Mischsilage, damit ein hoher Stärke- und Eiweißgehalt und somit hoher Nährwert erreicht wird.

Probieren geht hier nicht über Studieren! Unsachgemäß bereitete Silage wird zum Gift für das Wild. Fachliteratur ist unerläßlich. Hier findet man auch Hinweise über Laubheugewinnung und Laubsilage.

# Grüne Sprüche

Junimonat – Hegezeit! Rosen blühen weit und breit, und im dichten Unterholz steht das Tier voll Mutterstolz. Mit dem Lekker, Zoll für Zoll, streichelt's Kälbchen liebevoll.

Gar mancher steigt nach Füchsen aus, indes der Fuchs ihm steigt ins Haus.

Der Fuchs wechselt den Balg, nicht die Sitten.

Den Fuchs muß man mit Füchsen fangen.

Wer Fuchs mit Füchsen fangen soll, muß kennen ihre Schliche wohl.

Ein dummer Fuchs, der nicht neun Röhren hat.

Nach dem Regen ist gut pirschen.

Wald, Weib, Wein, Wild!

Wenn deine Hege für dich spricht, brauchst du nicht auch noch Worte darüber zu verlieren.

S'Jagabluat läßt nit aus bis ans End'!

Stumme Hunde und stille Wasser sind gefährlich.

Doch die Farben in der Welt, Jäger gut beschaue: Wenn du auf den Roten hältst, schieße nicht ins Blaue!

Wahrmund Riegler

# Lustiges

»Du, Vati, was nimmst du für Schrot auf den Fuchs?« –
»Na, 4 Millimeter, natürlich!«
»Sag mal, Vati, wie oft heiraten die Hasen in einem Jahr?« –
»Mindestens viermal!«
»Du, Vati, warum haben die Rehe keinen Schwanz?«
»Hör' endlich auf mit deiner blödsinnigen Fragerei. Du machst mich ja wahnsinnig!«
»Vati, wenn du vielleicht wahnsinnig geworden bist, darf ich dich dann im Irrenhaus besuchen?«

Neben einem viel begangenen Trimmpfad am Rande der Großstadt steht ein Warnschild:
»Achtung! Jeder zweite wird mit einem Wildschwein verwechselt. Laufen Sie, so schnell sie können und heben Sie beide Hände! Der Jagdpächter.«

Preisfrage: Warum machen die Ostfriesen ihre Ansitzleitern nicht aus Holz?
Weil Holz zu kostbar ist. Sie brauchen es für die Köpfe!

»Wie sind Sie mit meiner neuen Fuchsfalle zufrieden?«
»Großartige Konstruktion! Gestern lagen wieder drei Rotröcke davor. Haben sich über das Ding totgelacht.«

Alle Tag aufs Häusle,
alle Nacht zum Mäusle,
alle Woch a Säusle,
alle Monat a Räuschle,
alle Jahr a Füchsle –
dann bleibt's munter, dei Büchsle!

# Was tut sich im Revier?

| | |
|---|---|
| Rotwild | Kälber (1–2) |
| Damwild | Kälber (1–2) |
| Gamswild | Kitze (1–2) |
| Rehe | Kitze (1–2) |
| Hermelin | Jungwiesel (4–6) |
| Fasan | Ausfall der Küken (12–15) |
| Rebhuhn | Brut |
| Waldschnepfe | Zweite Brut |
| Sperber | Gelege (4–6 Eier), Brutdauer 31–33 Tage |

# Vom roten Schelm...
## Der Fuchs (Vulpes vulpes)

Kein anderes Wildtier genießt schon seit Jahrhunderten bis in unsere Tage eine solche Popularität wie der Rotfuchs. Wunder nimmt es nicht, denn seiner Sippe gehören in Europa schätzungsweise immerhin 4,7 Millionen Exemplare an. Diese Zahl scheint durchaus realistisch zu sein: Bei einer Wilddichte von 0,4 bis 1 pro 100 ha und einer Jagdstrecke (einschließlich Fallwild) von 1,25 Millionen Füchsen geht die Rechnung auf.

Die Popularität des Fuchses, die je nach Zeitgeschmack zwischen Gut und Böse pendelte, schloß immer eine gewisse Portion Hochachtung ein. Conrath von Geßner schreibt 1545 in seiner Bibliotheca Naturalis:

»Der Fuchs ist ein gar listiges, boshaftes und fürwitziges Tier. Den Igel dreht er ganz einfach um und beseicht ihm den Kopf, wovon der dann erstickt ... die Fische fängt er aber mit dem Schwanz, den er ins Wasser streckt, und sobald die Fischlein dazwischen schwimmen, zieht er sie heraus.«

In Märchen, Fabeln und Erzählungen ist Freund Reinecke – auch der rote Freibeuter, das Füchslein oder der Schelm genannt – ein überaus gerngesehener Gast. Denn durch seine Anwesenheit wird manches spannend und über seine Symbolik viel Menschliches erklärbar. Hervorstechendste Eigenschaft des Fuchses ist seine List, die ihm zweifelsohne sehr dabei hilft, sich den Magen zu füllen. Jean de la Fontaine hat von seinen berühmten 231 Fabeln allein 19 dem Fuchs gewidmet – diese Zahl erreicht kein anderes Tier. Eine Fabel beginnt: »Ein Füchslein, fein und schlau, ein alter Waldgenoss'...« Wegen seiner großartig entwickelten Sinne – der scheinbaren »Schlauheit« –, die

Stirbt der Fuchs, so gilt der Balg!
Lebt er lang, so wird er alt!

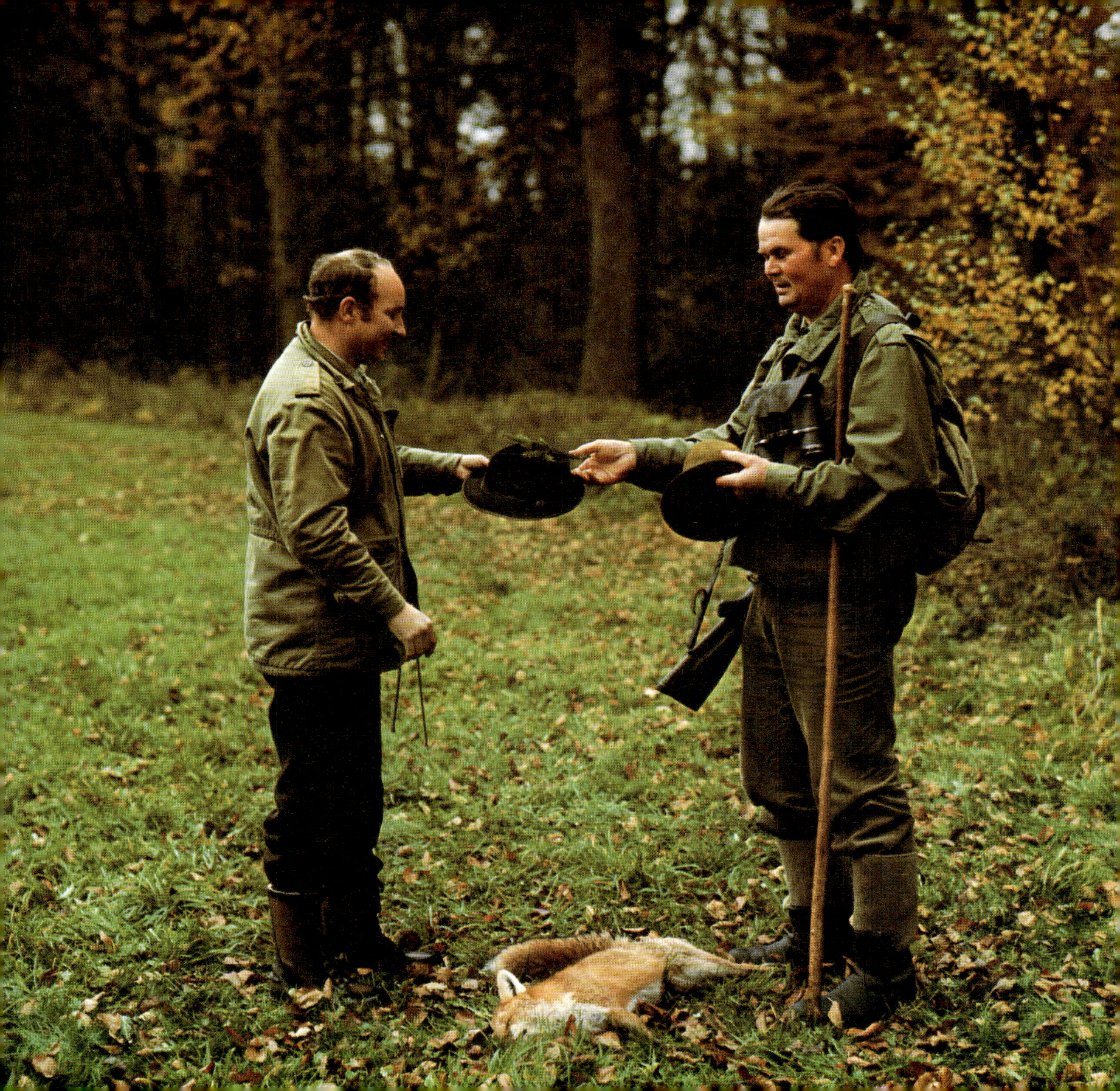

es zu überlisten gilt, ist der Fuchs dem Jäger eine besonders wertvolle Beute. Ganz gleich, ob er ihn in mondheller Nacht auf dem Winteransitz mit gezieltem Kugelschuß, beim Drücken oder Treiben im Herbstwald mit schnell hingeworfenem Schrotschuß erlegt oder mit der Falle, am Bau oder gar durch die Bodenjagd erbeutet.
Mehr als bei anderem Wild, vor allem bei Friedwild, spielen die Zufälligkeiten bei der Bejagung eine besonders große Rolle. Natürlich kennt der revierkundige Jäger die Fuchspässe und die befahrenen Baue. Aber viele Faktoren lassen den Erfolg eben sehr zum jagdlichen Zufallserfolg werden. »Fuchs kann immer kommen!«
Und gerade das macht den Reiz aus.

Getrübt wird die Freude an der Fuchsbejagung allerdings sehr drastisch durch die herrschende sylvanische Tollwut, die auch das Verwerten des begehrten Winterbalges mehr als in Frage stellt. Warum der Fuchs unter der Geißel der Tollwut von allen Wildtieren am meisten zu leiden hat, konnte noch kein Wissenschaftler mit Sicherheit erklären.
Man bringt die Tollwut mit der schwankenden Mäusepopulation ebenso in Zusammenhang wie mit dem Fehlen natürlicher Feinde, d. h., der Fuchs ist demnach das Endglied einer Nahrungskette. Aber was ist heute nicht alles Endglied?
»Beruhigend« ist immerhin die Feststellung, daß die Tollwut den Fuchsbestand um höchstens 50% reduzieren kann und auch der Jäger trotz intensiver Nachstellung keine nachhaltige Verringerung erreicht.
Das haben aber unsere Altvorderen auch schon gewußt und den Spruch geprägt: »Siehst' Füchs', gibt's zuviel, siehst' keine, gibt's immer noch genug!«

44

Man glaubt heute, daß die Tollwut bei einer Populationsdichte von 0,2 bis 0,4 Füchsen pro 100 Hektar zum Erliegen kommt. Die alten Jäger hatten als Faustregel: Ein Fuchs auf 1000 Hektar!

Füchse bevorzugen Lebensräume, die Wald, Feld- und Wiesenflächen in einem ausgewogenen Verhältnis aufweisen.
Da der Fuchs ein Einzelgänger ist, leben Rüde und Fähe – außer in der Ranzzeit von Januar bis Anfang März – getrennt. Die Fähe geht 7 1/2 Wochen dick und wölft 3–8 Welpen.

Zu jeder Jahreszeit reizvoll ist es für den Jäger, die Anwesenheit von Füchsen im Revier auf seinen Pirschgängen zu kontrollieren. Spuren im Sand und feuchtem Boden sind ebenso sichere Zeichen wie die mit Vorliebe auf Baumstubben gesetzte Losung. Auch »fuchselt« es mancherorts im Revier, meist an markanten Punkten wie Reisighaufen, Steinen oder Brücken. Das sind Markierungspunkte, die der Fuchs durch Urin und Sekret der Afterdrüsen festlegt. Gern verstellt der Fuchsjäger auch Röhreneingänge mit dünnen Zweigen und gewinnt so weitere Gewißheit.
Bemerkenswert ist die »Wanderlust« der Füchse. Erwachsene Rüden traben bis zu 300 km. Jungfüchse suchen sich eigene Territorien bis durchschnittlich 42 km (Rüden) und 11,4 km (Fähen) vom Heckbau entfernt.

> Vulpes pilum mutat, non mores:
> Der Fuchs wechselt den Balg, nicht die Sitten.
> Gajus Suetonius, um 120 n. Chr.

Meister Reinecke hat dem Förster wohl schon etliche Hühner und Gänse »gestohlen«, bevor er in die Falle ging. Man sieht den Einlauf als ausgesägtes Loch im Bretterzaun.
Natürlich erschießt der Forstadjunkt den Fuchs nicht so mir nichts, dir nichts. Nein, die Hunde bekommen gleich eine Lehrstunde und auch der Filius, der sich hinter dem breiten Rücken des Vaters in Sicherheit wähnt, lernt dazu.
Über dem Scheunentor, links in dem Bild aus der ersten Hälfte des 19. Jahrhunderts, sieht man einen zur Geisterabschreckung angenagelten Fischreiher.

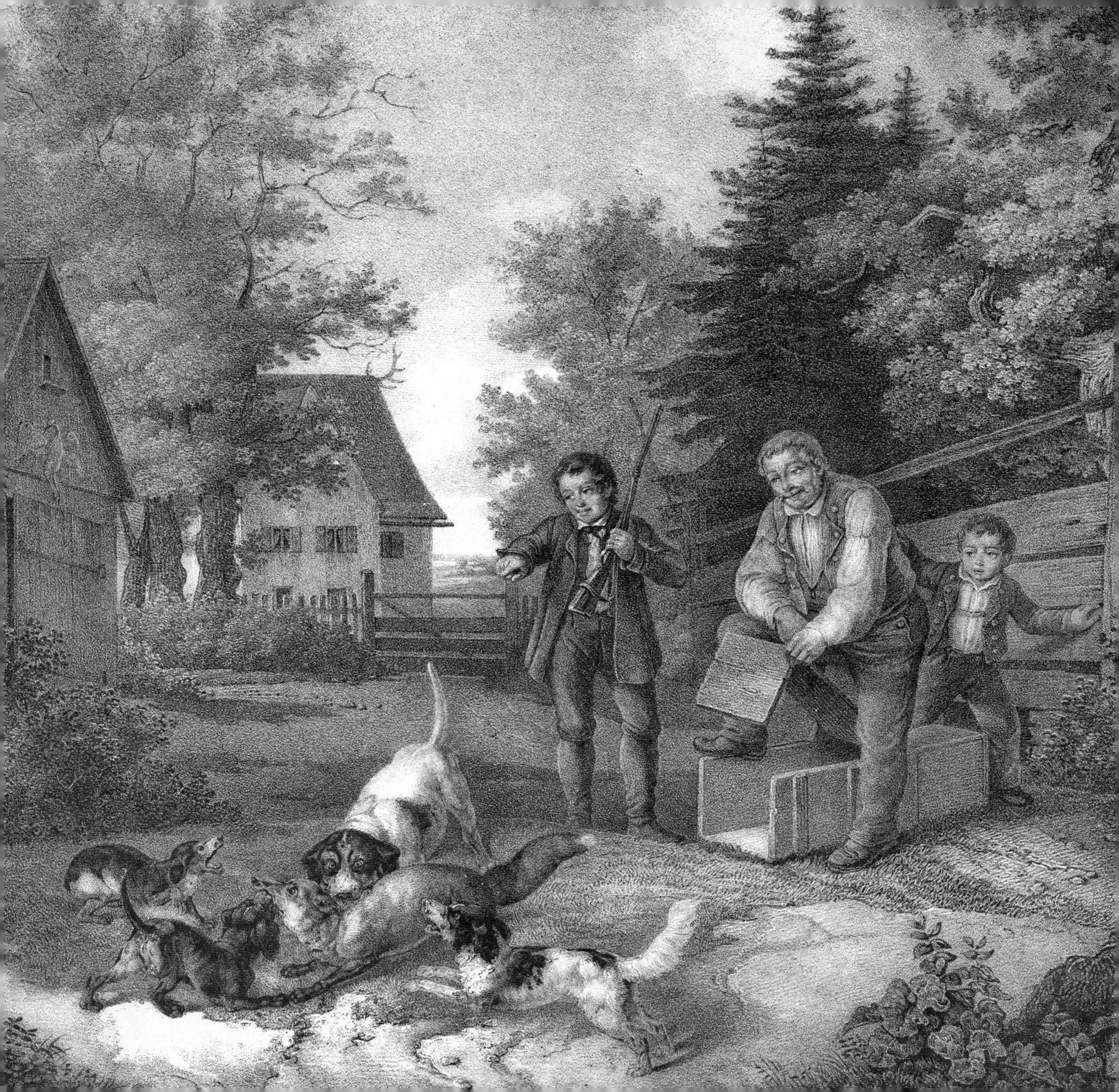

# Von den Lauten und den Stillen

Der Frühsommertag war spürbar angenehm. Aus den Wiesen wehten hundert Düfte von Kräutern und Gräsern, harmonisch vermischt zu einem einzigen, würzigen Geruch.

Auf dem vergrasten Weg zwischen Wiesen und Wald, der sich gemächlich nach oben zu einer Mittelgebirgshöhe wand, gingen ein Erwachsener und ein Kind nebeneinander, eine Wachtelhündin lief in kurzen Bogen vor den beiden her. Drei Jäger augenscheinlich.

Der hochgewachsene, schlanke, etwa fünfzigjährige Mann trug den vor dem großen Krieg in dieser Jahreszeit und Gegend üblichen Jägerleinenanzug – heute sagt man Schilfleinen zu dem Gewebe aus Leinen und Baumwolle –, ein verwaschen grünes Hemd mit korrektem weichem, aber offenem Kragen, in dessen Ausschnitt ein grünes Seidentuch gebunden war. Den Kopf bedeckte ein grüner Panamastrohhut. Über der linken Schulter spannte sich der geflochtene Riemen der Bockbüchsflinte – eine schmale Herrenwaffe. Sein fester, elastischer Schritt war dem Tempo des jungen Begleiters angepaßt, einem Bub von neun Jahren, dessen Kleidung der des Erwachsenen verblüffend ähnlich sah. Nur trug der Bub kurze Hosen und den Hemdkragen über die Joppe herausgeschlagen. Schillerkragen nannte man das. Auch der Strohhut – in einer sehr lustigen Form – fehlte nicht, und über der linken Schulter hing lässig ein Luftgewehr am Riemen.

Dritte im Bunde war die Wachtelhündin Tinny, die den ganzen Weg in kurzen Bogen doppelt und dreifach zurücklegte.

»Onkel Hubert? Wie viele Maschinengewehre hat deine Kompanie gehabt?« – fragte der Bub.

Der Onkel gab Antwort. Nicht sehr willig, so hatte es zumindest den Anschein.

Und der Bub fragte weiter.

Für ihn gab es im Moment keine würzigen Wiesen, keinen Sommerhimmel, weil ihn Maschinengewehre, Flugzeuge, Panzer und Haubitzen jetzt wesentlich stärker interessierten. Kein Wunder, der Zweite Weltkrieg stand vor der Tür und die ständige Propagandaberieselung mußte das Kindergemüt weitaus stärker beeindrucken als die schönsten bewaffneten Spaziergänge, Pirschen, Ansitze und Hüttenaufenthalte, die es so sehr schätzte. Denn es genoß, wenn auch noch unbewußt, die köstliche Freiheit des Jagerns, das ihm der Onkel oft und in einer noblen Art bot.

Knapp zwanzig Jahre nach dem ersten Krieg, aus dem der Onkel schwer verwundet zurückgekehrt war, stand nun schon ein neuer vor der Tür.

Für den Bub nicht weiter bedrückend, denn er sah aus kindlichem Begreifen nur das Faszinierende daran: die hochgespielten Ideale, die jauchzende Massenbegeisterung, die Technik der Waffen. Der Bub konnte noch nicht fassen, daß Panzer, Maschinengewehre, Flugzeuge und Kanonen zum Töten bestimmt waren, auf beiden Seiten, und daß es bald Tränen und Trauer geben würde.

Sie waren auf dem Berggipfel angelangt, der einen Ausblick in das weite, fruchtbare Hügelland schenkte, von dem man sich nichts anderes vorstellen konnte, als daß es von Pflügen, nicht aber von Granaten umgepflügt werden würde. Das satte Gelb der nahezu reifen Gerste grenzte sich deutlich von den noch grüngelben Weizen-, Roggen- und Haferschlägen ab, unterbrochen vom dunklen Grün der Hackfrüchte und dem helleren der Wiesen.

Zum flimmernden Sonnenlicht des Horizonts schlängelte sich der Fluß, silbrig und blau wechselnd. Als Ziel die kleine Stadt mit der schiefergedeckten, berühmten Barockkirche und dem wuchtigen fürstlichen Schloß anpeilend, das mit seiner gelben Fassade im leichten Dunst der Ferne einen Akzent setzte.

»Ist's da heroben schön'« – der Onkel sagte es feststellend, fragend zugleich und umfaßte die Schulter des Buben, so, als ob er ihn vor etwas schützen wollte.

Der Bub nickte zwar andächtig und sicherlich auch ehrlich beeindruckt, aber seine Aufmerksamkeit richtete sich mehr auf ein Brummen in der Luft, das sich näherkommend verstärkte. Eine Staffel Stukas donnerte über sie hinweg, um bald mit dem charakteristischen, ohrenbetäubenden Heulen einen Simultanangriff zu fliegen.

Der Onkel schüttelte den Kopf, unwillig, denn er dachte an die Rehe und an das Schwarzwild, denen das Austreten und Äsen vom Heulen und den Bordwaffendetonationen für den Rest des Tages gründlich vergrämt war.

Auch die Vögel stieben wie kopflos durch-

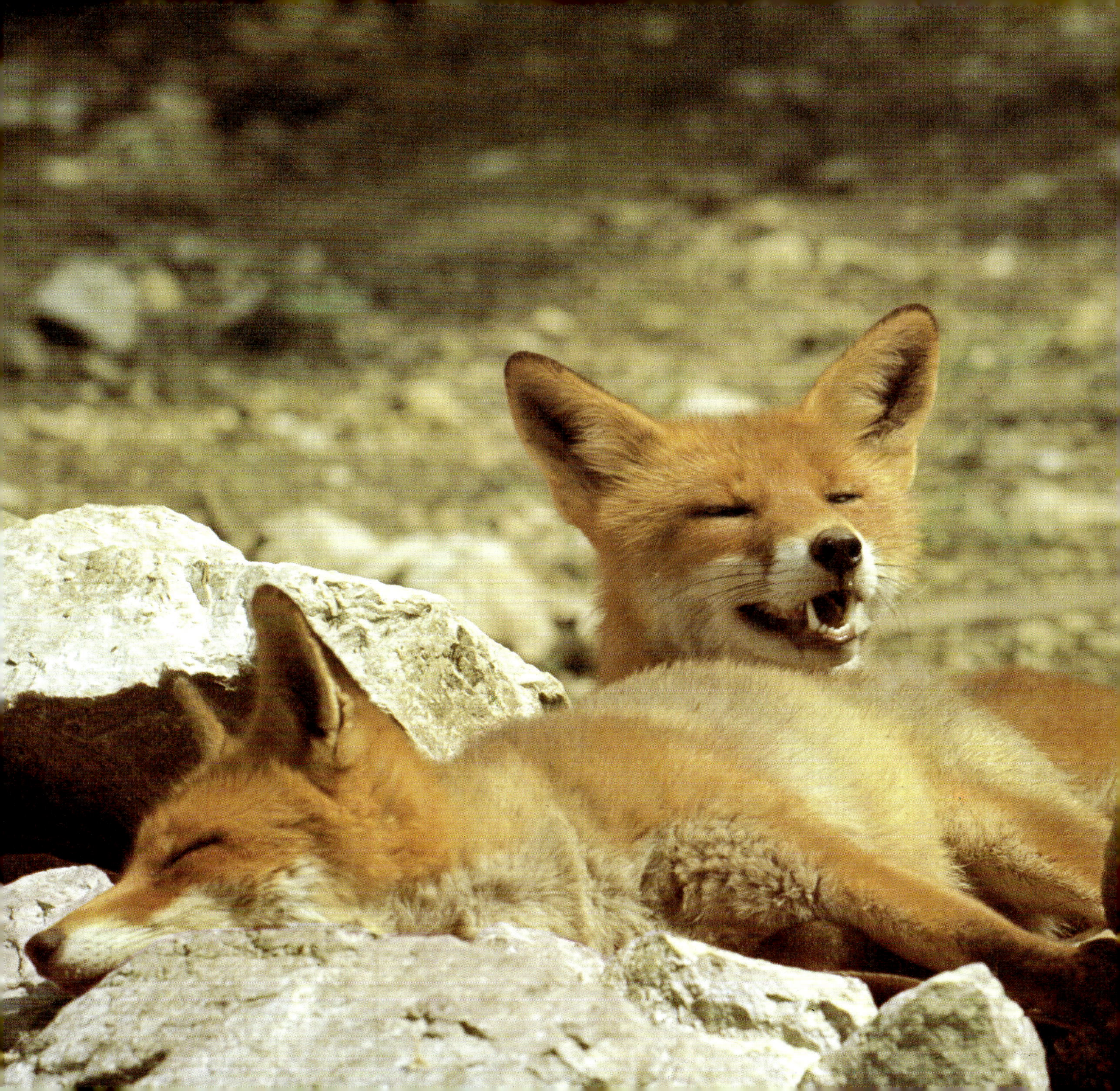

einander und beruhigten sich lange Zeit nicht.
Nach dem Mittagessen aus dem Rucksack schlief der Onkel im Schatten, wie er es jeden Tag gewöhnt war.
Der Bub jedoch, aufgewühlt vom unmittelbaren Kontakt mit den Kriegsboten, schlug sich heimlich seitwärts in die Büsche.
Er hatte das Luftgewehr geladen, obwohl ihm dies durch ein Versprechen, das er dem Onkel gegeben hatte, verwehrt war.
Das Diabolo zerfetzte die niedliche Tannenmeise. –
Entsetzt sah er auf den noch zuckenden Vogelkörper, der vor ihm auf dem Waldboden lag.

Langsam begriff er, was ihm als Lehre für das ganze Leben bleiben sollte:
Töten aus Übermut, aus einem, wenn auch von außen verursachten Drang, ist abscheulich, unwürdig, unmenschlich, gemein. Nie hatte er dieses Gefühl gehabt, wenn der Onkel Wild erlegte und versorgte. Da war alles sauber, ganz natürlich und selbstverständlich, denn da war es Abschöpfen, Ernte.
Jetzt ekelte ihn.
Er verscharrte den Vogel und schlich zum Ruheplatz zurück.

Viele Jahre später erst, als ihm der Onkel an einem Geburtstag die schlanke, über die Wirren hinübergerettete Büchsflinte in die Hände legte, hat er darüber gesprochen. Und er erfuhr beglückt, daß ein solches Erlebnis fast jedem Jäger widerfährt, ja widerfahren muß. Es prägt die Persönlichkeit und fordert sie.

Zu bedauern ist gewiß der Jäger, dem solche stillen Prozesse vorenthalten bleiben.
Er wird Zeit seines Lebens zu den Lauten gehören, die überschreien, was sie nicht erfühlen wollen oder nicht erfühlen können.
Die über einen angebleiten, in der Ackerfurche hilflos zuckenden Hasen lachen.
Rauh – aber herzlich?
Ich halte es seit damals mit den anderen.

# Blüte und Ernte

*Es blühen (g = giftig):*

Ackerehrenpreis
Ackerhellerkraut
Ackersenf
Ackerstiefmütterchen
Ackerwinde
Ährentausendblatt
Alpenfrauenmantel
Alpenmohn
Alpennelkwurz
Arnika
Augentrost

Bärenlauch
Beinwell
Besenginster
Bienenonhis
Bittersüß
Braunelle
Brombeere
Brunnenkresse

Ehrenpreis
Einbeere
Eisenhut
Enzian
Erdrauch

Faulbaum
Feldrittersporn
Fettkraut
Fieberklee
Fingerhut (g)
Fingerkraut

Gänsefingerkraut
Gamanderehrenpreis
Geißblatt
Germer
Glockenblume
Günzel

Habichtskraut
Hainfelberich
Hahnenfuß
Hartriegel
Hauhechel
Heckenrose
Heidekraut
Heidelbeere
Heidenelke
Himbeere
Holunder
Hopfenluzerne
Hornkraut

Igelkoben
Johanniskraut

Kamille
Katzenpfötchen
Klappertopf
Knabenkraut
Knoblauchrauke
Kuckuckslichtnelke
Kugelblume

Labkraut
Leimkraut
Liguster

Mädesüß
Margerite
Mauerpfeffer (g)
Mehlbeere
Mehlprimel
Milzkraut
Moosbeere

Nachtkerze
Nachtnelke
Natternkopf
Nelkenwurz

Odermennig

Pfaffenhütchen (g)
Pfeilkraut
Preiselbeere

Rainfarn (g)
Reiherschnabel
Resede
Ruprechtskraut

Saatwicke
Sauerampfer
Schafgarbe
Schattenblume
Schierling
Schneeball
Schneebeere
Schöllkraut (g)
Schuttbingelkraut (g)
Sonnentau
Sonnenwendwolfsmilch (g)
Spitzwegerich
Springkraut
Stechapfel (g)
Stechginster (g)
Stechpalme
Steinbrech
Sumpfdotterblume
Sumpfstorchschnabel
Sumpfveilchen
Sumpfziest

Taubnessel
Tollkirsche (g)
Trollblume

Vogelbeere, Eberesche
Vogelnestorchidee
Vogelwicke

Wacholder
Walderdbeere
Waldhyazinthe
Waldmeister

Waldvögelein
Waldziest
Wasserknöterich
Wasserschlauch
Weißdorn
Weiße Lichtnelke
Weißklee
Weißwurz
Wiesenbärenklau
Wiesenbocksbart
Wiesenkreuzblume
Wiesenknopf
Wiesenplatterbse
Wiesensalbei
Wiesenstorchschnabel
Wiesenraute
Wiesenwachtelweizen
Wilder Rettich
Wollgras
Wundklee

Zaungiersch
Zaunrübe (g)

*Ernte:*
Geerntet werden verschiedene Heilpflanzen und Waldmeister.

*Pilzernte:*
Anis-Champignon, Grauer Wulstling, Maipilz, Röhrlinge, Perlpilz, Steinpilz, Speisetäubling.

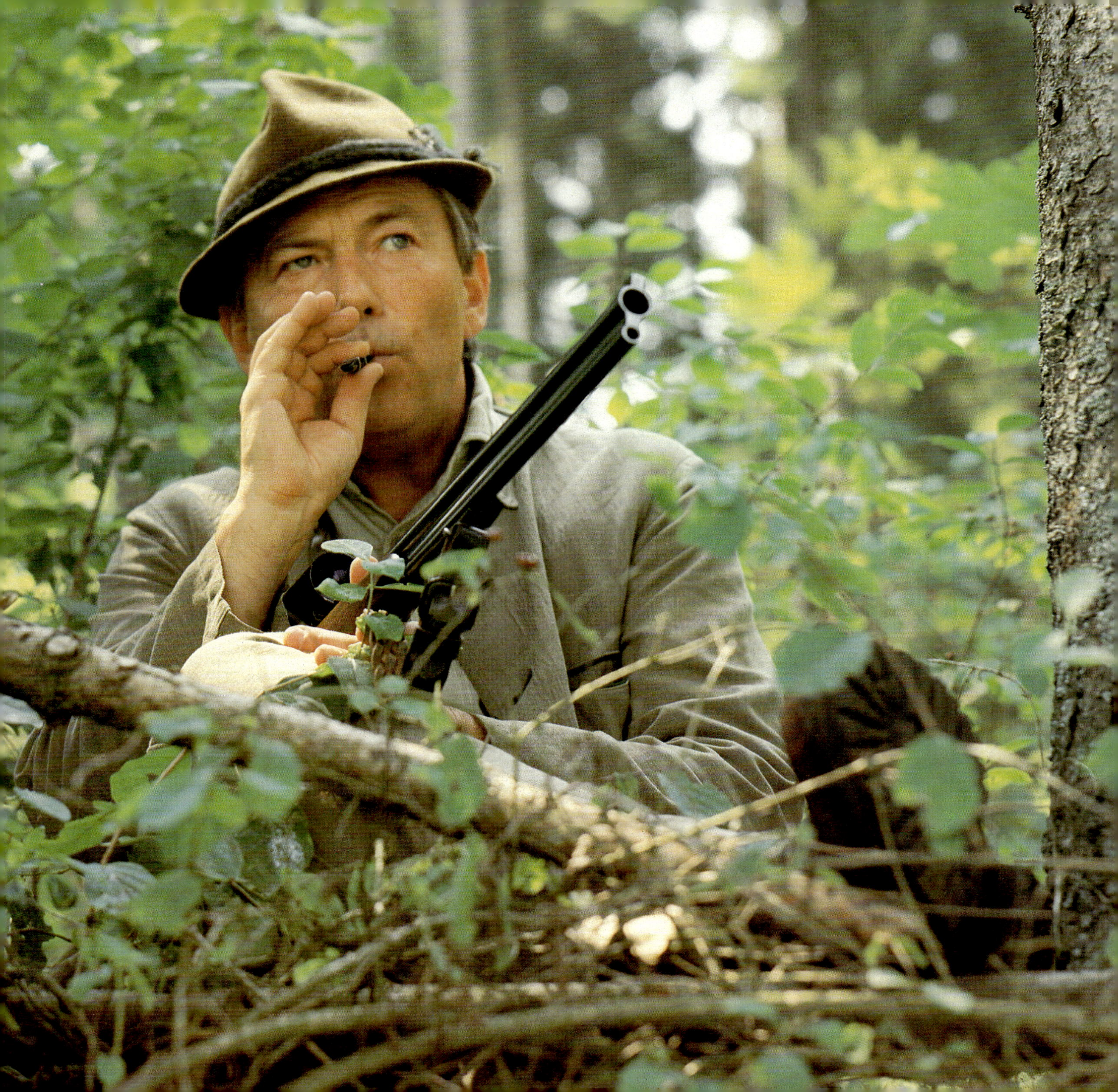

# Juli

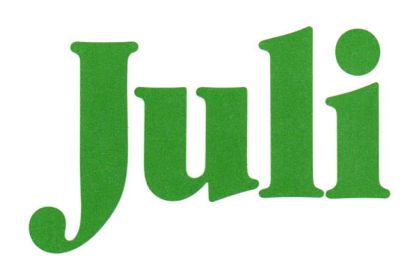

## Blattenmonat · Heumond · Heuet

Die Gedanken knistern, so intensiv werden sie gedacht!
Sie kreisen um die alten Böcke, die Ernteböcke, aber auch um die »unbekannten« Böcke und natürlich um die Grenzböcke, die man sich Ende des Monats herblatten wird.
Doch kaum in Anblick zu bekommen sind sie in den ersten beiden Juliwochen, denn die Naturgesetze schreiben ihnen Ruhe vor. Ruhe, Feist, Kräftesammeln vor der hohen Zeit des Jahres, der Hochzeit, der Brunft.
Das nützen die Jungen weidlich aus und werden wieder sichtbar, nachdem sie sich wochenlang zwischen den Hoheitsgebieten der Revierbeherrscher mehr oder weniger geschickt herumgedrückt haben.

Wald und Flur sind ein einziger grüner Traum. Ein Wachtraum, durch den ich schleiche. Um halb vier in der Früh bin ich schon gesessen. Auf einer kleinen Leiter im lichten Altholz, ringsum nahrhafter und sicherer Einstand für das Rehwild. Buchenanflug, Faulbäume, Fichtenjugend, ein paar Wassergräben und vor der Leiter, kaum dreißig Schritt entfernt, der uralte Hauptwechsel, gekreuzt von einem auch schon über Jahre angenommenen Wechsel und Paß, der dem Wild durch den Autobahnbau aufgezwungen wurde, der aber zu den süßen Wiesen jenseits der Grenze führt.
Viel gesehen habe ich.
Geißen und Kitze, Schmalrehe, Jahrlinge und den alten Gabler. Waldhasen und – zu spät – den Fuchs, dessen Bau rechterhand vom Sitz einsehbar ist.
Mit gutem Wind bin ich jetzt auf den Läufen. Ist nicht der Beutetrieb, dem Bock zum Beispiel geltend, nur ein Vorwand für das heimliche Gehen, das Pirschen, Schauen und Spähen, durch das dem Jäger die Waldgeheimnisse offenkundig werden? Solche Julitage gehören zum Schönsten, was das Jagern zu bieten vermag. Die Erwartung der Rehbrunft und das Aufspüren von vorher nicht Entdecktem.

Auch wenn es nur die beglückende Feststellung ist, daß es den Fingerhut dort auf dem Kahlschlag noch gibt, daß Glockenblume, Braunelle, Waldziest, Waldweidenröschen, Schöll- und Johanniskraut, aber auch Nachtnelke und Ackerwinde am Wegrand reichlich blühen, daß Schmetterlinge darüberflattern und daran naschen. Jetzt bin ich an der Grenze. »Grenzsteine halten fest, . . .« schreibt Hermann Löns. »Die Grenze, das ist doch das Schönste bei der Jagd. Da hat das Pirschen zweifachen Reiz, da bietet der Ansitz doppelte Freude, da ist der Bock noch einmal soviel wert. Es ist lächerlich, aber es ist so und wird so bleiben, solange es grüne Jäger und rote Böcke gibt, heute und morgen und allezeit.«

Auch das gehört zum Jagern.
Ein paar Kilometer weiter südlich reifen in den Rotwildrevieren die Geweihe der Hirsche heran. Sie leiden unter tausend schwirrenden Insekten, denen das stark durchblutete Bastgeweih eine verlockende Nahrungsquelle ist, und ziehen unruhig hin und her.
Auch die Taubenjagd beschert der Juli dem Jäger wieder. Er sollte sie nutzen.
An der Grenze habe ich den rucksenden Tauber aus der Randeiche geschossen.

# Das Wetter

Laut Statistik bringt der Juli die meisten Gewitter. Dieser Erfahrungswert ist auch für den Jäger nicht ohne Bedeutung – hält er sich doch mit dem einzigen Stück Eisen, das weit und breit zu finden ist, oft gerade dann in Feld und Wald auf, wenn Blitze einen Blitzableiter brauchen.

Ich verhielt mich in dieser Hinsicht bis vor ein paar Jahren recht sorglos. G'rad schön war's, bei Blitz und Donner auf dem Ansitz zu verweilen und das Naturschauspiel gewissermaßen aus der Proszeniumsloge heraus zu betrachten.

Heute bin ich nicht mehr so leichtsinnig. Bei einem aufziehenden Gewitter hatte ich auf dem Ansitz einmal einen Welpen dabei. Der wolkenbruchartig einsetzende Regen ließ es mir ratsam erscheinen, den zehn Wochen alten Hund unter die Kotze zu nehmen und zum nahen Auto zu gehen. Durch die Scheiben, wenn ich nur fleißig das Kondenswasser wegwischte, konnte ich das Feuerwerk schließlich genauso beobachten. Irgendwo in der Nähe schlug der Blitz ein.

Nach einer halben Stunde hatte sich das Unwetter verzogen, und wir stromerten zum Schirm zwischen den beiden achtzigjährigen Randfichten zurück. Mir wurden die Knie weich bei dem, was ich sah: Die rechte Fichte war vom Blitz gespalten und die geborstene Krone hatte Schirm und Sitzbank zerschmettert.

Von da ab wußte ich, wie ich mich bei Gewittern zu verhalten hatte.

Wenn es donnert vor dem Regen, hört es auf, bevor es beginnt.

Wenn es im Sommer am Morgen um fünf donnert, so gibt's am Nachmittag ein Donnerwetter.

Dampfen die Wiesen nach Gewitterregen, kommt das Gewitter noch auf anderen Wegen.

Julisonne arbeitet für zwei.

Kalter Juliregen bringt der Rehbrunft keinen Segen.

Regenbogen aber nennen wir den Widerschein der Sonne in den Wolken. Das ist nun ein Sturmvorzeichen. Denn das um die Wolke sich ergießende Wasser pflegt Wind zu erregen oder Regen auszugießen.
   Anaxagoras (500–428 v. Chr.)

Was der Juli nicht siedet, kann der August nicht braten.

Zu Jakobi (25. Juli) ist das Getreide reif.

Der Kuckuck ruft nicht mehr, wenn er das Grummet sieht.

Wenn das Rehwild im Hochsommer tagsüber auf den Wiesen steht und äst, so kommt Regen.

# Die Jagd

Lieber zu früh als zu spät werden jetzt noch einmal die Pirschpfade gekehrt und die Schirme ausgeschnitten, bevor die Blattjagd beginnt. Eine leichte und damit transportable Ansitzleiter sollte in diesen Wochen auch gebaut werden, damit man für alle Eventualitäten gerüstet ist.

Wann beginnt die Brunft? Heute, morgen, übermorgen?

Brunftbeginn ist nicht dann, wenn die Böcke aufs Blatten zustehen, sondern wenn sie treiben! In der Regel kommen zu Anfang die Jünglinge vor Glas und Lauf des Jägers. Nicht nur, weil sie's nötig haben, sondern weil sie ohnehin unstet auf den Läufen sind. Immer auf der Hut vor dem unleidlichen Alten, der ihnen so gar nicht die vertraute Gesellschaft mit den Schmalrehen gönnen will, die sie noch vor Wochen so selbstverständlich hatten.

Oft stehen jetzt auch zwei Jahrlingsböcke beisammen und machen das Abwägen, wer zu schonen ist, leichter. Das Spannendste an der Blattjagd ist jedoch die Überraschung. So manches Geheimnis gibt der Wald preis, wenn die Hundstage das Blut der Böcke zum Sieden bringen.

Blattinstrumente erhitzen die Jägergemüter fast so sehr wie die Kaliberwahl. Wer nicht auf das Buchenblatt schwört, hat etliche Fertigmodelle zur Wahl. Sie funktionieren alle. Nur – den richtigen Ton, die Stimmung, den Rhythmus, das alles muß der Jäger im Ohr haben. Und: Kein Reh fiept von einem Baum herunter. Nur wenn man einen Bock von weiterher zum Springen bringen will, machen die paar Meter über dem Boden nicht viel aus. Die alten Jäger haben nur vom Boden aus geblattet und ihren Bock über Kimme und Korn geschossen. Wer hindert uns daran, es ihnen nachzumachen?

Blattzeit ist auch Pirschzeit. Mit vielfältigen Erwartungen pirscht der Jäger durchs Revier. Sucht unter gutem Wind ebensolche Deckung und Sicht, möglichst so, daß ihn der Bock nicht umschlagen kann, und probiert ein erstes sehnsuchtsvoll-zartes Schmalrehfiepen. Gleich kann es im Gebüsch brechen, genausogut aber auch nur geheimnisvoll knacken. Und statt eines Bocks steht gern eine eifersüchtige Geiß zu. Gut so! Ihre Witterung bringt auch den Bock auf die Läufe, denn er weiß: Die Konkurrenz schläft nicht! Mancher Jäger mußte sich schon das helle Hinauslachen verbeißen, wenn die Geiß noch gar nicht brunftig war und dem Liebhaber das Mißverständnis durchaus nicht in den Schädel wollte.

Die Jagd auf Tauben kann jetzt in vielerlei Spielarten und deshalb besonders spannend ausgeübt werden. Da ist das Lauern unter den Ruhe- oder Schlafbäumen, der Anstand an Sturmstrichtagen, der Ansitz nahe der Tränke und am Rand der Stoppel. Das Aufstellen künstlicher Locktauben verspricht zusätzlichen Erfolg.

# Was tut sich im Revier?   Die Hege

Bei der Jagd auf Ringeltauben hält man sich besser an Jungtauben – am fehlenden weißen Halsring erkennbar –, weil Alttauben noch den ganzen Sommer über beim Brutgeschäft sein können. Einzel- und Paartauben sind meist alte, drei und mehr wahrscheinlich Jungtauben.

Jungfüchse sind neugierig, dazu unerfahren und deshalb hungrig. Kitzfiep, Mauspfiff und Hasenklage werden ihnen leicht zum Verhängnis. Stoppelfelder sind Fuchsmagnete, der Ansitz in einer warmen Mondnacht ist ein Genuß.

| | |
|---|---|
| Rotwild | Geweihe werden gefegt; Feistzeit |
| Rehwild | Brunft |
| Fuchs | Jungfüchse lernen reißen |
| Dachs | Ranz |
| Baummarder | Ranz |
| Steinmarder | Ranz |
| Hermelin | Ranz |
| Rebhuhn | Nachgelege |

Die Rehblatter.

Im Reifemonat Juli gibt es Äsung im Überfluß. Doch bald wird die einsetzende Ernte dem Wild einen Schock nach dem anderen verpassen. Was bisher Äsung und Deckung bot, ist plötzlich kahle Fläche. Mit der Gerste beginnt es. Etwas Gutes hat die totale Nutzung meist doch: Es werden Zwischenfrüchte angebaut, an denen auch das Wild Nutznießer ist. Wird aber die Stoppel nicht mehr genutzt, kann man mit dem Eigentümer darüber reden, selbst etwas zu tun, z. B. Winterraps oder Bitterlupine anzubauen. Auch eine späte Maissorte – wenn man keinen Körnermais mehr ernten will – geht noch her. Oder man kann einen kleinen Streifen Getreide bis zur Totreife stehen lassen. Besser ist es aber, die Fläche mit Deckungs- und Grünäsungspflanzen zu bestellen. Schließlich will der Jäger keine Mäusekulturen züchten. Ist der Juli trocken, bereut man, nicht schon früher Schöpfmulden angelegt zu haben. Alles Wild nimmt sie an. Das geht einfach: An einer Hangstufe wird eine 20–30 cm tiefe Mulde ausgehoben, nach den Rändern zu verlaufend, und mit Zementspeise ausgestrichen. Auch Folie kann verwendet werden. Jeder Gewitterregen füllt solche Schöpfmulden schnell auf. Wer sich mit laufenden Hegearbeiten schon ein durchschnittlich gutes Gewissen gesichert hat, braucht jetzt, in der hohen Zeit der Rehbrunft, nicht viele Gedanken daran zu verschwenden.
Er kann ernten, weil er gesät hat.

# Bekannt und unbekannt zugleich:
## Das Reh (Capreolus capreolus)

Was uns heute als Selbstverständlichkeit anmutet, das war vor etwa 150 Jahren in vielen heimischen Landstrichen noch eine Seltenheit: das Rehwild! Zum Jagdvergnügen brauchte man die Rehe wirklich nicht, denn überall gab es reichlich Rotwild. Zumindest für die damals Jagdberechtigten. Allenfalls war das Reh noch als Küchenwild interessant – für die Tafel des Landadels.

Dieser Sachverhalt änderte sich fast schlagartig, als im 19. Jahrhundert die intensive Landwirtschaft dem Rehwild statt der kärglichen Waldäsung plötzlich süße, saftige Wiesen, Klee, Luzerne, Getreide, Rüben und vieles mehr bescherte. Zwar schrieb 1826 Franz Schober den Liedtext: »Ich schieß den Hirsch im wilden Forst, im *tiefen Wald* das Reh«, was nichts anderes besagte, als daß man sich schon mehr bemühen mußte als heutzutage, jedoch erfuhr der Text zum Zeitpunkt der Vertonung durch Franz Schubert eine bemerkenswerte Änderung. Aus dem »tiefen Wald« wurde »im stillen Tal«, und das kam dem neuen Lebensraum der Rehe schon merklich näher.

Überhaupt entdeckten die Romantik und die sich allmählich etablierende bürgerliche Jägerei viel Sympathie für das Reh.

Zu einer Zeit aber, als man das Rehwild und besonders die Böcke noch nicht nach dem Schema »bist du ein Artverderber, kommst du zuerst in die Bratpfanne« bejagte, gab es Urböcke von 34 Enden und mehr (1577, Walldorf bei Meiningen). Ridinger zeichnete viele solcher Vielendenböcke nach der Natur, und auch in der Sammlung des Grafen Arco-Zinneberg finden sich heimische Spitzentrophäen von fast unvorstellbaren Dimensionen. Auch Wildungen beschreibt Rehgeweihe der Sammlung Fürst Wittgensteins, die aus Ungarn stammen sollen, merkt aber an, daß es sich wohl um eine »ausgestorbene Rehrasse« handeln müsse.

Auch wenn es in früheren Jahrhunderten wenig Rehe gab, so wurden sie von nicht wenigen Potentaten, die hervorragende Jäger waren, gern bejagt. Der bayerische Herzog Albrecht V. (1528–1579) erlegte trotz Fleiß und Passion in 25 Jahren nur 100 Rehe!

Aus den Büchern des Klosters Tegernsee ist zu ersehen, daß von 1568 bis 1580, also in 12 Jahren, gerade 48 Rehe den Speisezettel verfeinerten.

Kurfürst Albrecht dagegen schoß Mitte des 18. Jahrhunderts zwei starke, alte Böcke pro Tag und Pirsch.

Von 1841 bis 1845 sind in das Münchner Zerwirkgewölbe, das in erster Linie den bürgerlichen Markt versorgte, schon 6243 Rehe und 551 Kitze geliefert worden; rund 1400 Rehe im Jahr lassen auf eine außerordentlich hohe Wilddichte schließen. Trotzdem wurde nach 1848 fast der gesamte Rehbestand in Deutschland und drumherum von Hinz und Kunz ausgerottet.

Doch schon 1850 verschafften die neuen Jagdgesetze der Rehwildhege eine solide Basis. Bereits um 1870 bezifferte sich die Rehwildstrecke in den preußischen Staatsforsten auf 10 000 Stück jährlich. Kaiser Wilhelm II. führte mit Vorliebe eine 6-mm-Mauserbüchse mit Hövel'schem Fernrohr auf Rehwild – er schoß aber auch Hirsche in der Schorfheide damit. Ein für die damalige Zeit abenteuerlich kleines, fast »unwaidmännisches« Kaliber, schoß man doch die Rehe um die Jahrhundertwende allgemein mit dem 11 mm Bleibatzen oder gar mit Posten!

Viel Kopfzerbrechen bereitete den Jägern und Forschern das Liebesleben der »geilen Rehe«. Zwar glaubte man noch vor fast hundert Jahren, daß um die Monatswende Juli/August die Rehe es besonders »geil trieben« – wohl als Folge der hochsommerlichen Temperaturen –, die eigentliche Brunft sich aber im Wald und für menschliche Augen unsichtbar erst im Dezember abspiele.

Döbel, die Autorität seiner Zeit, erbrachte sogar Beweise: »Ich habe die Ricken, die vor dem Monat Dezember geschossen wurden, aufgebrochen . . . aber keine Merkmale finden können, daß die Ricken beschlagen gewesen. Hingegen . . . im Januar sah man es sich proportionieren, und im Februar waren die Jungen eine Wälschnuß groß . . .« Von Eiruhe wußte man damals noch nichts.

Grundlegend neue Erkenntnisse zum Thema Rehwild lieferte der bayerische Herzog. Obwohl vielbeachtet und diskutiert, brauchen aber auch sie ihre Zeit, um zum allgemeinen Gedankengut der Rehwildheger zu werden.

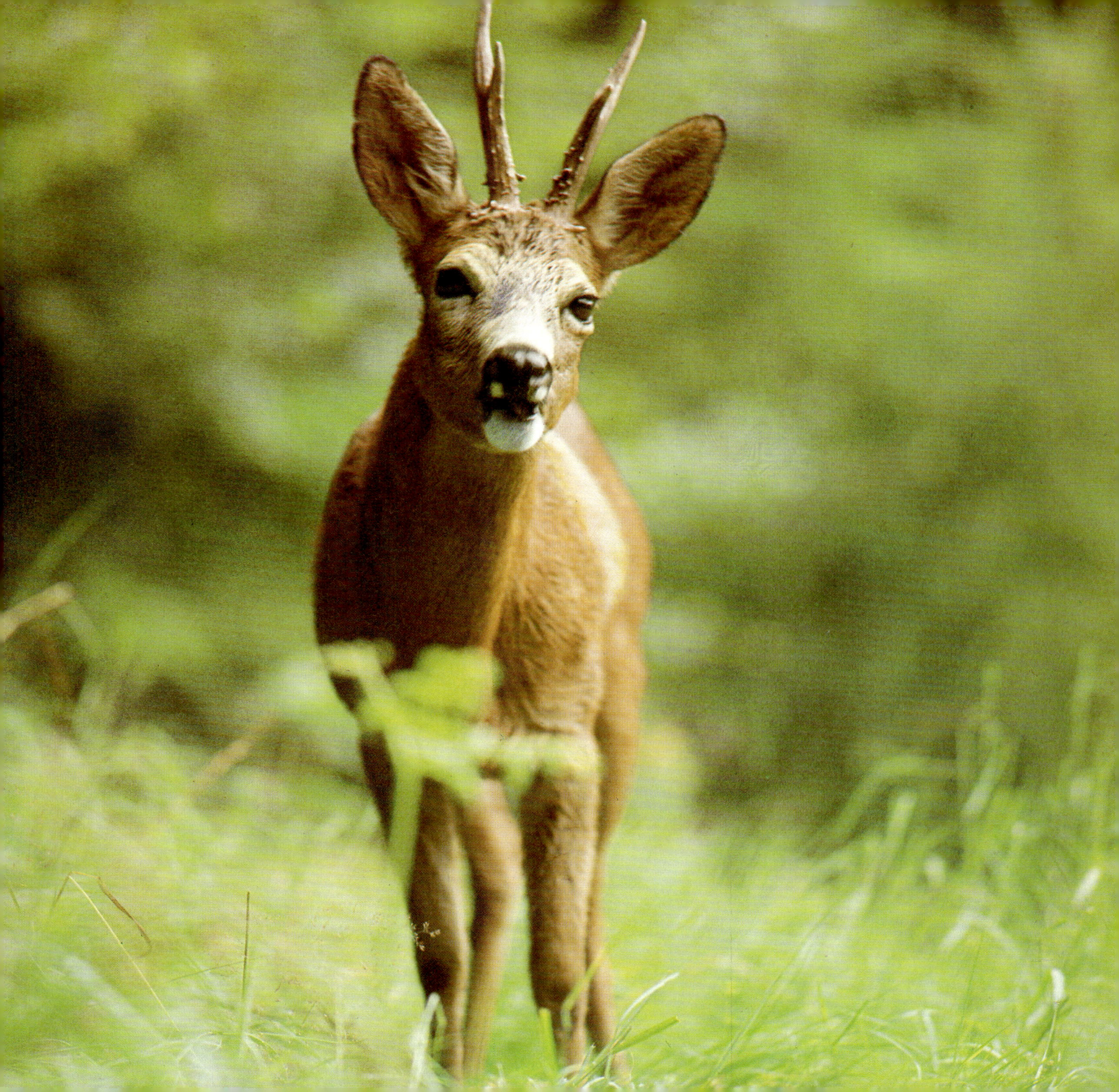

# Grüne Sprüche

Sollt, o Waidmann, es dich kränken, daß dein Schuß sein Ziel verfehlt, sollst du immerhin bedenken, daß auf dieser schönen Welt tot es wäre, wüst und leer, daß kein Haar und keine Feder es mehr gäb, wenn auch nur jeder Büchsenknall ein Treffer wär!

Gerades Pulver und guter Wind dem Jäger allzeit nützlich sind.

Und sinkt der Abend kühl herab, wird's still in Wald und Flur, so dank dem, der das Waidwerk gab, dem Wildherrn der Natur!
     Franz v. Kobell

Der Baum, der and're überragt, der wird vom Wetter mehr geplagt.

Achte des Waidmanns heilig Gebot: Was du nicht kennst, das schieße nicht tot!

Und nachher werd's Summer, und na hoaßt's fei' ziel'n, da wird wohl der Rehbock sei G'wicht'l verspiel'n.

Frei ohne Scheu, dem Walde treu, dem Freunde gut, ist Jägerblut.

Wo die Natur aufhört, fängt der Unsinn an.

Im Blattmond ruht des Jägers Liebe, zu heiß ist's ihm für seine Triebe.

# Lustiges

Damenunterhaltung: »Und du glaubst wirklich, daß dein Mann auf der Jagd ist?« – »Wenn er nichts heimbringt, ja!«

»Herr Wirt, was war das eigentlich für ein Bursche, der heute morgen die Betten durchwühlt hat?« – »Das war der Direktor vom Flohzirkus, der hat bei mir die Jagd gepachtet.«

»Es war am Hubertustag des letzten Jahres«, beginnt ein Waidmann, »da verfolgte ich einen kapitalen Sechzehnender. Ich vergaß die Zeit; es dämmerte, es wurde Nacht. Ich verlor den Weg, geriet in einen Sumpf und versank. Ich schrie um Hilfe, aber niemand hörte mich.« – »Und wie kamen Sie wieder heraus?« fragt eine junge Dame erbleichend. – »Gar nicht«, erwidert der Jäger, »ich ertrank.«

Was ist das? Es ist grün und schwingt sich von Baum zu Baum? – Ein Forstwissenschaftler, der die Waldwege schont!

»Stell dir vor«, erzählt Graf Bobby seinem Freund, dem Grafen Poldi, »mein Oberjäger, mit dem du schon einmal auf einem Hochsitz warst, ist von einem Auto überfahren worden!« – »Schrecklich«, entrüstet sich Poldi, »nicht mal auf dem Hochsitz ist man vor diesen Vehikeln sicher!«

# Blüte und Ernte

*Es blühen (g = giftig):*

Ackerehrenpreis
Ackerskabiose
Ackerstiefmütterchen
Ackerwinde
Adlerfarn
Arnika
Augentrost

Baldrian
Beinwell
Bittersüß (g)
Blauer Eisenhut (g)
Blutweiderich
Braunelle
Brombeere

Echter Erdrauch
Edelkastanie
Enzian

Feldrittersporn
Fingerhut (g)
Fingerkraut
Flohknöterich

Gänsefingerkraut
Geflecktes Knabenkraut
Geißblatt
Gemswurz
Glockenblume

Habichtskraut
Hahnenfuß (g)
Hainfelberich
Hauhechel
Hauswurz
Himbeere
Holunder
Hopfen

Jakobskraut (g)
Johanniskraut

Kamille
Königskerze
Kornblume
Kuckuckslichtnelke
Kugelblume

Labkraut
Leinkraut
Liguster

Mädlesüß
Margerite
Mauerpfeffer (g)
Mehlprimel
Moosbeere

Nelkenwurz

Odermennig
Orchideen

Pfeilkraut
Preiselbeere

Rainfarn (g)
Reiherschnabel
Resede
Rote Nachtnelke
Roter Gauchheil
Ruprechtskraut

Schafgarbe
Schierling (g)
Schilfrohr
Schneebeere
Schöllkraut (g)
Schuttbingelkraut (g)
Seifenkraut
Sonnentau
Sonnwendwolfsmilch (g)
Stechginster (g)
Steinbrech
Steinklee
Sumpfherzblatt

Sumpfstorchschnabel

Taubenkropfkraut
Taubnessel
Tausendgüldenkraut
Thymian
Tollkirsche (g)

Vogelwicke

Waldbrustwurz
Waldehrenpreis
Waldhyazinthe
Waldrebe (g)
Waldvögelein
Waldziest
Wegerich
Wegwarte
Weidenröschen
Weißklee
Weiße Lichtnelke
Wiesenbärenklau
Wiesenbocksbart
Wiesenkreuzblume
Wiesenraute
Wiesensalbei
Wiesenstorchschnabel
Wiesenwachtelweizen
Wilde Karde
Wilde Malve
Wilder Rettich
Wundklee

Zaungiersch
Zaunrübe

*Ernte:*
Geerntet werden Heilkräuter, besonders Arnika, Traubenkirsche, Heckenkirsche, Heidelbeeren, Erdbeeren.

*Pilzernte:* Anis-Champignon, Grauer Wulstling, Röhrlinge, Perlpilz, Steinpilz, Speisetäubling.

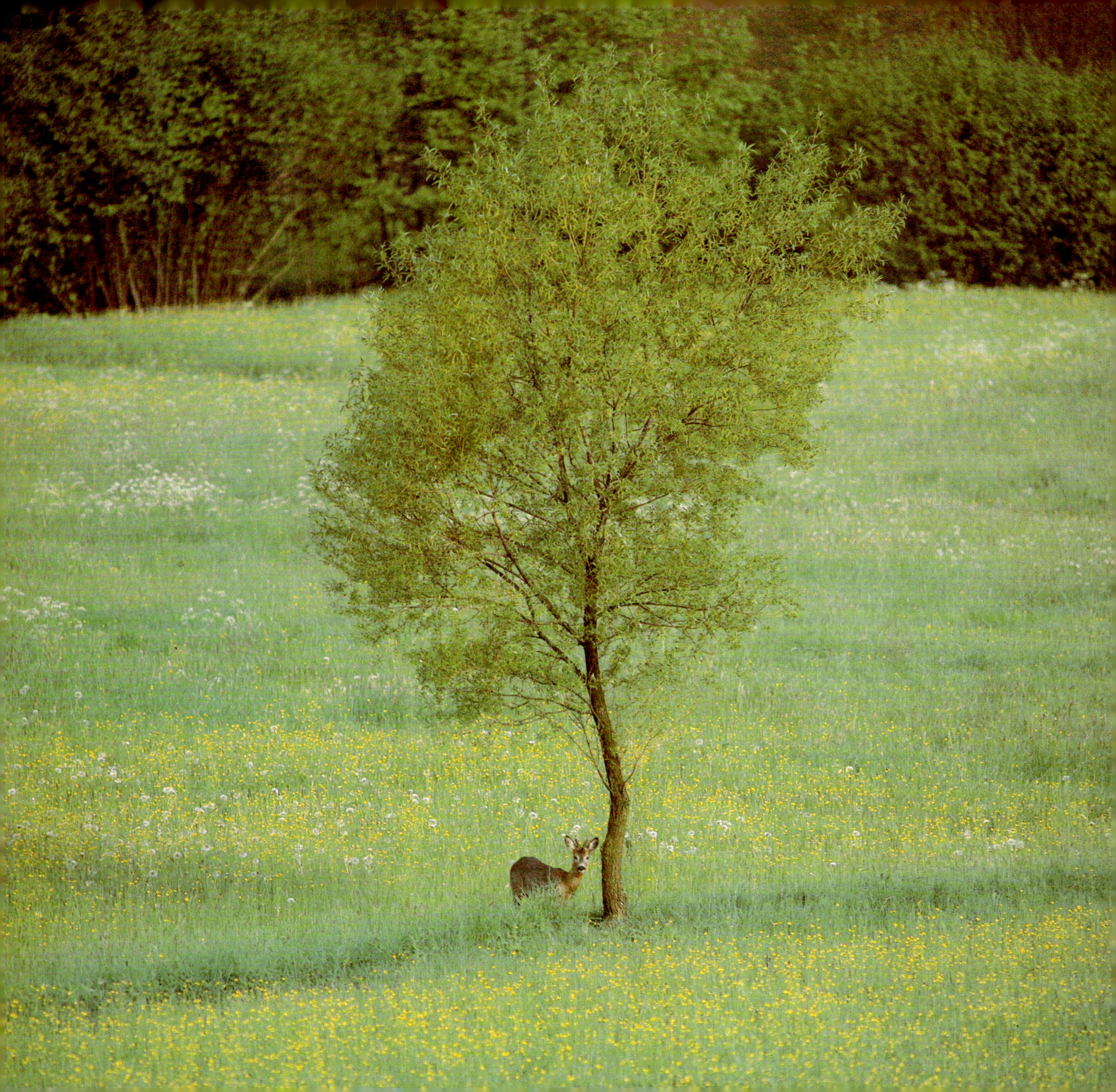

# Grüne Gedanken

Gedanken haben etwas mit dem Kopf zu tun. Das ist ganz logisch, denn der Kopf ist dem Verstand zugeordnet, die Brust dem Gemüt.

Etwas mit Verstand tun heißt, darüber nachdenken, Erfahrungen einsetzen. Das Für und Wider abwägen wie die nächsten Züge auf dem Schachbrett. Oder den Jagdtag im voraus durchdenken, berechnen. Den Zufall ausschließen oder ihn als Sublimierung bewußt einkalkulieren. Nachdenken über eine Sache mindert – sofern sie heikel ist – meist auch das Risiko. Gedanken an eine Sache verschwenden, die nicht denkenswert scheint, wäre reines Zeitvergeuden. Wichtigeres gibt es zu denken.

Zum Beispiel: Über Gedanken nachdenken.

Der Mensch kann sie bewußt herbeiholen, kann sie zu seinem Vorteil einsetzen. Weder das Wild noch das domestizierte Tier sind zum Denken fähig. Das Denken macht den Menschen gefährlich, denn die perfekte Ratio kann die Basis für die perfekte Untat sein. Bewiesen hat er es oft genug. Gedanken herbeiholen, mit ihnen jonglieren, Versuche anstellen, etwas von ihnen fordern, abstrakt damit spielen, das alles ist möglich.

Aber, was sind solche Gedanken wirklich wert?

Hineingestellt und einbezogen in das Werden und Vergehen in der Natur, hat der Jäger nicht nur Grund, sondern auch Gelegenheit und Zeit, besser gesagt Muße, über diese Dinge nachzudenken.

Beim Ansitz, auf der Bank vor der Hütte, auf dem Rückweg von der Jagd mit dem beutegefüllten Rucksack, durch den er noch etwas von der Lebenswärme des Wildes spürt.

Er stellt beglückt fest, daß Gedanken – ganz gleich, ob ihn an einer Hochschule gelehrt wurde, sie folgerichtig zu ordnen und zu verwerten, oder ob er sich das Denken im Selbstverfahren beigebracht hat – eine Eigenart haben: Sie sind dem Menschen erst dann von wirklichem Nutzen, wenn sie vom Gemüt her, vom Empfinden, also vom Gegenteil der Ratio, Leben erhalten. Man muß etwas in der Brust spüren, in der Herzgegend. Dann erst leuchten die Gedanken, werden lebendig. Beim Huber Schorsch genauso wie bei Einstein ...

Ich stecke den kleinen Schreibblock und den Bleistift in den Rucksack zurück. Links von mir, keine fünfzig Schritte, der

Hauptwechsel. Gut steht der Wind; er hat etwas auf Südwest gedreht. Genau, wie ich es überdachte und kalkulierte.
Auf der Wiese prächtige Äsung, wie sie in dieser sinnanregenden Fülle kurz vor dem zweiten Schnitt das Auge und die Nase, aber noch mehr Äser und Windfang erfreut.
Er *muß* kommen, so sicher wie das Amen in der Kirche! Und da ist er auch schon. Aber – zweihundert Meter rechts vom Hochsitz, akurat mit dem Wind zieht er am üppig gedeckten Tisch vorbei, in der angrenzenden, armseligen Streuwiese dies und jenes naschend. Was, kann mir auch der Blick durchs 8x56 nicht beantworten.

»Wie man nicht wehren kann« – schrieb Doktor Luther – »daß einem die Vögel über dem Kopf herfliegen, aber wohl, daß sie nicht auf dem Kopf nisten, so kann man auch bösen Gedanken nicht wehren, aber wohl, daß sie nicht in uns wurzeln und böse Taten hervorbringen.«
Ich habe auf zweihundert Meter den Finger geradegelassen. Aber ich habe ihn Ende Juli erlegt. Als ich mit keinem Gedanken daran dachte!

# Waidmannsdank

Hoch über mir, in Wipfelhöhe der alten Randfichten ist plötzlich ein Fauchen, Kreischen und Quietschen zu hören. Aus dem beschaulichen Sinnieren herausgerissen, äuge ich hellwach nach oben. Da trudelt über die Fichten hinweg das mir auf der Lauterbacher Wiese nicht unbekannte Turmfalkweib nach unten, in den Griffen ein in Todesnot sich windendes Mauswiesel. Kaum zehn Meter von meiner Ansitzleiter entfernt stürzen beide zu Boden.
Blitzschnell ist das Wiesel in einem Mausloch verschwunden. Sofort streicht auch der Falk ab; ein paar Federn bleiben in den Gräsern zurück.
Fast eine Stunde lang kann ich auf hundert Gänge den in einer Fichte aufhakenden Greif beobachten. Er ist sichtlich erschöpft von diesem Abenteuer, das ihm die Grenzen seiner Möglichkeiten zeigte. Ob er aus der Erfahrung lernt? Es hätte mich schon gereizt, abzubaumen, um nach dem Mauswiesel zu sehen und aus den Spuren des Kampfes Schlüsse zu ziehen. Ob das Wiesel die Luftreise überlebt hat? Ich bleibe sitzen, um mir das Rehwild nicht zu vergrämen. Reiner Egoismus. Jedes Leben ist Selbstzweck. Ich will das Reh, das Reh will den Löwenzahn, der Falk das Wiesel, der Zilpzalp den Wurm. Eine Anekdote geht mir durch den Kopf. Fragt das Kind den Vater: »Papi, warum singen die Vögel?« – Antwortet der: »Sie freuen sich, daß der Herrgott jedem Vögelein ein Würmlein zur Nahrung geschaffen hat und danken ihm dafür mit ihrem Gesang!«
»Sag' mal, Papi«, meint da nachdenklich das Kind, – »singen die Würmlein auch?«

*„Himmi, tausend Sapperment,
Die Jagd spielt mir an' Possen,
Hab' izt wieder in der Eil
'n Ladstock aussi g'schossen."*

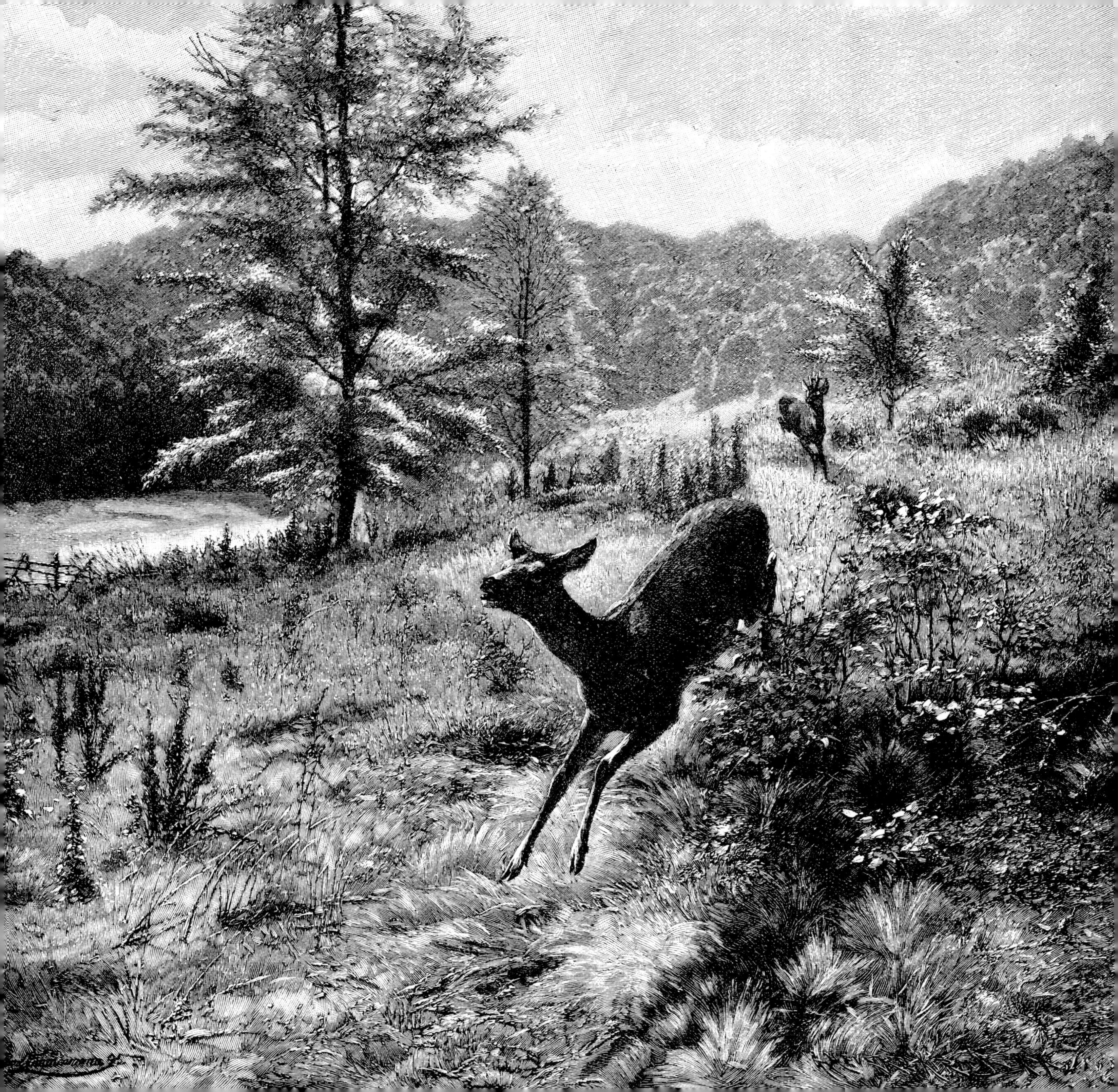

Gedenken zu Ehren Sr. Majest. König Ludwig II. zu Allerhöchstdessen Geburts- u. Namensfeste Schützen. 24. u. 25. August 1872.

# August

## Feistmonat · Ernting

In keinem anderen Monat des Jahres geht die Jagd gleichzeitig auf so viele Wildarten auf wie im August. Ernting wird er von altersher genannt, weil in diese heißen Wochen, den Höhepunkt des Sommers und der Kraft der Sonne, die Haupterntezeit des Brotgetreides fällt. Für den Landwirt entscheidend ist auch heute noch – trotz schneller Erntemaschinen – die Gewogenheit des Wettergottes. Wenn auch in unseren Tagen Ernteverluste keinesfalls mehr so verheerende Auswirkungen haben wie zur Zeit der Sense oder auch noch des Mähbinders, weil ein Ausgleich über die Versicherung oder gar über die Denaturierungskasse des Staates schnelle Hilfe bringt, so schmerzt es doch sehr, kurz vor der Vollendung alle Früchte der Arbeit von Regen, Sturm oder Hagel vernichtet zu sehen.

Wir modernen Zeitgenossen haben aber schon lange nicht mehr das innige, »bewußte« Verhältnis zu Getreide und Brot wie noch unsere Väter.

Sollen wir dem nachtrauern? Wäre es nicht anachronistisch, das Verhältnis ändern zu wollen, nachdem es uns Wissenschaft und Technik so leicht machen, geschmacklich immer raffiniertere Spezialbrote zu kaufen, soviel wir nur wollen?

Solche Gedanken des Jägers sind im Ernting gar nicht so abwegig.

Entschied in den letzten hundert Jahren vor allem das Wetter über eine gute oder schlechte Ernte, so hingen Wohl und Wehe des Landmanns vorher auch noch vom Wild und dem damit zusammenhängenden Schaden ab.

Die Zeit der Ernte fiel mit der Feistzeit zusammen. Und da die Hirschjagd parforce gerade in der Feistzeit im großen Stil geritten wurde, blieb von der Ernte vielerorts nicht viel übrig. Auch mußten die Bauern fronhalber Jagddienste verrichten und konnten weder ernten noch fanden die wenigsten Zeit, das in Massen gehegte Rotwild nächtens davon abzuhalten, den goldenen Erntesegen ihrer Felder laut schmatzend zu vertilgen. Auch verlangten die Jagdherren meist obendrein, einen Teil der Frucht für das Schwarzwild stehen zu lassen.

Nicht überall wurden Jagdregal und Staatsgewalt so kurzsichtig ausgeübt. Landgraf Philipp von Hessen brach im Ernting 1537 selbst einen erlegten Hirsch auf, weil er ihm besonders feist schien. »Der hat viel Weiß und ist jagenswert gewesen.« – »Ja, gnädiger Herr«, bemerkte darauf ein alter Bauer, »der kostet uns unser gutes Körnchen, welches er uns im Felde abgefressen.«

Antwortete der Jagdherr: »Es ist zum Erbarmen, daß Ihr Euch weigert, meine Kühe in Euer Feld gehen zu lassen, da ich doch Eure Kühe in meinen Wald lasse!« Nicht auf den Mund gefallen entgegnete der Bauer: »Dafür geben wir Euch auch gute Kornguldchen.«

Diese mutige Rede veranlaßte den Landgrafen, dem Bauern zwei Viertel Frucht von seinen Zinsen – also 50 %! – nachzulassen. Heute greifen die Jäger oftmals recht tief in die von hoher Jagdpacht sowieso schon strapazierte Tasche, um Wildschaden zu bezahlen.

Vor ein paar Jahren saß ich in Ungarn am Rande eines reifen Weizenfeldes von so ungeheurer Weite, daß es der Horizontkrümmung des fernen Plattensees mühelos folgen konnte. In diesem Schlage standen, ausgewechselt aus den kühlen Eichenforsten, unzählige Stücke Rotwild und ließen sich die Frucht schmecken.

Da beide Früchte, Rotwild und Getreide, dem Staat gehören, ist es ein leichtes, »Schaden« und »Nutzen« gegeneinander abzuwägen. Es kommt eben nur auf den Standpunkt an.

Mit Büchse, Flinte und Falle, ganz gleich, ob im Hoch- oder Niederwildrevier, gilt es, im Ernting eine bunte Strecke zu erbeuten. Nutzen wir die Zeit!

# Das Wetter

Nordwinde im August bringen beständiges Wetter.

Der Sonne im August ist nicht zu trauen!

Hundstage heizen den Böcken nochmals ein.

Die Sonne, die schon sehr früh brennt, nimmt nachmittags kein gutes End.

Wenn die Hühner in den Regen gehen, so hält er lange an.

Trägt der Berg einen Kragen, ist der Aufstieg zu wagen. (Aber nur dann, wenn der »Kragen« eine flache Nebelschicht bei Schönwetterhimmel ist.)

Frühregen und Brauttränen dauern so lang wie's Gähnen.

Hitz' an Sankt Dominikus (4. 8.), ein strenger Winter folgen muß.

Nach Laurenzi Ehr (10. 8.) wächst das Holz nicht mehr.

Leuchten vor Maria Himmelfahrt (15. 8.) die Sterne, so hält sich das Wetter gerne.

Von vorn gelesen, bin ich das Wichtigste für jedes Wesen, und ohne mich hört sein Bestehen auf. Werd' ich von hinten aber gelesen, verflucht mich jeder Jäger und muß mich nehmen doch in Kauf.

# Die Jagd

Im Ernting ist die jagdliche Palette schon fast so bunt wie im Herbst: Feisthirsch und nun auch Alttiere und Kälber, Dam- und Sikawild, Gams-, Muffel- und Schwarzwild, dazu noch der eine oder andere Brunftbock.

Weiter geht es mit Iltis, Hermelin, Dachs und Fuchs, Möwen, Tauben und der Katze auf der Stoppel, die nebenan den Satzhasen in der spärlichen Deckung reißt, wenn sie ihn nur findet.

Auch Tauben und Möwen finden sich in starken Flügen auf der Stoppel. Dort, wo Tauben zur Plage geworden sind, kann man ja einen »Tauben-Tag« mit dem Nachbarn vereinbaren und auch die dazu einladen, denen der Tisch jagdlicher Freuden spärlich gedeckt ist.

Irgendwo, nur nicht dort, wo man sie sucht, ziehen die Feisthirsche als »Waldgespenster«. Wahrscheinlich in der Nacht...

Der Dachs hat noch Ranzzeit. Ansitz am Bau oder am bekannten Paß. Mit Obst kirrt man ihn gut. Soweit der Dachs nicht geschont und im Revier nicht maßlos niederwildschädlich ist, sollte man zwei Baue auf 1000 ha dulden und ihn nur mäßig bejagen. Ein alter Grimbartrüde bringt im Sommer immerhin ein Pfund Fett in den Tiegel, das schon die alten Jäger als vorzügliches Mittel gegen das Zipperlein schätzten.

# Was tut sich im Revier?

| | |
|---|---|
| Rotwild | Geweihe fertig gefegt; Feistzeit |
| Damwild | Fegen der Geweihe |
| Muffelwild | Brunftzeit bis Januar |
| Rehwild | Brunft |
| Dachs | Ranz |
| Baummarder | Ranz |
| Steinmarder | Ranz |
| Iltis | Jungiltisse (3–7) |

# Die Hege

Lärmend fressen sich die Mähdrescher durch die reifen Getreideschläge. Was waren das noch für Zeiten für das Wild, als der Bauer Sense um Sense das Getreide schnitt oder auch noch der Bindemäher mit einer gewissen Betulichkeit Schwad um Schwad legte. Wie leicht konnte das Wild flüchten, sich mit den neuen Gegebenheiten vertraut machen. Bei den heutigen Mähgeschwindigkeiten gerät es in Panik, und nicht alles Wild, das im Getreide steckt, dort Deckung und Äsung sucht, kann sich rechtzeitig in Sicherheit bringen. Vor allem die Sommersatzhasen zehntet der schnelle Mähdrusch.

Der Heger kann zu diesem Zeitpunkt nichts mehr retten. Hat er aber rechtzeitig zwischen den Getreideschlägen diesen und jenen Wildacker angelegt, ist das die letzte Rettung für sein Wild. Solche Konzentrationen locken natürlich Raubwild an. Und jede Miezekatze, die auf der Stoppel scheinbar recht nützlich dem Mäusefang nachgeht, reißt gleich daneben genauso den gefundenen Satzhasen.

Um Wildschaden durch Schwarzwild in Hackfruchtkulturen zu vermeiden, sollten Kirrungen und Suhlen im Wald die Schwarzkittel ablenken. Wer ein landwirtschaftliches Lagerhaus als Stammlieferanten hat, sollte sich kostenlos die Reinigungsabfälle der Getreideaufnahme sichern. Sie eignen sich vorzüglich als Enten-, Rebhühner- und Fasanenfutter, aber auch dazu, allerlei Vegetation an den Wegrand zu zaubern, wenn man bei Reviergängen aus der Tasche sät.

Nach der Ernte gleichen weite Teile unserer Kulturlandschaft im wahrsten Sinn des Wortes nur noch Sturzäckern. Wenn der Landwirt vor der Herbstbestellung den Acker nicht selbst für Futteranbau oder Gründüngung nutzt, sollte sich der Jäger um die Nutzung einiger Parzellen bemühen. Damit kann er seinem Wild bis in den November hinein Grünäsung sichern. Gut kommt noch eine Mischung aus Sommerraps, Stoppelrüben, Rübsen, Felderbsen, Ackerbohnen, Ölrettich und Furchenkohl. Das Saatgut ist erschwinglich und der Landwirt hat für nächstes Jahr kostenlos einen kleinen Stickstoffvorrat im Boden.
Aber auch auf »Unland« läßt sich dem Wachstum nachhelfen, um damit zusätzliche und natürliche Äsung zu schaffen. Auf Kahlschlägen, Lücken, Lichtungen, an Wegrändern, Hängen, Gräben und sonstwo kann man die hunderttausend im Boden schlummernden Samen mit einer Kalkammonsalpetergabe schnell anregen. Die Düngergabe, möglichst vor dem Regen, wird sie wecken. Bitterlupinen kann man auch noch einsäen. Feuchte, sonnenlose Böden eignen sich jedoch nicht.

# Grüne Sprüche

Der Feisthirsch ist ein Waldgespenst, das du nur ahnst und niemals kennst! Denn wo er zieht, da steht er nicht, und wo er steht, da zieht er nicht und ist nur hoch bei Sternenlicht. Jedoch bei diesem schießt du nicht!

Alte Gams und alter Has'
geben einen Teufelsfraß.

Gib Achtung auf das Fasanenbrüten und laß die junge Brut mit allem Fleiße hüten.
Es werden nun die Krammetsvögelein in großer Meng' bei den Wacholdern sein.
F. v. Flemming

Trotz heißem Bemühen, den Bruch zu erringen, selbst dem Tüchtigsten kann es vorbeigelingen. Ein Trost im Leid ist dann die Offenbarung: Vor Pech schützt nicht mal Alterserfahrung!

Nicht das, was einer niederlegt,
nur was dabei sein Herz bewegt,
nur was er fühlt bei jedem Stück,
das ist das wahre Jägerglück!
(Inschrift auf einer Zielscheibe am Brandhof/Steiermark, Erzherzog Johann zugeschrieben)

*Aus dem grünen Dekameron*
Im Blattmond tat sich nichts mit Trieb,
zu heiß war es dem Jäger für die Lieb'.
Jedoch den Jäger im August
packt wieder wilde Waidmannslust.

»Wenn sie die ärgerliche Gegenwart satt haben, wenn sie es müde sind, ganz 20. Jahrhundert zu sein – dann nehmen sie ihre Flinte, pfeifen ihrem Hund, gehen in den Wald und geben sich einfach für ein paar Stunden oder ein paar Tage dem Vergnügen hin, Steinzeitmensch zu sein. Beim Jagen gelingt es dem Menschen wirklich, die ganze historische Entwicklung zu annullieren.«
Ortega y Gasset

# „Allein auf Höh'n, wohin nie Stege drangen..."
## Das Gamswild (Rupicapra)

»Je wilder die Gegend, desto schöner ist diese Jagd«, stellte Franz von Kobell um 1850 treffend fest. Vor ihm wußte dies insbesondere schon der großmächtige Maximilian I., des »teutschen Reiches Erzjägermeister« (1459-1519), der die Jagd auf das Gamswild gewissermaßen erfunden hat. Denn vor seiner Zeit trauten sich weder Jäger und Bauern, noch Soldaten oder Abenteurer in das »wilde und schröckliche Fölsgepürk« abseits der Paßstraßen.

Maximilian ließ Bergpfade anlegen und Schutzhütten errichten. Seine ganze Leidenschaft war die Gamsjagd. Unermüdlich dachte er über neue Methoden der Bejagung nach, gleichzeitig erließ er aber immer spitzfindigere Verordnungen zu ihrem Schutz.

Die neuen Feuerwaffen lehnte er für die Jagd grundsätzlich ab. Nur Armbrust, Handbogen, Jagdspieß und Jagdschwert erschienen ihm waidgerecht. Für die Gamsjagd erfand er eigens einen drei bis vier Meter langen Gamsspieß, mit dem man das in die Enge getriebene Scharwild aus der Wand picken konnte. Sogar Hofdamen schleppte er zum Gamsjagern mit. Um ihnen zu imponieren oder so beiläufig zum Vergnügen – darüber ist nichts überliefert. Fest steht jedoch, daß zwei von ihnen die Strapazen nicht überlebten. Ihm selbst machte die anstrengendste Gamsjagd nichts aus, was ja auch sein Abenteuer in der Martinswand bei Innsbruck beweist. Zum Dank für seine Errettung trug er eigenhändig ein Kreuz dort hinauf, wo es heute noch zu finden ist.

Sein Nachfahr, Erzherzog Leopold V., ließ 1628 das Gamswild aus selbiger Wand mit kleinen Kanonen herausschießen. Und wenn er einem Gams selbst nachstellte, so ließ er sich in einer Art Sänfte von sechs Bauern über die Felsen transportieren.

Weil der Jäger beim Gamsjagern aber in der Regel mit höherem Einsatz spielt, ja spielen muß, als beim Jagen im Tal, steht die Gamsjagd schon seit Jahrhunderten im Ruf der außergewöhnlichen Anforderungen. Das Bewältigen körperlicher Anstrengungen, des Steigens und der extremen Verhältnisse des Hochgebirges ganz allgemein, Zielsicherheit auch bei weiten Entfernungen und manchmal auch das abenteuerliche, ja lebensgefährlich schwierige Bringen aus Schluchten und Felsabstürzen gehören dazu.

Es kann aber auch ganz anders zugehen. So erzählte mir ein Freund, daß er im letzten August von München ins Gamsrevier fuhr, in 1000 Meter Höhe aus dem Auto stieg und auf 50 Schritt eine alte, nicht führende Gamsgeiß auf die Decke streckte. Solche Zufälle sind bei der Gamsjagd häufig und Nährboden für den jagerischen Aberglauben.

Ludwig Ganghofer berichtet von einem Gamsbock, den man »Grabenteufel« nannte. Er war seit Jahren schußfest! Auf 60 Gänge stand ihm Ganghofer eines Tages mit der Doppelbüchse gegenüber. »Im gleichen Augenblick krachte es auch. Und noch einmal. Der Pulverdampf verzieht sich. Und auf dem gleichen Platz steht der Bock mit gespreizten Läufen, die großen, funkelnden Lichter regungslos nach mir gewandt. Gefehlt? Nein, das war nicht möglich!... Ich schoß. Und wieder... Und schoß – und schoß... Da lief ein Schauer über meinen Leib. ›Der Teufel! Der leibhaftige Teufel!‹ Und mir graute.«

Siebenmal schoß Ganghofer, dann fiel der Bock endlich. Alle Schüsse saßen im Leben. Und die Prachtkrickeln zeigten dreizehn Jahresringe...

Am 27. August 1913 schoß der österreichische Thronfolger Franz Ferdinand im Blühnbachtal und im Beisein seiner Gattin einen weißen Gams. Mit den Schüssen von Sarajewo erfüllte sich innerhalb Jahresfrist die uralte Drohung.

Im Juni setzt die Gamsgeiß nach einer Tragzeit von 180 bis 190 Tagen ein bis zwei Kitze. Zu einer Zeit also, in der die saftigsten Gräser und Kräuter für eine schnelle Entwicklung sorgen. Geißen, Kitze und Jahrlinge finden sich in Rudeln. Ebenso die mittelalten Böcke, also die drei- bis fünfjährigen. Ältere Böcke stehen zu zweit, seltener zu dritt in den ruhigen Einständen und äsen sich 10 bis 15 kg Feist an, den sie sich in der Brunft, ab Mitte November, bis aufs letzte Gramm wieder abkämpfen. Die Brunft dauert so lange, bis auch die letzte alte, schwer aufnehmende Geiß beschlagen ist. Deshalb erlegt der erfahrene Gamsjager möglichst alte Geißen, um es den Böcken zu ersparen, total abgebrunftet in den harten Bergwinter zu wechseln. Daß hier dem Geschlechtsverhältnis von 1:1 besondere Bedeutung zukommt, versteht sich von selbst.

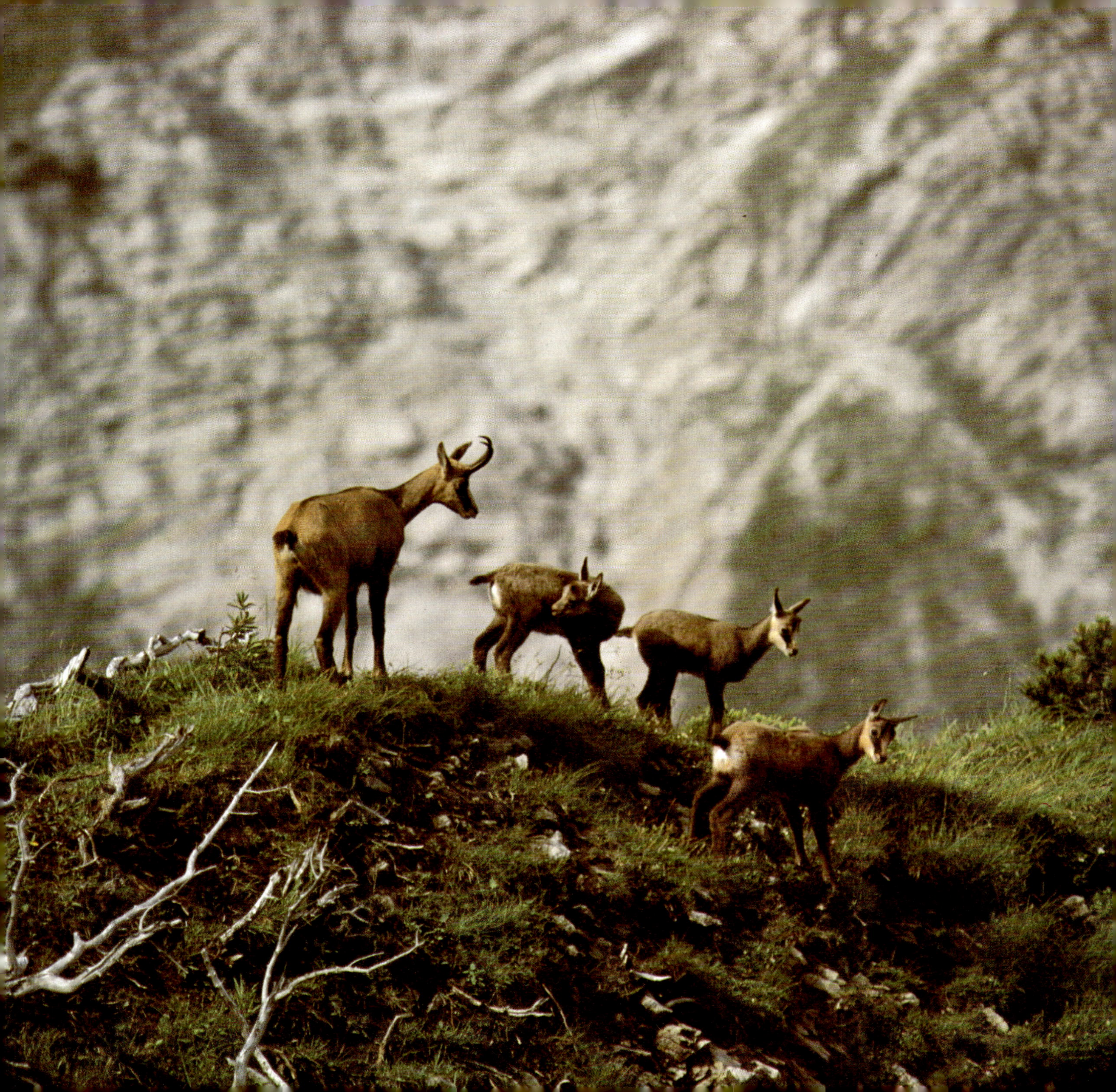

# Lustiges

Der Jagdherr will nachsehen, wie weit die neu zu errichtende Kanzel gediehen ist. Ratlos stehen die damit beauftragten Jungjäger um die Trümmer des eben eingestürzten Bauwerks.
»Weiß der Jagdaufseher Bescheid?« fragt er die Betretenen.
»Vermutlich schon – er liegt drunter.«

Zur Entenjagd in Ostfriesland ist ein bayerischer Jäger eingeladen. Hinterher bestellt er sich im Gasthaus eine Maß Bier.
»Wir haben nur 0,25-Liter-Gläser«, bedauert die Bedienung.
»Is scho recht, Deandl, hoffentlich dalaffst d'as.«

Ein Auto steht mitten auf der Forststraße. Drin sitzt ein Liebespaar in tiefster Umarmung. Die Holzabfuhr kommt nicht vorbei. Steigt der Fahrer aus und klopft ans Fenster: »Sie, Sie halten den Verkehr auf!«
Kurbelt er die Scheibe runter:
»Sie auch!«

Der Bergführer erzählt seinem Gefolge einiges über die Gemsen. Er macht ihnen auch vor, wie sie sich bei Gefahr gegenseitig warnen. Dabei steckt er zwei Finger in den Mund, um den Gamspfiff nachzuahmen.
»Na, det möcht' ick doch mal sehen«, motzt ein Berliner, »wie so 'ne Jemse det Been in 'n Maul steckt und pfeift!«

# Blüte und Ernte

*Es blühen (g = giftig):*

Ackerehrenpreis
Ackerskabiose
Ackerstiefmütterchen
Ackerwinde
Adlerfarn
Arnika
Augentrost

Baldrian
Beinwell
Bittersüß (g)
Braunelle

Eisenhut (g)
Enzian

Feldrittersporn
Fingerhut (g)
Fingerkraut

Geißblatt
Gemswurz
Glockenblume

Habichtskraut
Hauhechel
Hauswurz
Heidekraut
Herbstzeitlose (g)
Himbeere
Hopfen

Johanniskraut

Kamille
Königskerze
Kornblume
Kratzdistel

Labkraut
Leimkraut

Mädesüß
Malve
Margerite

Nachtkerze
Nelkenwurz

Odermennig

Pfeilkraut
Preiselbeere

Reiherschnabel
Resede
Roter Gauchheil
Ruprechtskraut

Schafgarbe
Schierling (g)
Schneebeere
Schöllkraut (g)
Seifenkraut
Sonnentau
Sonnwendwolfsmilch (g)

Stechapfel (g)
Steinbrech
Steinklee

Taubenkropfleimkraut
Taubnessel
Tausendgüldenkraut
Thymian

Waldbrustwurz
Waldehrenpreis
Waldrebe (g)
Waldweidenröschen
Waldziest
Wegerich
Wegwarte
Weiße Lichtnelke
Weißklee
Wiesenbärenklau
Wiesenkreuzblume
Wiesenplatterbse
Wiesenstorchschnabel
Wundklee

*Geerntet werden:*

Brombeeren
Erdbeeren
Heidelbeeren
Himbeeren
Holunder
Kornelkirsche
Liguster

*Pilzernte:*

Anis-Champignon
Grauer Wulstling
Röhrlinge
Perlpilz
Steinpilz
Speisetäubling

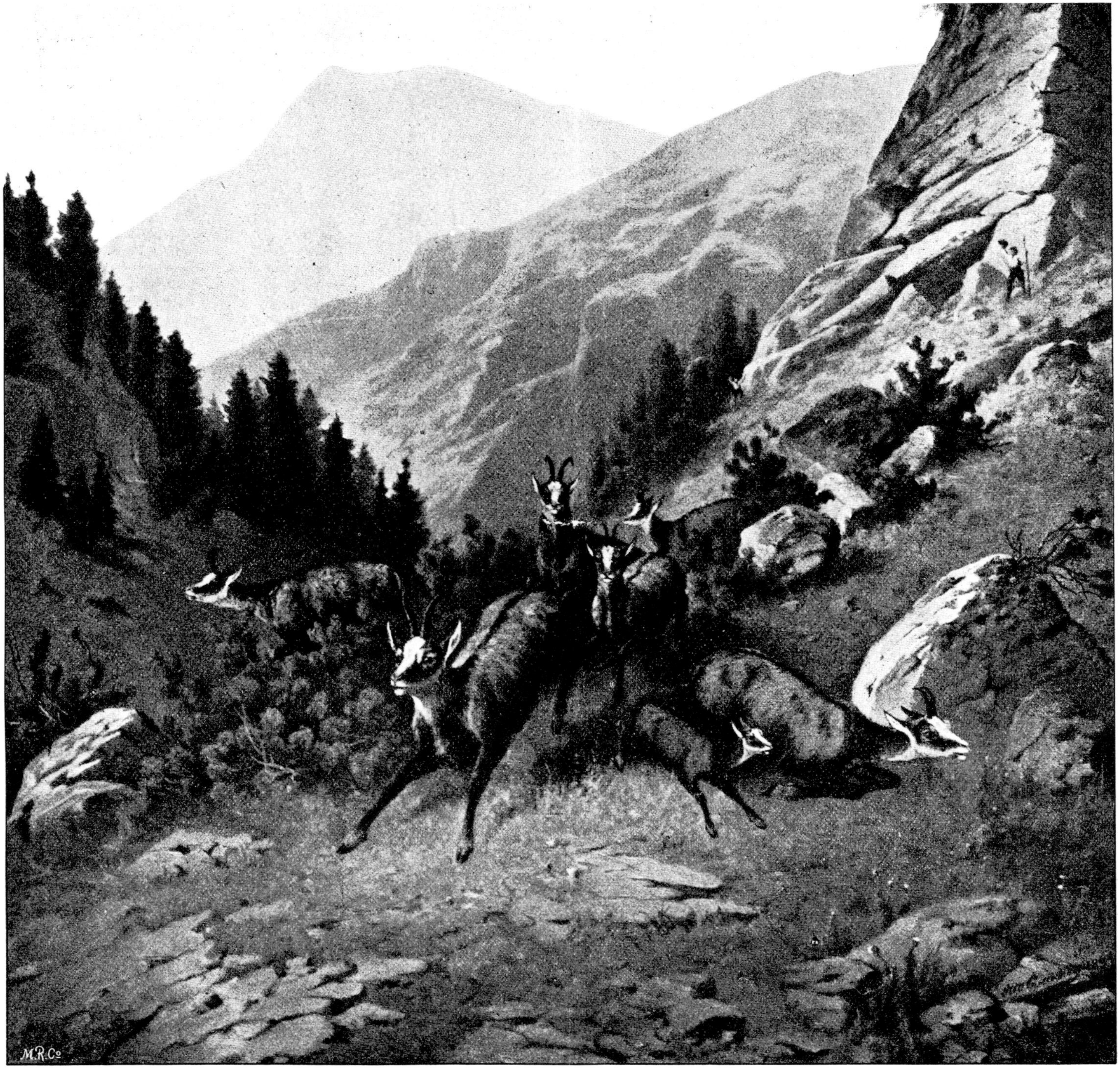
M.R.Co

# Vom braunen und vom glitzernden Image

Mit Orden und Auszeichnungen ist das so ähnlich wie mit der Bräune im Gesicht. Wer eine vorzuzeigen hat, sieht in der Regel besser aus und fühlt sich auch so. Nach landläufiger Auffassung hat Bräune etwas mit solider Gesundheit zu tun. Auch dann, wenn ein unübersehbares Doppelkinn und fünfzig Zentimeter tiefer die markante Wölbung des Bauches darauf schließen lassen müssen, daß die sportliche Betätigung sich in erster Linie auf die Vertilgung größerer Mengen jouleträchtiger Genußmittel konzentriert und allenfalls noch eine gewisse Fertigkeit darin besteht, den kleinen Finger beim Fassen der Kaffeetasse graziös abzuspreizen.

Selbst beim braungebrannten Kettenraucher neigt man dazu, das blaue Laster eher wohlwollend und als Kavaliersdelikt zu tolerieren, noch dazu die Zigarettenwerbung – wie die Milchwerbung übrigens auch – keineswegs mit Milchgesichtern operiert, sondern die Bräune als einen Ausdruck gesundheitlicher Höchstform infolge des Produktgebrauchs herausstellt.

Und noch etwas.

Ein braungebrannter Mensch, dann vor allem, wenn er zu ganz ungewöhnlicher Zeit mit Bräune aufwarten kann, sagt seinen Mitmenschen auf deutliche Weise, daß er sich etwas leisten kann: Während andere bei Sonnenschein – und meist noch in geschlossenen Räumen – arbeiten müssen, kann er sich bräunen lassen. Jawohl. Sich einfach in die Sonne legen.

In die Höhensonne eines Berggipfels etwa, der bequem mit der Seilbahn zu erreichen ist, oder unkomplizierter ins Solarium. So einfach ist das. Und jeder meint, er käme gerade vom Gamsjagern. Wer will da bezweifeln wollen, daß, nach landläufiger Meinung, ein braungebrannter Jäger ein besserer Jäger sein *muß*?

Ein Braungebrannter ist kein Sonntagsjäger, denn seine Bräune beweist, daß er häufig draußen ist. Und das wiederum bringt ihm Erfolg, denn Übung macht den Meister.

Der Blaßgesichtige kann nicht viel auf dem Kasten haben. Weder als Erfolgsmensch noch als Jäger. Die paar Stunden, die er am Samstag, allenfalls noch am Sonntag im Revier sein kann, bringen ihm keine Bräune. Noch dazu es in der Regel übers Wochenende regnet.

Der Braungesichtige hat da ein ganz anderes Image.

Man braucht sich die Jäger in seiner eigenen Umgebung doch nur mal anzusehen, um die Richtigkeit solcher Überlegungen bestätigt zu finden.

Wer braun ist, ist erfolgreich. Seine Bräune gilt als Beweis. Oder eine Auszeichnung! Denn in einem gewissen Maß kann ein Ehrenzeichen, eine Verdienstnadel die Bräune ersetzen.

Es verbindet sich Eigenartiges mit solchen jagdlichen Auszeichnungen, die sein müssen, weil sie zum menschlichen Verhalten gehören wie das Salz zur Suppe oder wie die Preiselbeeren zum Rehbraten. Ohne eine solche abrundende Zugabe wäre doch alles fad, würde gradhinaus schmecken, hätte keinen Reiz. Oder mit ein bißchen Metall zum Anstecken gar, dessen materieller Wert zwar gering, dessen ideeller – durch Verleihungsrichtlinien und Verleihungszeremonien reglementiert – jedoch lebenserhaltend, ja lebensnotwendig sein kann. Für manchen eine schmerzliche Angelegenheit, wenn er Jahr um Jahr wartet, hoffend, endlich wenigstens das begehrte Bronzene zu erhalten.

Und wieder ist eine Versammlung vorübergegangen, und wieder ging er leer aus. Er hadert mit seinem Schicksal, schwört sich, keinen Handstrich mehr für den Verein zu tun.

Ja, die Großkopferten da oben, die tun sich leicht untereinander. Die schmeißen sich das Goldene noch nach! Aber was soll's – er weiß, er wird noch mehr tun, tun müssen, um das begehrte Metall zu

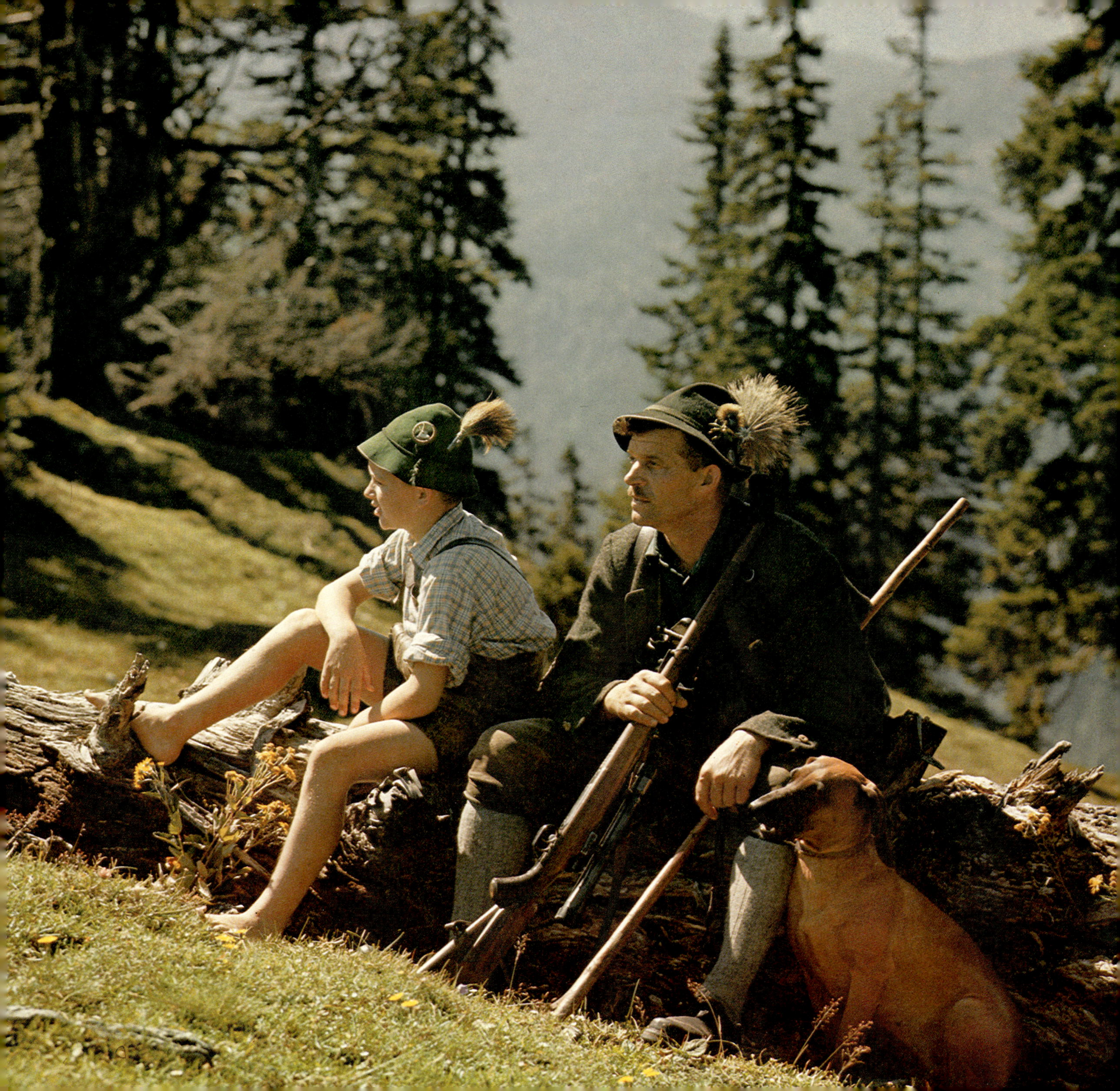

erlangen. Sollen die vergangenen Jahre denn für die Katz' gewesen sein?
Wer aber das Bronzene schon hat, sehnt sich mit allen Fasern seines Herzens nach dem Silbernen.
Nein, mißgünstig ist er nicht. Nicht ein bißchen. Aber hat der da, von dem man weiß, daß er dicke Beziehungen zum Vorstand unterhält, das Silberne wirklich verdient? Was hat der denn eigentlich schon getan? Oder erst der Fabrikant, der sowieso alles hat und jedes Jahr im Ausland für zehntausend Mark Hirsche schießt – auf welche Summe mag wohl der Scheck ausgestellt gewesen sein, der dem Verein eine finanzielle Wohltat war und ihm prompt das Goldene einbrachte? Und wie aufreizend er es wieder zur Trophäenschau trug! Man muß sich überhaupt wundern, daß solche Leute nur einmal im Jahr ihren Verein beehren. Wo die ihr Abzeichen wohl sonst herzeigen?
Und wie machen es andere nur, schon in verhältnismäßig jungen Jahren so dekoriert zu werden? *Den* Trick müßte man kennen!
Nein, weg mit den mißgünstigen Gedanken. Man sollte freundlicher über die Sache denken.
Na, ja, es macht schon was her, so ein Verdiensthrenzeichen, ohne Zweifel. »In Höhe der linken Brusttasche zu tragen« – lautet die Vorschrift. Fast wie eine Tapferkeitsmedaille oder gar das Verdienstkreuz Erster!
Man könnte sich grün ärgern, wenn man nicht schon grün wäre. Da haben die doch dem Faltermeier tatsächlich das Silberne gegeben! Für was, möcht ich bloß wissen. Für was?!
Und selbst läuft man schon fünf Jahre mit dem Bronzenen herum.
Allmählich ist das peinlich.
Direkt süffisant hat da neulich der Seifert seinen Mund verzogen. Ja, der Seifert mit seinem Goldenen. Unverschämt, was sich der Kerl eigentlich einbildet. Nachdem er das Goldene hat, steckte er sich doch das Silberne auf den Hut. Obwohl es verboten ist.
Nicht genug kriegen kann er von dem Blechzeug. Ja, Blechzeug! Das nehm' ich nicht zurück.

Aber wie sagt Goethe im Clavigo? – »Möge . . . die Gewißheit . . . über dich kommen, daß außerordentliche Menschen eben auch darin außerordentliche Menschen sind, weil ihre Pflichten von den Pflichten des gemeinen Menschen abgehen.« –
Na also, jetzt weiß er es. Aber – der Stachel sitzt tiefer. Immer die anderen sind die Bevorzugten, die Außerordentlichen, die Tüchtigsten, die Grünsten!
Solche Gedanken schwirren durch die rauchgeschwängerte Luft wohl aller Vereinsfeiern, ohne daß sie laut gedacht werden.
Manche Bronzene, die im Laufe langer Jahre immer wieder zu voller strahlender Schönheit mit den üblichen Putzmitteln aufpoliert wurde, glänzt, streift sie nur der flüchtige Blick, schon fast in sanftem, mond*silbernem* Licht. Und mancher Silbernen ist beinahe ein goldener Hauch anpoliert worden . . .
Wie wohl muß es denen sein, die nur Passion haben und keine Knopflöcher und Revers dekorieren müssen.

„Bergab nimms knapp!"

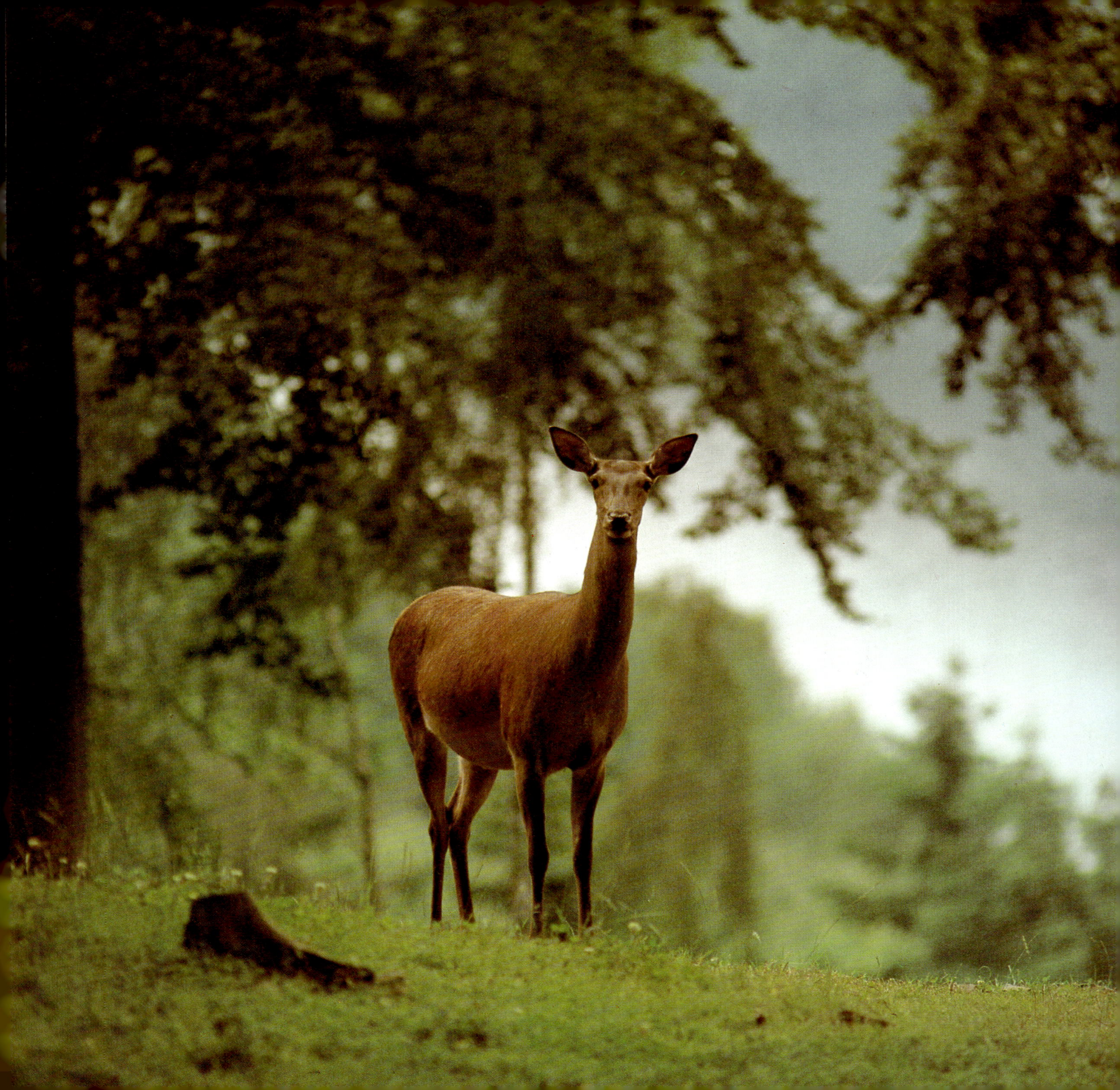

# September

## Feldjagdmonat · Schneiding

Wenn Franz von Kobell (1803–1882), der bayerische Professor, Mineraloge, Schriftsteller, Jäger und Mitbegründer einer neuen Jagdethik, vom Herbst schwärmte:

> »Heut will ich suchen,
> morgen geht's ans Treiben
> und übermorgen winkt der Vogelherd.
> O könnt es Herbst im ganzen Jahre bleiben,
> dann hätt' ich alles, was mein Herz begehrt!« –

so sprach er damit der Jägergeneration seiner Zeit poetisch aus dem Herzen.

Allen voran Max II. mit dem Beinamen »Joppenherzog«, der die »eingestellten Jagen« bei Hof abschaffte, die »freien Treiben« einführte und selbst die Pirsch bevorzugte. Aber auch Franz von Pocci, dem »Kasperlgrafen«, Arco-Zinneberg mit dem Adlertick, dem Mundartdichter Karl Stieler, dem die Jäger nicht nur sinnige Schnadahüpfln zu verdanken haben, und vielen anderen mehr, nicht zuletzt Kaulbach, Defregger, Achleitner und etwas später Ludwig Ganghofer.
Damals konnte auch das ganze Jahr – zumindest theoretisch – Herbst sein, denn bei den meisten Wildarten ließ sich noch aus dem vollen schöpfen. Trotzdem war »Hege« keine Floskel, sondern praktiziertes Anwenden naturwissenschaftlicher Erkenntnisse. Kobell verdankte einen Großteil seiner Jagderfolge diesen (Er)Kenntnissen. Geschickt verband er sie mit seinen Jagderfahrungen und gab sein Wissen literarisch weiter. Nach dem Grund befragt, warum er jage, meinte der Wissenschaftler Kobell in einer für heutige wissenschaftliche Maßstäbe entwaffnenden Einfachheit: »Weil mich's Jagern g'freut!« Auch uns freut es noch genauso. Nur – und mit dieser Tatsache müssen wir uns abfinden – es geht immer schwieriger her mit der Jagerei. Je höher der Wissensstand, das Verständnis und Begreifen der Zusammenhänge, das Können und Wollen der zeitgenössischen Jäger auch wird: die Zeit läuft uns davon. Wenn wir in diesem Herbst vielleicht Hasen ernten können, dann läßt es bei den Fasanen aus. Geht es den Rebhühnern ausnahmsweise einmal besser, bleiben die Hasen auf der Strecke. Aber beileibe nicht auf der jagdlichen.

Auch so gesehen ist unser Jagdjahr ein unentwegter Kampf gegen ein Übermaß an Kultur, Zivilisation, Technik, Sozialfortschritt, Fortschritt überhaupt, Kampf gegen uns selbst.

Warum tun wir Jäger uns das an? Reicht uns nicht der Lebenskampf ganz allgemein, der Kampf auf den überfüllten Straßen, der Kampf um berufliches und gesellschaftliches Ansehen?
Warum genießen wir nicht die Natur als Spaziergänger, einfach als Naturverbundene, Schauer und Nehmer?
Warum halsen wir uns das alles auf: Hege, Zeitaufwand, Arbeit, materielle Opfer, Idealismus, Ärger, Entbehrungen, ja Anfeindungen?
Weil wir im Jagern die intensivste Naturverbundenheit sehen!
Wir brauchen uns keine modernen »Kontrasterlebnisse« konstruieren und verkaufen lassen, ohne die heute beinahe kein Freizeitwert mehr etwas wert ist. Uns genügt es, einfach »draußen« zu sein, säen zu können mit der Hoffnung auf Ernte.

Wenn man auf der Doppelseite 12 und 13 des Jagdscheines nachschaut, dann tut sich im September allerhand mit Ernte. Nieder- und Hochwildjäger, Flug- und Wasserwildliebhaber kommen in diesem Monat gleichviel auf ihre Kosten. Und die Raubwildspezialisten dazu. Also doch ein bunter Herbststrauß?
Wir sind bescheiden geworden.

# Das Wetter

Wenn an Ägidi (1. 9.) Hirschbrunft naß,
regnet's vier Wochen ohne Unterlaß.
Tritt aber der Hirsch trocken ein, wird vier Wochen schön Wetter sein.

　　　　　　　F. v. Flemming

Ist's schön am Vrenlitag (1. 9.), muß der Galli (16. 10.) die Hose trocknen.

Mariä Geburt (8. 9.) jagt Schwalben und Pilzsucher furt.

Matthäus (21. 9.) mit viel Wasser, ist guter Hirschbrunft Hasser.

Viel Eicheln um Michaelis (29. 9.) – viel Schnee um Weihnachten.

An Septemberregen ist dem Jäger nicht gelegen!

Wie im September der Neumond tritt ein, so wird das Wetter den Herbst durch sein.

Der September ist der Mai des Herbstes.

# Die Jagd

Alles Schalenwild hat Jagdzeit. Jägerherz, was willst du mehr? Und die Hirschbrunft weckt, wie alljährlich, die geheimnisvolle, jahrhundertealte Krankheit, die allen Befallenen Leiden und Glück gleichermaßen beschert: das Hirschfieber geht um!
Dem einen beschert es nur eine erhöhte Temperatur, verbunden mit einem merkwürdigen Glänzen in den Augen und einer belegten Stimme, die man sonst an ihm nicht kennt; dem anderen treibt es jetzt alle Ruhe aus Körper, Geist und Seele, beutelt ihn zwischen Möchten und Können, Erwartung und Zweifel, Zittern und Toben. Seine Temperatur liegt schon beachtliche Teilstriche über dem Normalmaß. Hat er keine eigene Jagd, so ist er entgegen seiner sonstigen Gewohnheiten bereit, aus dem Geheimfach seiner Brieftasche noch einen und noch einen draufzulegen. Dem dritten aber rast der Puls. Blutleer ist das Hirn, stier der Blick. Eine trockene Hitze verzehrt seinen Körper, bringt ihn auf absonderliche Gedanken, obwohl das Denken gar nicht mehr stattfindet. Er muß ihn haben, muß ihn zwingen. Dreihundert Meter? Was sind schon dreihundert Meter!
So sind sie, die Hirschtemperamente. Es gibt darüber hinaus noch ein viertes, das aber wird von einem kalten Fieber genährt, von einem eiskalten sogar, einem ganz anderen, als dem des heißfiebrigen Jägers, dessen Fieber zumindest ehrlich ist. Es ist das kalte Hirschfieber der Schädlingsvertilger, für die Rotwild zu den Forstschädlingen gehört wie Nonne oder Maikäfer, Gallwespe oder Buchdrucker.
Sie hätten Gärtner werden sollen, nicht Förster.
»Zum guten Jäger«, sagt Ortega y Gasset, »gehört eine Unruhe im Gewissen angesichts des Todes, den er dem bezaubernden Tier bringt.«
Die Krone der Rufjagd ist zweifellos die auf den Brunfthirsch. Neben der Fertigkeit, die Brunftlaute in Tonlage, wechselnder Stärke und unterschiedlichem Stimmungsausdruck wiederzugeben, kommt es für den Jäger vor allem darauf an, das Geschehen im Brunftbetrieb richtig einzuschätzen und den Ruf anzuwenden, der ihm den gewünschten Hirsch zum Melden und Zustehen bringt. Man kann vier Lautstärken unterscheiden: das Knören, auch als Trenzen oder Brummen bezeichnet – gewissermaßen ein »Standlaut« des Hirsches; das kürzere Röhren des suchenden Hirsches und das längergezogene des beim Rudel stehenden. Mit dem gereizt klingenden Sprengruf gibt der Hirsch seinen Unwillen kund, wenn – was vorkommen kann – ein Tier sich nicht beschlagen lassen will oder ein Beihirsch aufdringlich wird. Schließlich folgt der Kampfruf als stärkster, eindrucksvollster Schrei, wenn der Widersacher abgeschlagen ist.

# Die Hege

Wissenschaftlich gesicherte Erkenntnisse beweisen, daß für Rehwild vor allem eine ausreichende Herbstäsung notwendig ist. Früher sorgte die natürliche Mast von Eiche, Buche und Kastanie für eine Feistbildung. Diese reichte aus, um bei weitgehender Einschränkung aller Aktivitäten, wie sie dem Rehwild eigen ist, die kalte Jahreszeit gut zu überstehen.

Heute fehlt in den Nadelwäldern die natürliche Mast. Es fehlen aber auch Verbißgehölze und flächenmäßig ausreichende Wildwiesen und -äcker. Bei fehlender Herbstmast wird auch die Kitzentwicklung entsprechend gehemmt. Fehlender Feist zwingt das Wild, Kulturen zu verbeißen. Eine »Fütterung in Notzeiten« bezieht sich daher eindeutig auch auf die Notzeit der fehlenden Mast.

Der Jäger sorgt deshalb schon im September für ein ausreichendes Kraftfutterangebot. Wo Eicheln und Kastanien nicht zu beschaffen sind, ist das fertige Kraftfutter ein vollwertiger Ersatz. Im Dezember und Januar kann reduziert werden. Ist das Revier jedoch stark beunruhigt und das Wild gezwungen, sich viel zu bewegen und dabei Feist zuzusetzen, empfiehlt sich eine gleichbleibende Fütterung.

Wieviel Wildkraftfutter wird für den Winter benötigt? Pro Reh und Tag z. B. werden 150–250 g Fertigfutter angenommen. Bei Rotwild rechnet man das Vier- bis Fünffache. Futter in Preßlingform verfüttert sich am besten und funktioniert auch in den Automaten, ohne die es heute kaum noch geht. Fertiges Kraftfutter ist, je nach Rohstofflage auf dem Weltmarkt, teuer und wird im Preis immer mehr anziehen. Der Erfahrene studiert im Lagerhaus die Zusammensetzung der Wildfuttermischung auf dem Sackanhänger und vergleicht sie mit – Milchviehfutter! Dieses ist in der Regel billiger und taugt dem Wild genauso. Wesentlich für den Wiederkäuer ist ein ausreichend hoher Rohfaseranteil. Wem es aber auf ein paar Scheine nicht ankommt, der ist mit Spezialfutter sicher gut bedient. Apfeltrester kann, je nach Ernte, manchmal knapp sein. Mitte des Monats sollte er bestellt werden. Pro Rehwildfütterung rechnet man etwa 500 kg für den ganzen Winter.

Noch stehen aber Rüben, Kartoffeln und Mais auf den Feldern; von vielen Wiesen holen die Bauern Tag für Tag, und das meist am Abend zur Ansitzzeit, die Futterration für den nächsten Tag. Mit dem üppig gedeckten Futtertisch des Sommers geht es allmählich zur Neige. Wer seine Wildäcker gegattert hat, gibt nun alle vierzehn Tage einen schmalen Streifen frei.

Mit der Jagdzeit auf weibliches Rehwild und Kitze beginnt die eigentliche Hege mit der Kugel. Schwache Geißen/Ricken können keine Stärke vererben, auch wenn der beschlagende Bock hochwertige Chromosome weitergibt. Leider hat es die Natur beim Rehwild nicht so eingerichtet, daß sich das beste männliche Stück mit dem besten weiblichen paart. Der Rehbock nimmt, was er bekommt, auch wenn man davon ausgehen kann, daß der starke Platzbock in der Regel das beste Schmalreh in Beschlag nimmt. Wer garantiert aber, daß es auch aufnimmt? Die früh einsetzende und gleichmäßige Winterfütterung wird zwar manches ausbügeln, dafür aber die erbbedingten Unterschiede deutlicher machen. Der Gärungsprozeß von Silage geht gut über sechs Wochen. Wenn man Silage nicht fertig kauft, ist es höchste Zeit, sie selbst zu bereiten. Kastanien und Eicheln sammeln. Fasanenschütten mäßig aber regelmäßig beschicken, um einem Verstreichen vorzubeugen. Wen das Geld nicht reut: Futterrosinen wirken als Magnet!

# Was tut sich im Revier?

# Grüne Sprüche

Rotwild    Brunft ab Monatsmitte. Setzen nach 33–34 Wochen
Damwild    Fegen der Geweihe
Haselwild    Balz

Vieler Worte Leier
hält nicht der Tat Gewicht –
es sind die ärgsten Schreier
die stärksten Hirsche nicht!

*Aus dem grünen Dekameron*
Triffst auf der Septemberpirsch
eine Maid,
mach's nicht wie der Hirsch, der
lauthals schreit!
Such leis' dir deinen Minnesold,
dann ist Diana dir doppelt hold!

Das Waidwerk ist ein dickes Buch
mit allerkleinsten Lettern;
zum Segen der Schöpfung oder
Fluch
kann jeder darin blättern.
               Wahrmund Riegler

Das Bauholz fäll, laß Klaftern
schlagen,
und Wildobst auf den Boden tragen.
Sei fleißig auf den Vogelherd,
so wird dir manch gut Biß beschert.
               F. v. Flemming

Man schießt den Bock im roten
Kleid
zur Zeit der reifen Kirschen,
doch vor der Ebereschenzeit
nicht den geweihten Hirschen.

Auf Hirsche drücken,
das mag glücken.
Auf Hirsche treiben,
das lasse bleiben!

A Hirsch auf der Pirsch,
a Waldschnepf im Fliag'n
und a Fuchs auf'n Rieg'l
dös is mei Vergnüag'n!

Wo der Auerhahn balzt, wo der
Rehbock schreckt,
wo der Hirsche Röhren das Echo
weckt –
*die* Musika wahr die für alle Zeit,
du deutscher Mann im grünen
Kleid!

Drei Klänge machen mir das Leben so froh und so hell:
Der erste, das ist der Rüden
helläutendes Gebell,
der zweite des edlen Hirschen
eindrucksvoller Schrei,
der dritte des Waldhorns weiche,
schmeichelnde Melodei.

Waidmann, lieber Waidmann
hübsch und fein!
Was gehet vor dem edlen Hirsch
von den Feldern gen Holze ein?
Das kann ich dir wohl sagen:
Der helle Morgenstern, der Schatten und der Atem sein
geh'n vor dem edlen Hirsch gen
Holze ein.
               (17. Jhd.)

Liegt der Hund auf dem Kissen,
will er bald im Bett liegen.

Laute Jäger haben schwerhörige
Hunde.

Alte Jäger und junge Hunde,
junge Jäger und alte Hunde
jagen meist am besten.

Jeder Jäger hat den Hund,
den er verdient.

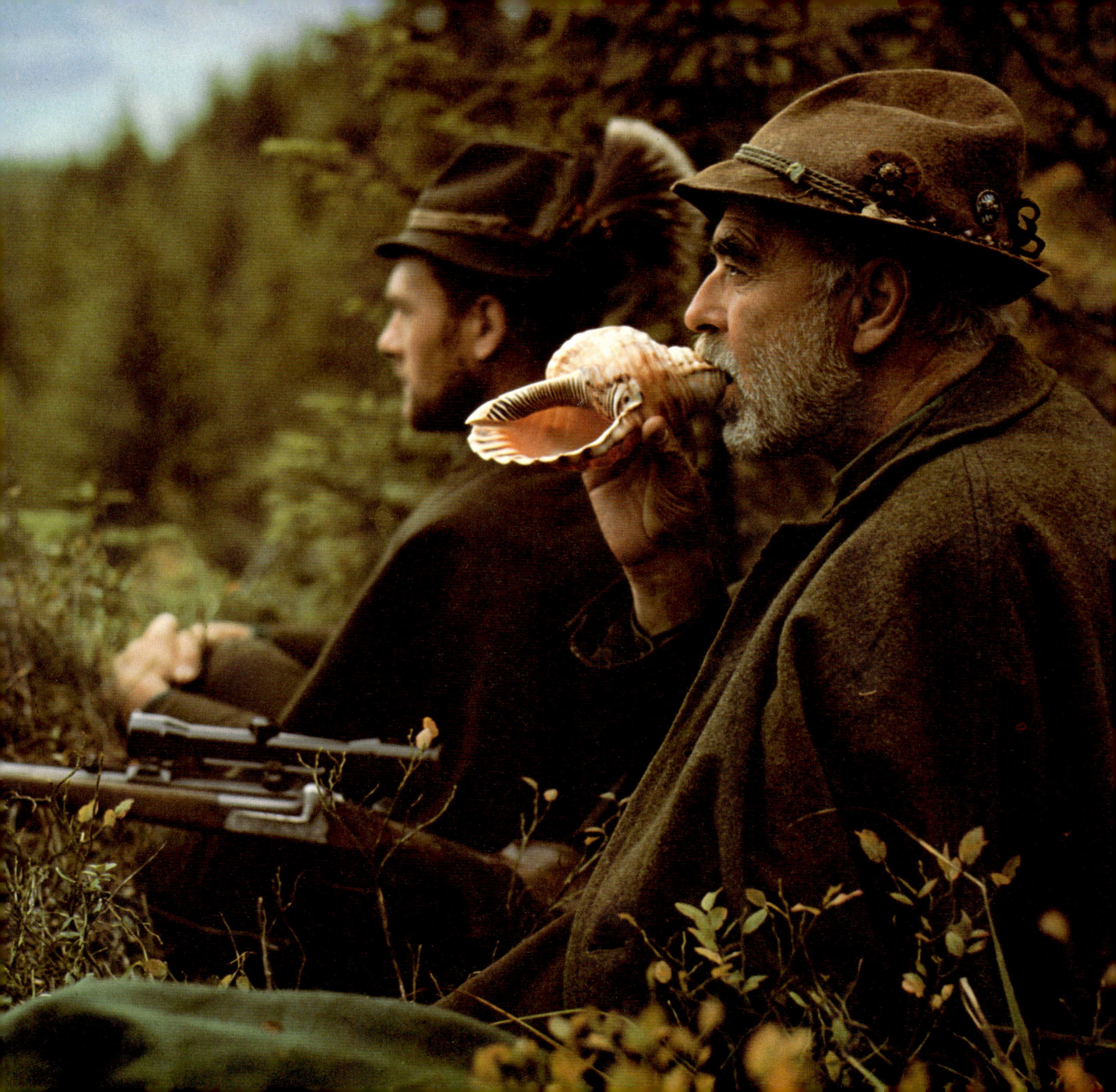

# Lustiges

»Was hat denn der Forstmeister gesagt, als du statt des freigegebenen Schneiders den I a-Hirsch totgeschossen hast?« – »Soll ich die Flüche weglassen?« – »Bitte.« – »Ja, dann nichts!«

»Mein neues Revier in Irland ist so groß«, erzählt Herr Neureich am Jägerstammtisch, »daß ich fünf Stunden brauche, um von einem Ende zum anderen zu kommen.« »Tja«, sagt der alte Oberförster und wiegt bedächtig den Kopf, »so ein Auto habe ich auch mal gehabt.«

»Wie fanden Sie das Hirschsteak?« erkundigt sich der Ober. »Ein bißchen klein für sein Alter.«

Ein kurzsichtiger Jagdgast bekommt von dem Berufsjäger, der ihn führt, den Rat: »Sie sollten lieber mit der Brille schießen.« Zweifelt der Jagdgast: »Glauben Sie, daß ich da mehr treffe als mit der Flinte?«

»Du bist mir ein Jäger!« schimpft die Ehefrau. »Erst erlegst du einen Hund, dann ein Hausschwein und jetzt sogar einen Treiber!« »Immerhin«, erwidert der Gerügte kleinlaut, »hieß der Mann Hirsch.«

Anschlag in den Gästezimmern des Jagdschlosses: »Wenn Sie nicht schlafen können, geben Sie nicht gleich dem Bett die Schuld. Erforschen Sie erst mal Ihr Gewissen.«

Amtsrichter zum angeklagten Wilderer: »Angeklagter, haben Sie die Schlingen so gestellt, wie ich es eben geschildert habe?« »Nein, Herr Richter. Aber ihre Methode werde ich das nächste Mal ausprobieren, die ist viel besser als meine!«

„Laß' d' Hund aus, Sepperl! In drei Teufels Namen, warum laßt denn d' Hund nit aus?!!"

„Herrgott Sagen — jetzt kimmts Wildpret gar von hinten a no."

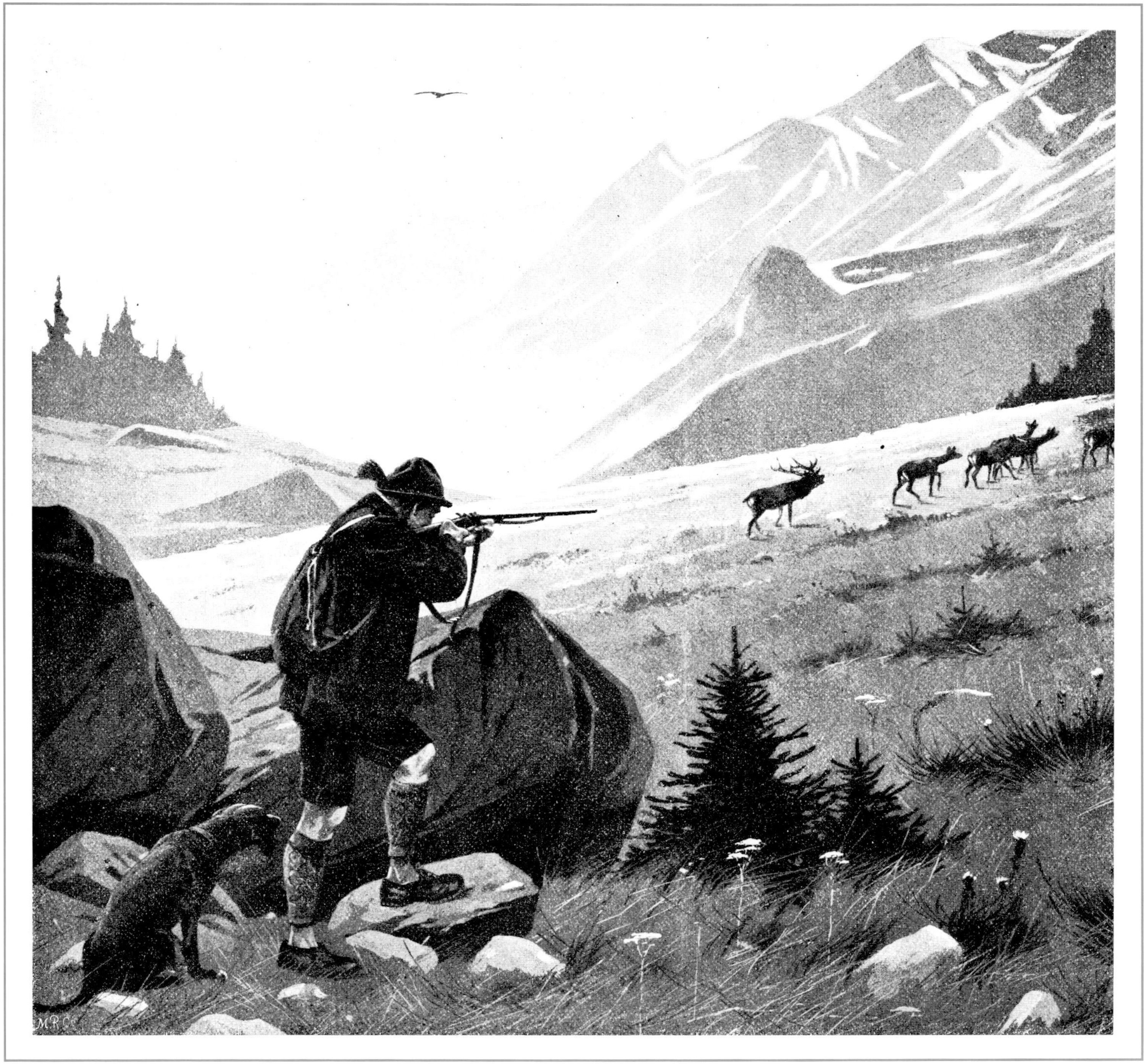

# Geliebt, gehaßt, gejagt:
## Das Rotwild (Cervus elaphus)

Man sagt – bildlich gesprochen –, der Hirsch stirbt nicht, sondern er tritt eine Eichel in den Grund und sieht den Baum daraus aufwachsen, der ihm reichliche Mast schenkt. Und er sieht den Baum vergehen, stößt sein Geweih in das moderne Holz und zerstäubt es mit den Läufen. Diese Wunschvorstellung des Menschen, des Jägers von diesem Urwild will nichts anderes ausdrücken, als es beschwörend zu erhalten. Als Nahrung, zur Kleidung und zur Freude an der Jagd.

Götter fuhren hirschbespannte Himmelswagen, Menschen taten es ihnen gleich, wie zum Beispiel bei den Achäern die Priesterin der Diana.

Aber auch Landgraf Ludwig VIII. von Hessen-Darmstadt gefiel sich um 1730 in einer sechsspännigen »Hirschkarosse«. Doch lieber noch schoß er die Hirsche mit seiner Windbüchse. Einmal sogar an die achtzig starke Geweihte in zwei Tagen. Andere vor ihm waren nicht minder fleißig. Johann Georg I. von Sachsen zum Beispiel erlegte oder fing von 1611–1655 über 7000 Hirsche, insgesamt 15291 Stück Rotwild!

Dagegen ist der Kugeltod, der den Hirsch unserer Zeit ereilt, geradezu eine angenehme Art, Abschied zu nehmen. Übrigens hat sich das Bild des Hirsches und damit verbunden sein Gewicht in den letzten dreihundert Jahren wesentlich verändert. Bis zu 400 kg brachte einst ein Kapitaler auf die Waage. Die Hälfte ist heute die Regel. Auch die Enden seines Geweihes waren früher weitverzweigter. Zwanzig und mehr gehörten zum guten Ton. Allerdings, so wurde es überliefert, hat man hier manchmal nachgeholfen: mit einer Ladung Vogeldunst ins Bastgeweih, damit Wucherungen entstanden. Wie bei so vielem, was sich an Außer- und Ungewöhnlichem um das Rotwild rankt, ist auch hier ein Quäntchen Wahrheit dabei.

Geliebt wurde es immer, gejagt wird es sicher auch noch in Zukunft. Der Haß, den ihm die Bauern bis 1848 antrugen, ist längst vergessen. Ein neuer Haß, von wenigen Holztechnokraten unserer Tage angefacht, sollte ihm doch erspart bleiben.

Bis heute hat der Hirsch seinen gerechten Jäger noch immer geadelt!

Geliebt, gejagt. Man schreibt dem Hirsch auch Kenntnis von der geheimnisvollen Lebenswurzel zu, die nur im tiefsten Wald wächst. Es gibt viele Darstellungen, die den Hirsch in voller Flucht vor Verfolgern zeigen, eine rübenartige Wurzel im Äser. Heute weiß man auch im Abendland um die Bedeutung der Ginsengwurzel. Eine andere, boshafte Auslegung des wurzeltransportierenden Hirsches meint, die Bauern wollten damit den Herrschenden zeigen, wie das viele Rotwild ihre Felder plündere. Und was schreibt Flemming, der große und eifrige Berichterstatter barocker Jagdsitten, über dieses vielseitige Wild?

»Der Hirsch wird unter allen wilden und zahmen Thieren wohl billig for das edelste Thier gehalten, so sich mit seinem

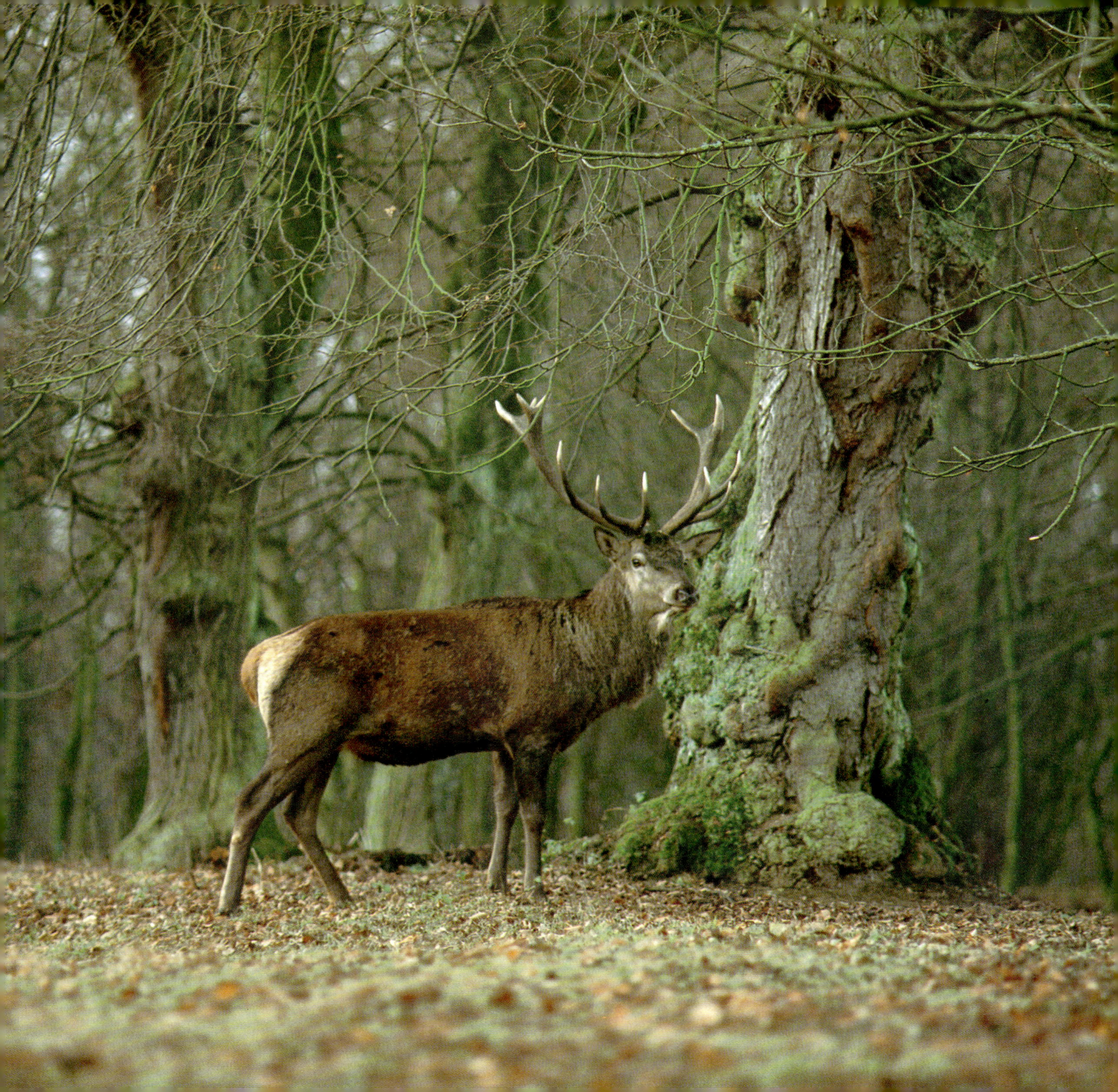

erhabenen Gehörne den Menschen vor allen anderen präsentieret . . .« Er dient nicht nur allen hohen und niederen Standespersonen zu einem sonderbaren Divertissement bey der Jagt, sondern auch den Menschen zu einer guten Speyse . . .«

Für so bedeutsam hielt der Mensch den Hirsch, daß er sich das nötige Wohlwollen seines Geistes – nachdem er seinen irdischen Teil über den Magen in die ewigen Jagdgründe befördert hatte – sogar durch einen speziellen Heiligen sicherte. Hubertus, ein Sohn des Herzogs von Aquitanien, war der Auserwählte. Sattsam bekannt ist die Geschichte seiner Wandlung. Er starb 727 als Bischof von Lüttich. Ein ähnliches Erlebnis hatte der römische Feldhauptmann Eustachius unter Kaiser Trajan (98–117 n. Chr.). Er endete sehr unkomfortabel als Märtyrer in einem glühenden, eisernen Stier, weil er sich nach der Hirscherscheinung zum Christentum bekannt hatte.

Schon Karl der Große führte bei seinen Jagden im Nürnberger Reichsforst die Chorkappe des St. Martin und eine Reliquie von St. Dionysus mit sich und verehrte diese Heiligen als Schutzpatrone der Jagd.

Aus diesen wenigen Beispielen wird sichtbar, welche Bedeutung das Rotwild für den Menschen hatte und heute noch hat. Es ist nicht nur ein Stück jagdlichen Kulturgutes, sondern ganz allgemein ein Meilenstein in der Entwicklung der Menschheit.

Um so unbegreiflicher muten die Jagdarten an, die sich der Mensch gerade diesem »edlen« Wild gegenüber herausnahm. Waren schon die »teutschen oder eingestellten Jagen« und die Hetzjagden mehr Schlachtfeste als Jagd, so stellte die französische oder Parforce-Jagd erst recht eine für heutige Begriffe unerhört grausame Methode dar, einen Hirsch zur Strecke zu bringen. Im Frühjahr hielten die forcierten Hirsche drei bis vier Stunden aus, im Herbst sogar bis fünfeinhalb Stunden. Die gleiche Zeit mußten natürlich auch Jäger, Pferde und Hunde durchstehen.

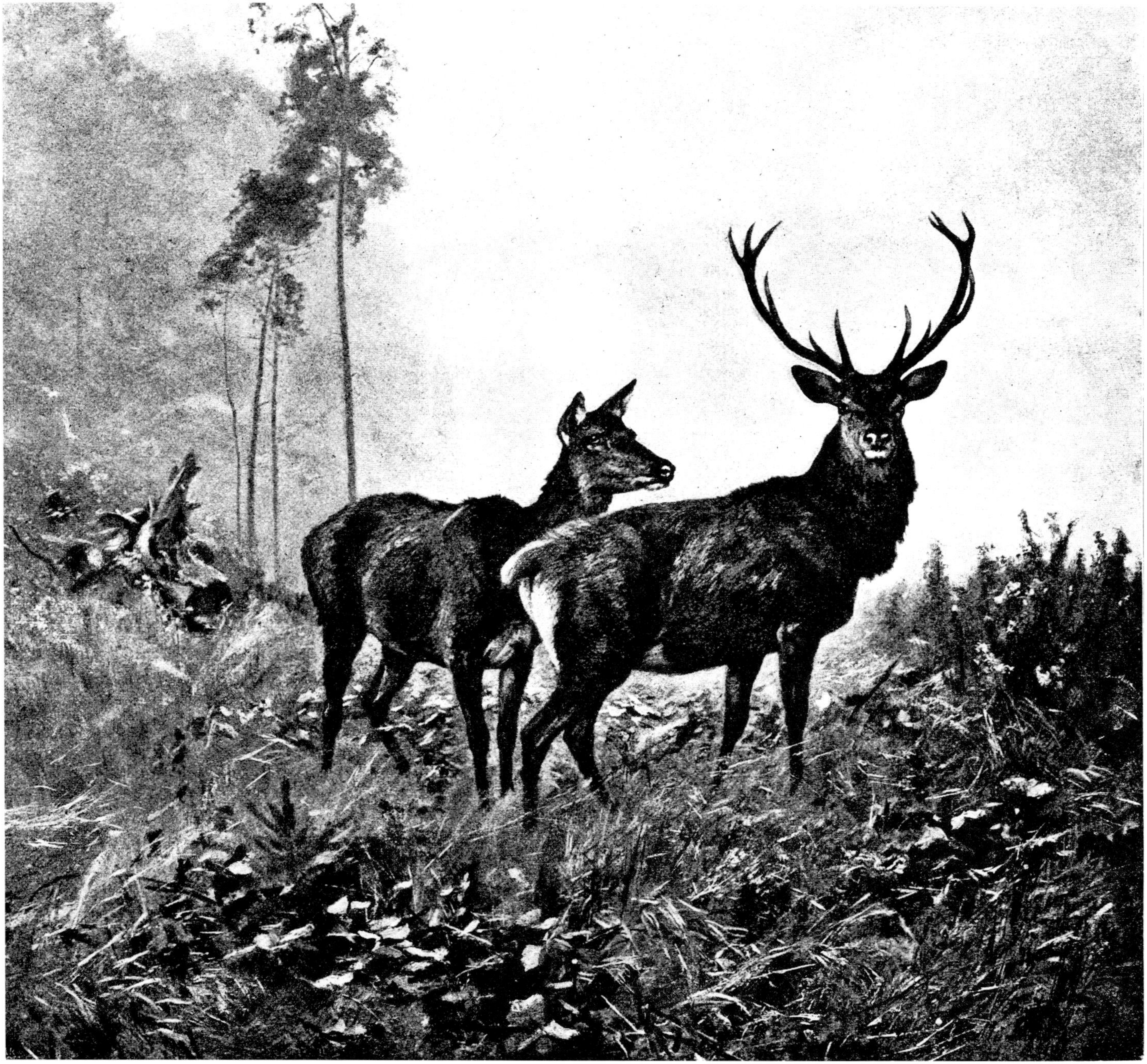

# Mankeifett

Sollte der Jäger nicht auch auf der Jagd alles oder zumindest vieles selbst ausprobieren, um es gründlich kennenzulernen? Alles Legale natürlich, versteht sich.

Denn erst dann könnte er sich ein Urteil erlauben. Über eine Jagdart zum Beispiel, über ein bestimmtes Wild oder einfach über Land und Leute.

Es müßte ihm letztlich daran gelegen sein, ehrliche Antworten zu finden, um klipp und klar sagen zu können: Das liegt mir oder – das liegt mir nicht!

Also schrieb ich nach Tirol wegen einer Jagd auf das Mankei.

Dort sagt man Murmele, korrekt heißt es natürlich Murmeltier. In Bayern nennt man es Mankei. Doch letztlich laufen diese mundartlichen Verniedlichungen auf eines hinaus: Gemeint ist damit ein »Männchen«, ein Manndl, eine in seinem äußeren und sozialen Verhalten dem Menschen ein klein wenig ähnliche Kreatur, die man vor nicht allzulanger Zeit und trotz des possierlichen Namens und mancherlei Aberglaubens scharf bejagte, wilderte und fast ausrottete.

Wegen des Weiß', des Mankeifetts, gut zur Behandlung aller möglichen Wehwehchen und Gebrechen, vor allem auch solcher von der intimen Art, sagt man, und wegen der orangefarbenen Nager, die sich als Anhängeschmuck, stilvoll in Altsilber gefaßt, auf Bauch oder Busen gleichermaßen dekorativ ausnehmen.

Jagdzeit hat das Murmele im September, und es ist für die hierarchische Erneuerung innerhalb der Sippe vorteilhaft, wenn ein starker, alter Bär das Frühjahr nicht mehr erlebt. Auch hat er um diese Zeit schon das begehrte Weiß angesetzt, das im kommenden Winter einem rheumatismusgeplagten Jäger oder einem anderen Gläubigen gute Dienste leisten soll.

Pech für mich, daß in der Nacht auf den 20. der erste Schnee gefallen war; nicht wegen des Aufstiegs – in drei Stunden waren wir auf fast zweieinhalbtausend Meter droben –, sondern wegen der Mankeis. Doch letztlich wieder ein glücklicher Umstand, weil nämlich die Touristen unten blieben.

Erst in der Mittagssonne, die den lockeren, nassen, noch nicht ernst zu nehmenden Schnee allmählich zum Schmelzen brachte, kamen Mankeis in Anblick.

Zumeist possierliche Affen, denen es wie Menschenkindern einen Heidenspaß machte, mit dem ersten Schnee Schlitten zu fahren und Lebenserfahrungen zu sammeln.

Noch steckten die Murmel in den flacher angelegten Sommerbauen. Fast unmittelbar daneben – zumindest in diesem Gebiet – liegen die bis sieben Meter tiefen Winterbaue. Der Jäger machte mich darauf aufmerksam und auch auf die Folgen, die ein nur angeschweißtes, aber in den Winterbau eingefahrenes und dort verendetes Murmel für die ganze Sippe haben kann: Keinesfalls würde der Bau mehr angenommen werden. Und das bedeutet den sicheren Tod der ganzen Sippe im kälteempfindlichen Sommerbau. Diese und andere, vom Jäger im Verlauf der Brotzeit gegebenen Erklärungen gehen mir durch den Kopf, während ich bäuchlings in einer hangabwärts führenden Mure und Geröllrinne liege.

Etwa fünfzig Höhenmeter über einem Sommerbau mit Röhrenausgängen zwischen kleineren Felsen und Geröll und vielleicht siebzig Meter in der Schußlinie entfernt.

Vor mir das »Schanzl«, eine kleine, aus Steinen und Platten gebaute Deckungsmauer mit Schießscharte, durch die ich den Stutzen geschoben habe. Nach einer halben Stunde völliger Bewegungslosigkeit und Ruhe tauchen unter mir plötzlich drei Murmel auf. Im Zielfernrohr fällt mir ein besonders starkes ins Auge.

Das stärkste soll ich schießen.

Während der Jäger zehn Meter oberhalb kommod hinter einem Felsen hockt, kriechen mir langsam Nässe und Kälte durch die Lodenhose. Auch das sich allmählich verstärkt einstellende Jagdfieber vermag nicht zu wärmen. Vorsichtig versuche ich, mich in eine bequemere, dem sicheren Schuß zuträglichere Position zu bringen – da kracht mit einem Mal das Schanzl in sich zusammen.

Ein scharfer Pfiff – und wie der Blitz sind die Mankeis in die Röhren eingefahren. Saxendi! Alle Mühe war umsonst.

Ich drehe mich zum Jäger um, der das Unglück natürlich bemerkt hat. Aber der macht nur eine beschwichtigende Bewegung.

Also baue ich mir das Schanzl wieder

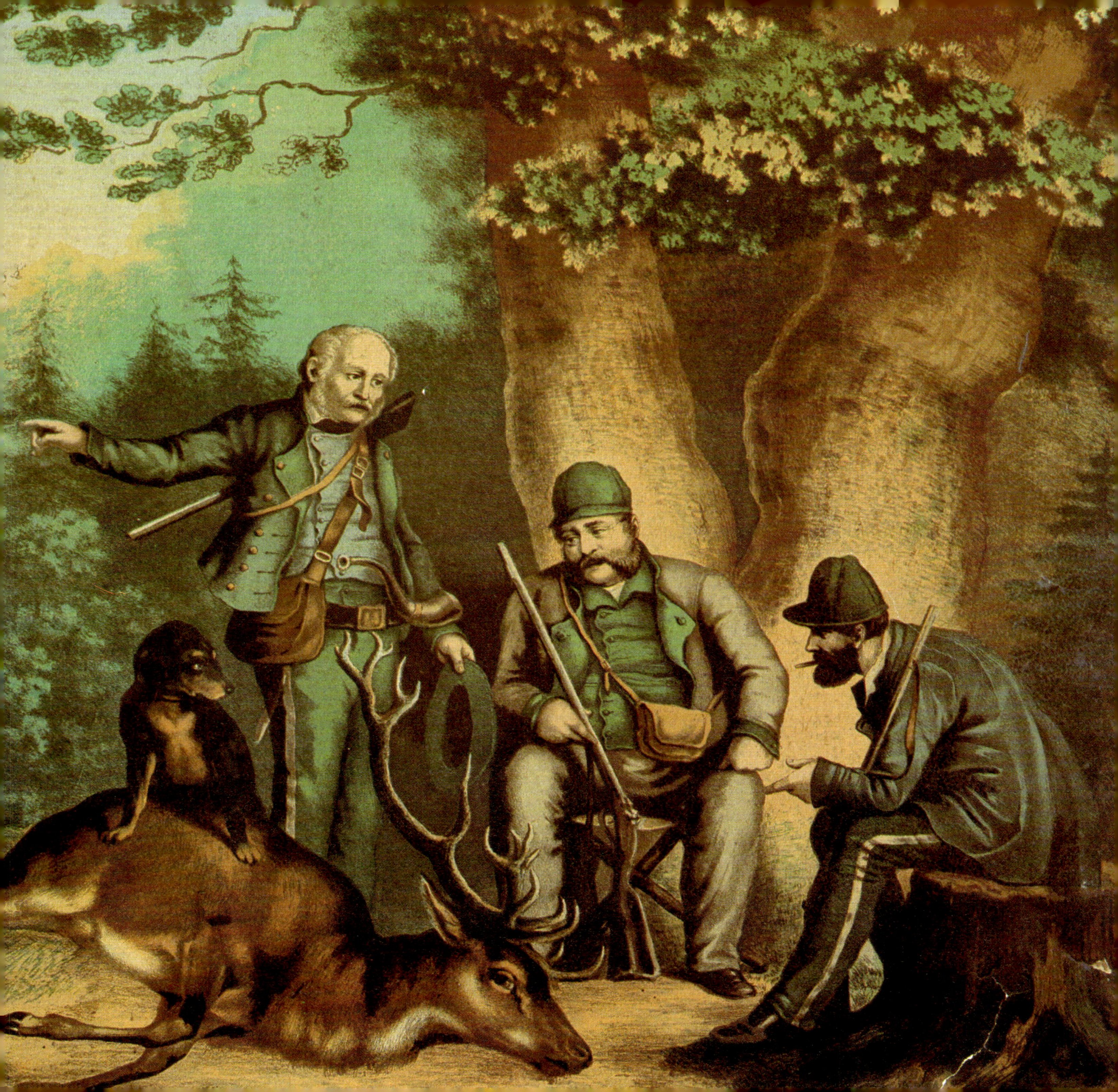

zurecht und richte mich auf eine weitere Zitterstunde ein. Die Außentemperatur mag jetzt, um drei Uhr nachmittags, bei fünf Grad über Null liegen.

Nach zwanzig durchfrorenen Warteminuten beschließe ich, mir einen kleinen Schluck Zielwasser aus dem flachen Flaschl, das ich in der rechten Außentasche des Rucksacks weiß, zu genehmigen.
Meine linke Hand tastet vorsichtig hinüber, greift zu.
Ohne den Bau unter mir aus den Augen zu lassen, schraube ich die Kappe ab und hebe das Flaschl zum Mund. So einfach ist das allerdings nicht, wie es sich erzählt, denn der Winkel, in dem ich den Flachmann heben kann, ist begrenzt.
Jetzt spüre ich die erste Flüssigkeit auf der Zunge.
Da! Am Bau bewegt sich etwas! Vorsichtig schiebt sich ein Mankei zwischen den Steinen hervor, äugt aufmerksam und zugleich mißtrauisch und unbeweglich zu mir herauf. Wie gut es äugt und vernimmt, weiß ich nicht. Also bleibe auch ich unbeweglich, obwohl es in der Trinkposition ungeheuer schwerfällt. Mit der Zunge verschließe ich die Öffnung der Flasche, denn ich wage nicht, die Hand herunterzunehmen. Allmählich wird die Zunge gefühllos, der Bauernobstler hat mehr als die üblichen 40 Prozent. Um mir Erleichterung zu verschaffen, nehme ich noch einen Schluck.
Gut!
Aber das Mankei da unten ist immer noch mißtrauisch, es läßt mich nicht aus den Augen. Die Minuten dehnen sich und schon wieder ist die Zunge pelzig.
Schluck Nummer drei beginnt seine Wirkung zu tun.
Nach zehn Minuten ist nicht mehr viel in der ehedem vollen Flasche.
Auf welches Zeichen auch immer – plötzlich sind auch die beiden anderen Mankeis wieder da. Ich behalte das Starke im Auge, fasse es mit dem Absehen. Es könnte ein Bär sein, wegen der dicken Hosen.
Immer aber ist es von den anderen gedeckt. Grad so, als ob sie wüßten, auf was es ankommt.
Wieder hat sich eine Viertelstunde verzittert. Längst habe ich in Millimeterarbeit das Flaschl heruntergenommen und auf den Rucksack gelegt. Es ist leer.
Das muß wohl auch das auslösende Moment sein, daß mich der Teufel reitet! Mit der Linken ertaste ich mir einen kleinen Stein und werfe ihn aus der Deckung abwärts in den Graben.

Auf das Geräusch hin reagieren die Bergstutzln wie auf einen leichten elektrischen Schlag. Sie fahren auseinander, aber nicht zu weit, verhoffen und machen Kegel.
Da ist auch schon der Schuß draußen. Weich sackt das Mandl in sich zusammen. Kein Kunststück mit der .243. Früher hat man mit der Hornet oder sogar mit der .22 Magnum und mit Vollmantel auf den Kopf geschossen. Die Vollmantel ist heute verboten, und die Teilmantel wäre oben zu brutal. Also schießt man lieber aufs »Blatt«.
Wie ich den Hang hinuntergekommen bin, weiß ich nicht mehr. Es war aber eine sehr beschwingte Gangart.
Und dann stecke ich mir den Bruch an den Hut, den mir der Jäger von einem nahen Latschenfeld geholt hat.
Vor uns liegt ein etwa fünf Kilo schwerer Bär mit prächtigen, dunkelorangefarbenen Nagern. Wir brechen ihn gemeinsam auf, weil es allmählich für den Abstieg eilt. Er hat, wie erwartet, eine Menge Unterhaut- und Darmfett, das wir gleich am laufenden Meter abschärfen und in den Kern zurücklegen.
Alles andere holt sich der Adler, der unmittelbar auf den Schuß hin hoch über uns seine Kreise zieht – falls die Bergdohlen nicht schneller sind.
In einem Eckerl meines Hirns tut mir das possierliche Murmanndl leid, das jetzt im Rucksack steckt. Es war durchaus spannend zu erjagen, und auch dem Jäger wurde etwas abverlangt.
Trotzdem glaube ich, daß *ein* Mankei genug ist im Jägerleben.
Die eineinhalb Pfund Weiß aber – sie haben nach dem behutsamen Auslassen gut einen Viertelliter Flüssigkeit gebracht – halten mir als Massageöl die Kniegelenke munter, wenn sie es mal brauchen. Gebraucht hätten sie es allerdings gleich noch am Berg, denn der unfreiwillig getrunkene Obstler hat den Abstieg nicht ganz unproblematisch gemacht. Und vollends froh war ich erst, als wir die Felsregion der Berggeister verlassen hatten und auf den weichen Almmatten in die Dunkelheit hinausschritten . . .

# Blüte und Ernte

*Es blühen (g = giftig):*

Ackerehrenpreis
Ackerhellerkraut
Ackerstiefmütterchen
Ackerwinde
Ährentausendblatt
Adlerfarn

Braunelle
Brunnenkresse

Erdrauch
Feldrittersporn
Fingerkraut
Flohknöterich

Gauchheil
Glockenheide
Goldrute

Habichtskraut
Hauhechel
Heidekraut
Herbstzeitlose (g)
Hohlzahn
Hopfenblume
Hornkraut

Jakobskreuzkraut (g)
Johanniskraut

Königskerze
Kornblume

Labkraut
Leinkraut
Lichtnelke

Malve
Margerite
Mauerraute

Quendelseide

Rainfarn (g)
Reiherschnabel
Resede
Ruprechtskraut

Schafgarbe
Schneebeere
Schöllkraut (g)
Schuttbingelkraut
Seifenkraut
Sonnenwendwolfsmilch (g)
Springkraut
Stechapfel
Steinbrech
Steinklee

Taubenkropfleimkraut
Taubnessel
Tausendgüldenkraut
Thymian

Waldbrustwurz
Waldrebe (g)
Weidenröschen
Weißklee
Wiesenbärenklau
Wiesenstorchschnabel
Wiesenwachtelweizen
Wegerich
Wundklee

*Ernte:*
Verschiedene Wildkräuter sowie Bergahorn, Brombeere, Erdbeere, Esche, Hartriegel, Haselnuß, Holunder, Kornellkirsche, Liguster, Linde, Rotbuche, Sommereiche, Vogelbeerbaum, Weißdorn

*Pilzernte:*
Anis-Champignon, Grauer Wulstling, Perlpilz, Röhrling, Steinpilz, Speisetäubling

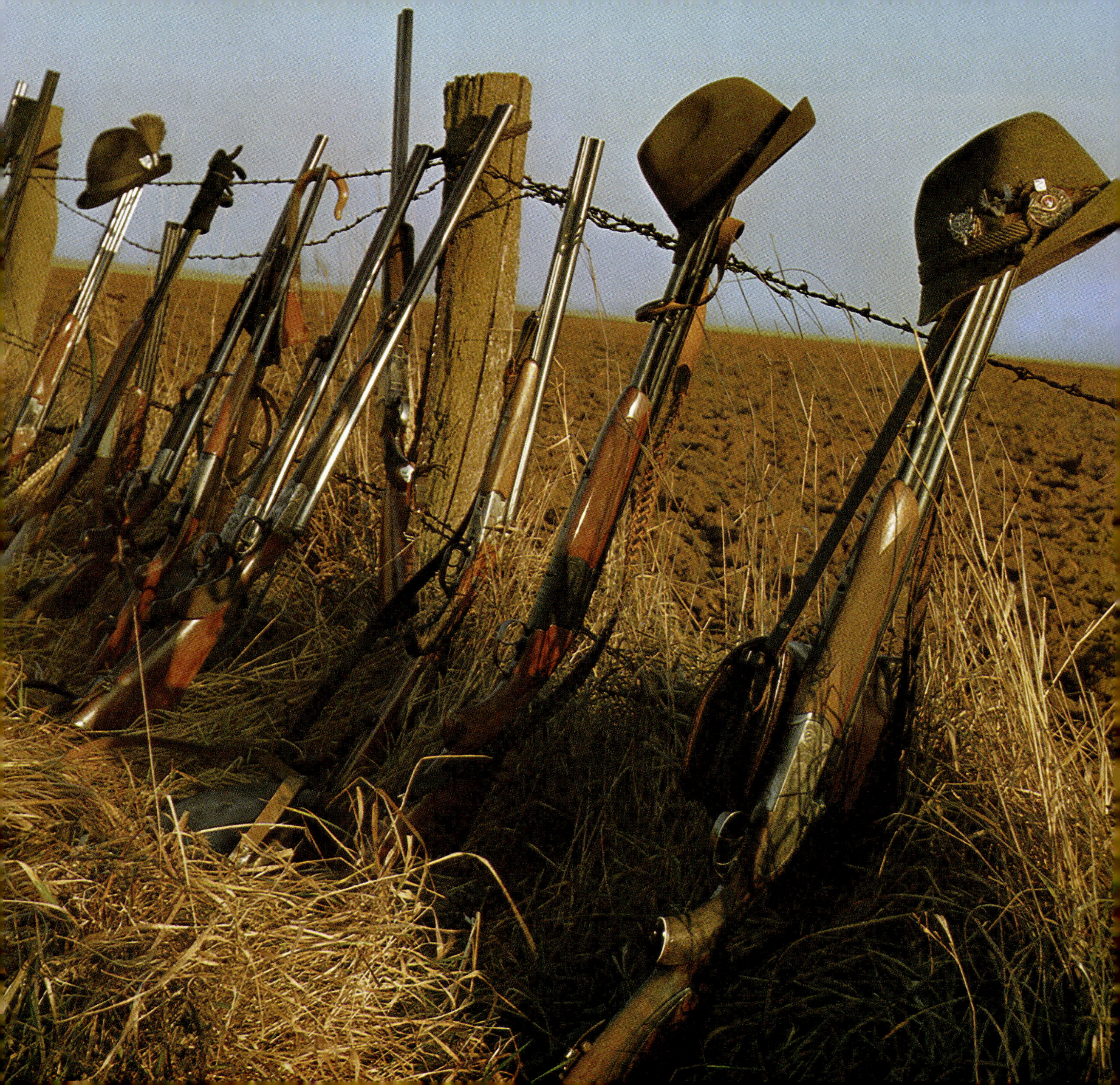

# Oktober

## Treibjagdmonat · Gilbhart

Wer die Individualität und sogar den Charakter der Jäger nach ihren Waffen beurteilen wollte, wäre auf dem richtigen Weg. Denn Jagdwaffen sind Weltanschauungen. Im Vordergrund stehen natürlich ihre Eigenschaften als zuverlässige Präzisionswerkzeuge. Auch der Preis spielt eine große Rolle, nicht aber die wichtigste – Argumente finden sich viele, den Kauf einer etwas teureren Waffe vor sich selbst zu rechtfertigen. Vielmehr geht es zunächst um das technische Prinzip. Und schon scheiden sich die Geister! Tiefe Gräben werden aufgerissen, wenn Anhänger der Repetierbüchse die Vorzüge dieser Waffe gegen Doppelbüchsen zum Beispiel oder kombinierte Waffen ins Feld führen. Und gar erst, wenn Selbstladewaffen ins Gespräch kommen. Da wird spontan die Ethik strapaziert.
Letztlich haben aber doch alle Waffen die gleiche Basis. Es sind, schlicht und einfach, Hochleistungskraftmaschinen, deren Leistungsverhältnis zum Eigengewicht meist größer ist als 1:1000! Da kann nicht einmal der Motor eines Formel-1-Rennwagens mithalten. Das technische Prinzip allein genügt aber noch keineswegs, eine Waffe der besonderen Individualität ihres Führers – jawohl, eine Waffe wird geführt – anzupassen. Maserung und Oberflächenbehandlung des Schaftholzes, seine Form überhaupt und die Möglichkeiten zusätzlichen Schmuckes – als Verschneidung beispielsweise – werfen ein ansehnliches Gewicht in die Waagschale. Ganz zu schweigen von der Bedeutung der nobel einfachen bis hin zur prunkvollen Gravur – die bei Tierstücken und ihrer Anordnung schon fast mystischen Beschwörungsformeln antiker Dianenfeste gleicht.
Schließlich wiegen aber auch Lauflänge, runde oder eckige Form, die Art der Verzierung, das Prinzip des Verschlusses, ja sogar die Gummischaftkappe ihr Teil bei der Beurteilung.
Nicht zu vergessen die passenden oder unpassenden Gewehrriemen und letztlich das Alter und der Pflegezustand der Waffe.
Vieles kann man aus Waffen herauslesen, wessen Werkzeug sie sind. Jedoch führen Gehilfen schon manchmal die Waffen der Meister, ohne Meisterstücke abgelegt zu haben.

Ähnlich verhält es sich mit den Kopfbedeckungen der Jäger. Gibt es etwas Individualistischeres auf Gottes weiter Erde als diese Gebilde? Und welche Schlüsse lassen sich daraus ziehen! Es sind die schlechtesten Jäger nicht, die ihren Filz nur am gestreckten Wild lupfen.

Ab Mitte, besser noch gegen Ende des Monats wird der Jäger den buntesten aller Herbststräuße aus der Wildbahn pflücken. Weit über 1,5 Millionen Fasanen werden jährlich in deutschsprachigen Gefilden zur Strecke gelegt.
Wenn man im Durchschnitt eineinhalb Patronen pro Fasan rechnet, so werden nach dieser Rechnung jährlich allein auf dieses Wild 4,5 Milliarden Schrotkörner im Gesamtgewicht von 75 000 kg aus den Läufen gejagt und den Himmel verdunkeln! –
»Sag mir, wo die Plastikhülsen sind, wo sind sie geblieben . . .?«

Und wo sind die Plastiksäcke geblieben, die zur großen Herbstdüngung zu Hunderttausenden von fleißigen Landwirten hinausgefahren wurden? Spätestens im Frühjahr werden wir Jäger als schon geübte »Müllkutscher der Nation« Feld und Wald wieder davon befreien. So gleicht sich, wie überall, letztlich doch alles aus.

# Das Wetter

Kühler Oktober macht die Hirsche mager.

Wenn im Oktober die Eiche ihr Laub behält, folgt ein Winter mit strenger Kält.

Halten die Krähen im Oktober schon Konvivium, sieh nach Feuerholz für die Hütte dich um.

An St. Dionyse (9. 10.) kommt der erste Schnee.

Regnet's auf St. Dionys (9. 10.), wird der Winter hart gewiß.

Am St. Gall (16. 10.) der erste Schneefall? Viel Wind im Dezember!

Ist's an Gallus (16. 10.) heiter, hellt's bis Weihnacht weiter.

Wer an Lukas (18. 10.) Roggen streut, es im nächsten Jahr niemals bereut.

Wann Simon (28. 10.) vorbei, so rückt der Winter herbei.

Fällt im Wald das Laub sehr schnell, ist der Winter früh zur Stell.

»Und Sie sind sicher, daß es sich hier wirklich um den nur in dieser Gegend vorkommenden Kletterfuchs handelt?«

# Die Jagd

Der letzte Rehbock muß bis zum 15. liegen. Ein im Sommer noch so starker Hasenbesatz kann sich, je nach Witterung und Umweltbedingungen, so verringert haben, daß eine schonende Bejagung angebracht ist. Ein nasser Oktober drückt nochmal auf den Besatz. Es ist richtig, auf den behutsamen Suchen auch Dreiläufer zu schießen. Nässe und Kokzidiose würden sie sowieso mehr als zehnten. Bei geringem Besatz sollten in Waldtreiben die Rückwechsel nicht besetzt werden, oder – noch besser – ein dort angestellter revierkundiger Jäger entscheidet über Schießen oder Laufenlassen. Auch Fasanen sind frei! Die Strecken werden bunter, die Zeit der Gesellschaftsjagden ist gekommen. Es ist auch die Jahreszeit, in der die Öffentlichkeit auf die Jäger »lautstark«, aber auch durch Unfallmeldungen in den Zeitungen aufmerksam gemacht wird. Eine gute Gelegenheit, am Image der grünen Zunft zu polieren! – Fasanenhähne sollten erst Ende Oktober, wenn sie voll befiedert sind, bejagt werden.

Weibliches Rehwild und Kahlwild verstärkt bejagen. Noch sind die Tage so lang, daß sich der gewohnte Äsungsrhythmus nur wenig zum Nachteil des Jägers verändert. Je nach Wetter kann die Hirschbrunft noch gut sein. Bunte Strecke bringt die Jagdzeit auf Feldhühner, Enten, Bläßhühner, Tauben. Junge Eichelhäher sind besonders schmackhaft und sollten geerntet werden.

# Die Hege

Wie sich das Wild dem ständigen Zivilisationsdruck anpassen muß – wobei vielfach die Grenze des Möglichen schon erreicht, wenn nicht gar überschritten ist –, so muß der Jäger ständig dazulernen, wenn er unter den heutigen Bedingungen weiterjagen will. Gerade in den letzten Jahren haben sich grundlegende neue Erkenntnisse ergeben. Gemeint sind hier die von ernstzunehmenden und engagierten Wissenschaftlern, denen der hautnahe Kontakt zur jagdlichen Praxis genauso wichtig ist wie ihr Forschungsauftrag. Dem passionierten Jäger wird es nicht schwerfallen, Spreu vom Weizen zu sondern und das für die Praxis brauchbare Forschungsergebnis zu nutzen.

Alle Hegemaßnahmen, die im Laufe des Jahres vorgeschlagen und angeregt wurden, sollten sich jetzt, an der großen Wende in der Natur, bezahlt gemacht haben. Bezahlt gemacht durch eine reichere Ernte und vor allem in dem Bewußtsein, als Jäger aktiv eingegriffen zu haben, wo sonst Unverstand, Gleichgültigkeit oder unangemessen hohes Gewinnstreben Jahr für Jahr die Substanz der Natur immer weiter schmälern, ohne die katastrophalen Quittungen wahrzunehmen, die der Menschheit laufend präsentiert werden. Der Jäger sollte sich

»Es ist zum Totlachen! Auf einen Hasen schieß' ich und die Schnepfe treff' ich!«

# Was tut sich im Revier?

in seinen Einsichten und seinem Wissen glücklich schätzen, einer von den wenigen zu sein, die mit natürlichem Empfinden, mit Verstand und finanziellen Opfern bewahren, was andere in *ihrer* Jagd nach »Freizeitwert und Lebensgefühl« gar nicht mehr überblicken können. Wer wirft den ersten Stein ob solch »grün-elitären« Denkens?

Die Schalenwildfütterung hat sich eingespielt. Wo man das Futter bei Schnee schlecht oder gar nicht mit dem Wagen transportieren kann, sollten die Futterautomaten rechtzeitig vorher bis zum Rand aufgefüllt werden. Ein Silagevorrat läßt sich in Plastiksäcken einigermaßen frostsicher im Erdboden lagern; gut mit Heu und Fichtenzweigen abgedeckt. Kaffschütten für Rebhühner weiter anhäufen und feuchthalten, damit sich die beabsichtigte Eigenwärme einstellt. Entenfuttertische reichlich beschicken, damit die Enten nicht verstreichen. Zweige vom Obstbaumschnitt sammeln und im Revier bereitlegen. Auch die Vogelnistkästen säubern, vielleicht noch ein paar mehr aufhängen. Marderfallen beködern und Luderplätze laufend beschicken. Nach dem ersten Schnee, der sich in der zweiten Oktoberhälfte schon einstellen kann, auch an Ablenkungskirrungen für Greifvögel denken.

Wer Markstammkohl auf dem Wildacker hat, kann sich an der üppigen Blattmasse freuen. Das Wild freut sich bis –15 °C daran, so frosthart ist der Markstammkohl. Über die Bitterlupinen muß erst Frost kommen, bevor das Wild sie verbeißt. Beide zusammen geben bis in den Dezember hinein ein gutes Äsungsgespann. Wo die Wiesen noch Grünäsung bieten, sind die Fütterungen nicht so stark angenommen, wie man es vielleicht erwartet hat. Man lasse sich aber nicht täuschen: Das Wild bestimmt die richtige Kraftfutterration selbst und damit richtig.

Apfeltrester oder Silage führt das Wild zur Fütterung. Rauhfutter taugt nicht für Rehwild. Vom Wildacker kann Kolbenmais geerntet werden. Herbstpflanzeit für Wildobst und Laubhölzer. Auch können noch Lupinen und Raps ausgesät werden.

»Jetzt hör' aber auf, Jägerhuber, mit dem Nußhähergeschrei, ich kann ja vor Lachen nicht schießen!«

»Tschuldigen, die Herren, hier ist nicht zufällig ein Hase vorbeigekommen?«

| | |
|---|---|
| Rotwild | Brunft bis Monatsmitte |
| Damwild | Brunft ab Monatsmitte, Setzen nach 31–33 Wochen |
| Gamswild | Brunftbeginn ab Monatsmitte |
| Rehwild | Alte Böcke werfen ab |
| Haselwild | Balz |

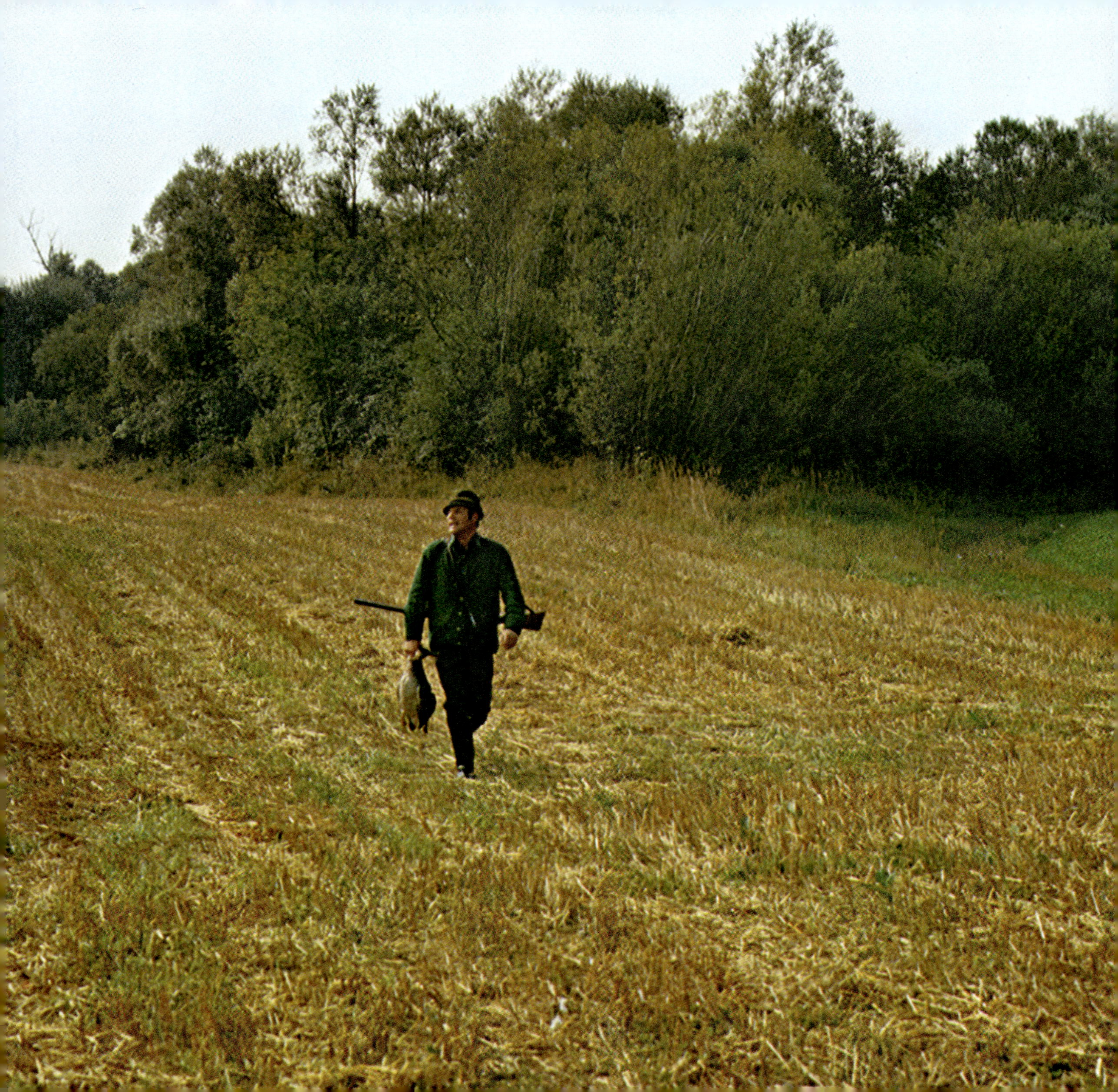

# Waisenknaben

Wir haben Ende Oktober. Kommod sitze ich auf der offenen Kanzel an der Schwangwiese. Die letzten Sonnenstrahlen wärmen angenehm das Gesicht.

Ich sitze dort gern, weil man meist Anblick hat. Zuerst kommen die Hasen als Vorhut, die Hasen vom Dienst gewissermaßen und ziemlich pünktlich. Ein wenig später treten die Rehe aus.

Nur bei Föhn wartet man vergebens.

Und Föhn ist oft.

Man erkennt ihn an den abenteuerlich hingewischten weißen Wolkenfetzen am blauen Himmel und an der Klarheit des Gebirgspanoramas. Manchmal steht es drohend nah, in schweren blau-violetten Farben, manchmal in einem heiteren, pastellmilden Licht, dann aber mehr distanziert.

Man erkennt ihn auch im eigenen Schädel.

Doch Föhn ist nicht gleich Föhn.

Es gibt eine Art, die wie Sekt berauscht und die Seele höher hebt als die Berge, auf deren Nordseite er als warmer Fallwind so überraschende Wirkungen hervorruft.

Dann ist das Jägerblut dünnflüssig, beschwingt. Kein Ast knackt auch bei schnellerem Pirschgang unter den Profilsohlen. Alles ist leicht, geht fast von selbst. Beute?

Man nimmt sie als Geschenk, zwingt sie nicht.

Aber es gibt auch den anderen Föhn, den schwermütigen, zähen, dickflüssigen, plumpen, gefährlichen, bei dem man rot sieht, wenn einen der Nußhackl tratzt.

Auf fünfzig Meter noch möchte man ihm die Schrotgarbe nachwerfen, den Rätschenden einfach herunterzwingen, wütend, föhnkrank.

Wehe dem Jäger, der hier nachgibt und schwach wird! Zur schnellen Ernüchterung kommen todsicher quälende Selbstvorwürfe, zermürbend bis zum physischen Kopfschmerz.

Das ist *der* Föhn, den auch das Wild spürt, der es noch unberechenbarer macht, manchmal auch aggressiv.

Doch wenn es auf der Schwangwiese auch gar kein Wild zu sehen gäbe, wären die drei Ansitzstunden gut angelegt, denn die Schwang ist ein Kleinod im Revier.

Ein Pachtgrund zwar, abwechselnd in einem Jahr als Jungviehweide, im nächsten als Wiese genutzt. Immer aber übernutzt, damit der mäßige Pachtpreis nur ja herauskommt.

Fast drei Kilometer vom Dorf entfernt, zwei Hektar groß, liegt sie für die heutige Zeit noch ziemlich ruhig. Nur die Reiter quälen sie.

Trotzdem: eine Augenweide mit dem Gebirgspanorama im Süden, ringsum von Wald umgeben. Fichten meist, aber dazwischen, nicht zu sparsam gestreut, auch Eichen, Buchen, eine Kastanie, dann Birken, Lärchen, Ulmen, ein paar Erlen am Waldrand; harmonisch von den Halmen zum hohen Altholz überleitend allerlei Gehölz, das sich von selbst einfand, zum Teil aber – wie die Wildrosen und die Haselsträucher – vom alten Privatförster Sindl gepflanzt wurden, der auch noch die Kanzel gebaut hat, auf der ich so bequem sitze.

Er lebt nicht mehr, der Sindl Max. Leberzirrhose. Zu Tod gesoffen habe er sich, so sagt man im Dorf. Junggeselle und Jäger, na ja, man weiß schließlich, wie die's treiben.

Er hat sich wirklich »totgesoffen«, als er die Gewißheit hatte, daß ihm nichts und niemand mehr auf der Welt helfen könnte. Schmerzen bis an den Punkt des Unerträglichen, materiell kärglich versorgt und keine Hoffnung – da wollte der Max nicht mehr.

Noch etwas kam hinzu.

Mit 65 ging er in Rente. Sein Brotgeber, dem er zehn Jahre redlich gedient hatte, verlangte zu diesem Zeitpunkt die Dienstwaffe zurück. Eine Büchsflinte der unteren Preisklasse, stark geführt, gewissenhaft gepflegt.

Das gab dem Max den Rest.

Mit Sechsundsechzig hat man ihn beerdigt. Er war noch vom alten Schlag. Was geblieben ist von ihm?

Eine Kanzel und eine Leiter haben wir nach ihm benannt. Ein bißchen Waldbau, nichts Markantes, denn das braucht man in der Gegend nicht. Ein paar Leitern und Kanzeln – von ihm solide gezimmert – stehen noch, denen eine gewisse ästhetische und filigrane Bauart nicht abzusprechen ist, denn der Max war auch nur ein Grischperl von knapp sechzig Kilo. Klein und drahtig, ein Oberpfälzer. Meist mit dem Fahrrad unterwegs. Auf dem Buckel den Rucksack, quer darüber das Gewehr, der Dackel lief daneben. Verhältnismäßig viel ist der Max herumgekommen. Nichts Weltbewegendes: Oberpfalz, Niederbayern, Oberpfalz, Oberbayern. Hier zehn Jahre, dort zehn

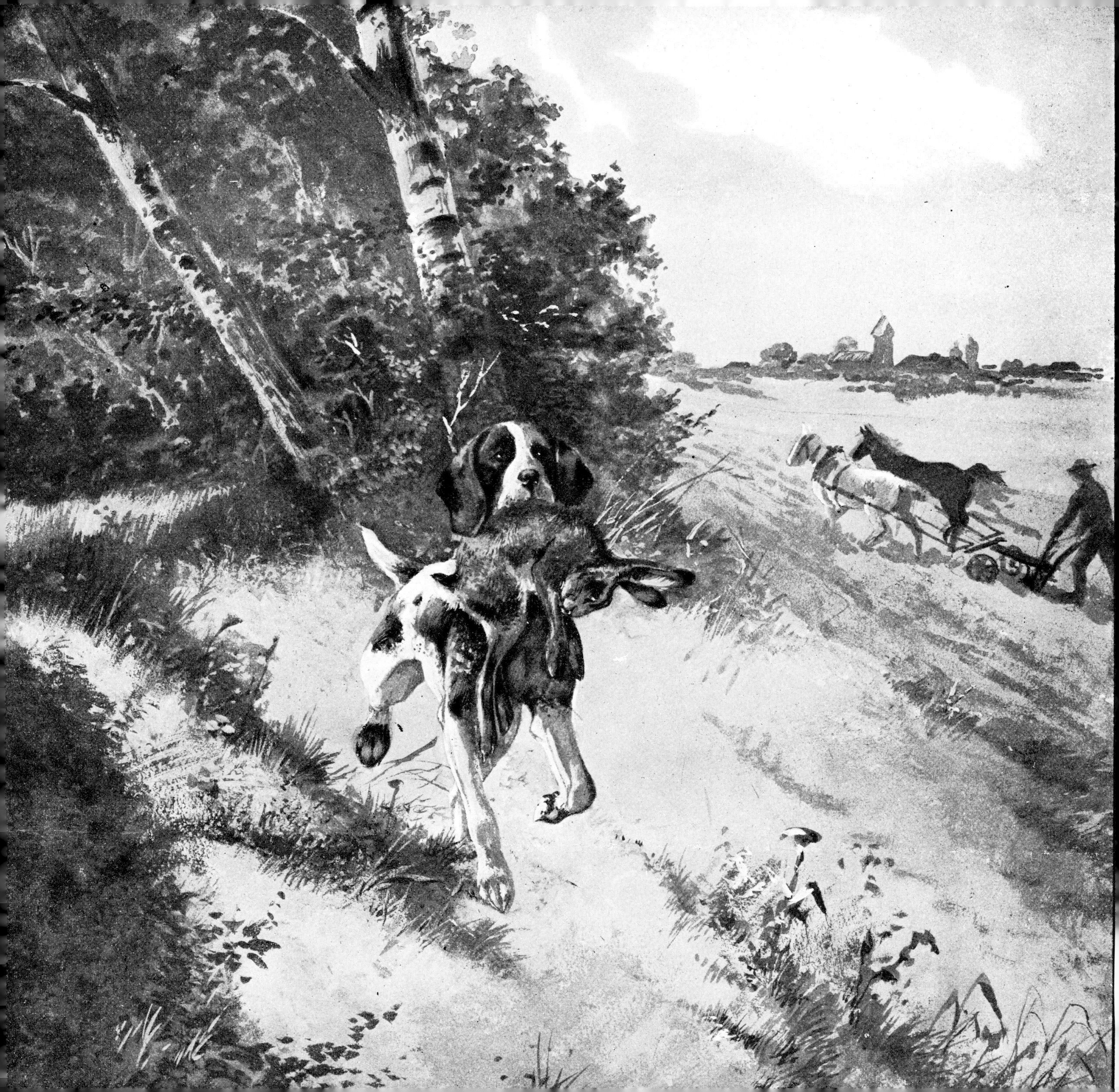

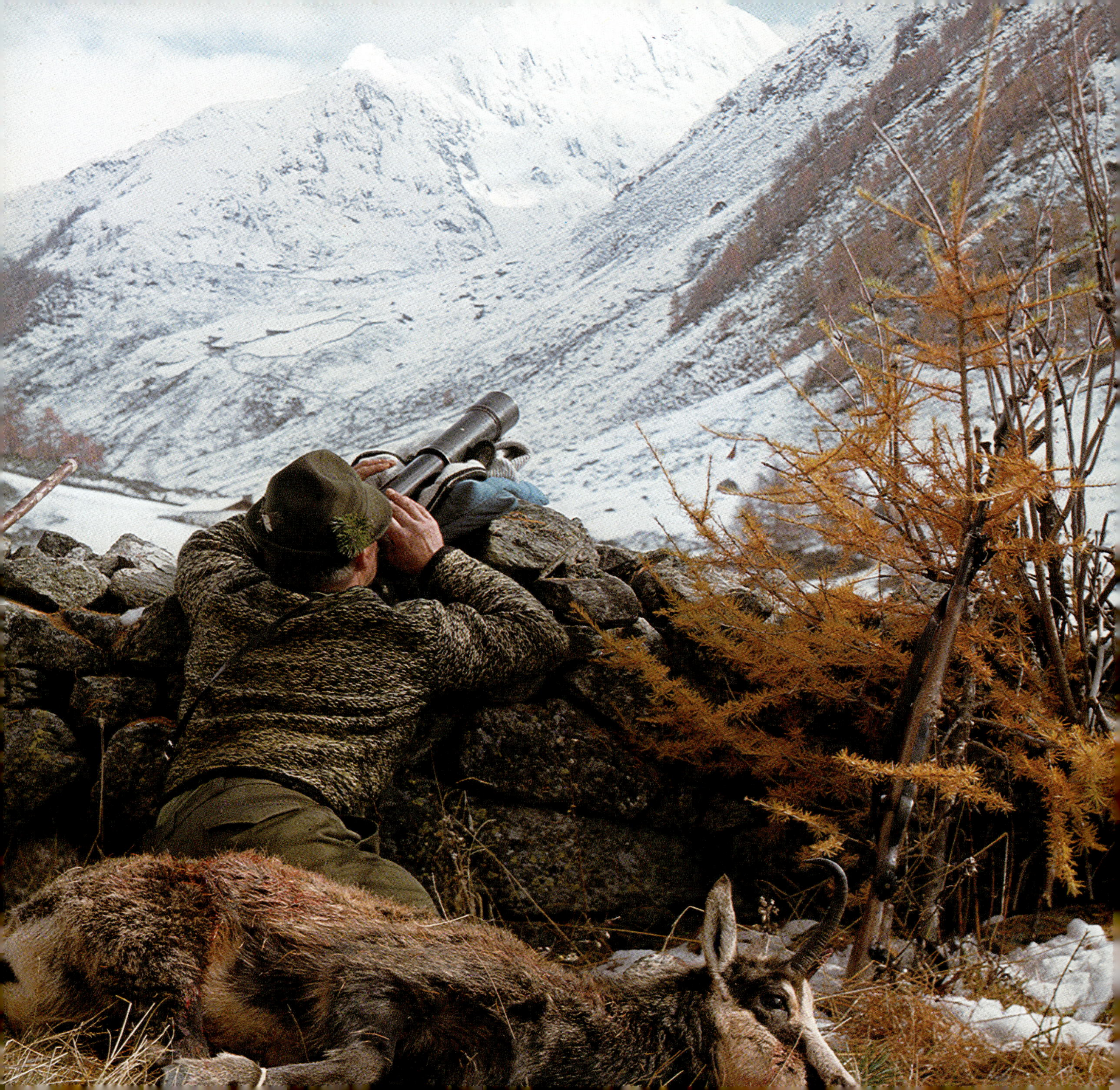

Jahre und so weiter. Eigentlich keine Zeit für einen Förster, denn da geht es entweder ganz kurzfristig oder, wie es die Regel ist, lebenslang.
Beim Max aber erfüllte sich nach zehn Jahren immer wieder sein Schicksal. Sein Wahlspruch klingt mir noch deutlich im Ohr: »Der G'schwinder, der G'sünder!« Man hat das zaundürre Manndl meist unterschätzt, und es mußte sich seiner Haut wehren.
Drei Wilderer in dreißig Jahren. Keine Kleinigkeit. Ich habe dem Max ohne jeden Zweifel abgenommen, daß es immer Auge um Auge war.
Der G'schwinder, der G'sünder. Das Naturgesetz.
Nach jedem Fall, der von den Gerichten klar zu seinen Gunsten entschieden wurde, war es gescheiter für den Max, die Stelle zu wechseln. Dem Arbeitgeber war es lieber und für das Zusammenleben im Dorf schien es auch besser. –

Vor lauter Sinnieren über den Sindl Max habe ich jetzt gar nicht ganz mitbekommen, was sich auf der Schwang gerade abspielte!
In voller Flucht ein Kitz voraus, eine Geiß hinterher. Am Elektrozaun abruptes Verhoffen.

»Wenn der Barometer steigt, steigt der Gams!« sagt der erfahrene Bergjäger, auch wenn schon der erste Schnee liegt. Ein Schönwettereinbruch um diese Jahreszeit läßt das Gamswild wieder höher ziehen, weil es da noch bessere Äsung findet und die schon tief stehende Sonne oben schneller wegtaut. In drei Wochen, zu Brunftbeginn, ist dann der Bergwinter mit seiner ganzen Härte eingebrochen. An der alten Geiß mit den verblassenden Zügeln kann der Jäger seine Freude haben.

Das Glas zeigt mir ein Bockkitz, das jetzt mit weit vorgestrecktem Hals vorsichtig, fast in einer Demutsgebärde, bittend und begierig zugleich, Wittrung vom weiblichen Stück holt, das ihm gegenüber verhofft.
Geiß und Kitz? Nein, es ist ein Schmalreh, das in diesem Augenblick, wie von Entsetzen getrieben, sich herumwirft und in vollen Fluchten über die Wiese hetzt, den Stacheldraht überfällt, gefolgt vom Bockkitz, und im Holz verschwindet. Amselgezeter begleitet die Flucht.
Aber bald ist Ruhe.
Ich kann mir zusammenreimen, was sich hier abspielte. Ein mutterloses Kitz, die Geiß überfahren oder irgendwo totgeschossen, sucht vor dem Winter führenden Anschluß. Vielleicht auch durch Windfangkontakt noch die Mutter.

Das Schmalreh duldet es nicht bei sich, um nicht Schwierigkeiten mit der Geiß zu bekommen. Andere Geißen führen und schlagen das Fremdwittrige auch ab.
Also schießen? Schießen.
Da steht das Kitz, kaum zehn Minuten später, auf hundert Meter am Waldrand und äst hastig, ständig sichernd.
Ich bekomme es nicht zu fassen, der Winkel ist zu ungünstig, ich habe keine Auflage, und es dämmert bereits.
Am nächsten Tag gehe ich wieder hinaus. Das gleiche Spiel wiederholt sich, diesmal mit einem jüngeren Bock.
Windfangkontakt, abspringen, äsen auf Distanz, den Abstand immer mehr verkleinern, bis es dem erwachsenen Stück zu dumm wird.

Da gesellt sich plötzlich ein zweites Bockkitz hinzu! Zielstrebig trollt es auf das erste zu. Eng stehen die beiden beieinander, äsen vertraut. Ich warte auf die Geiß, will Gewißheit. Die beiden Kitze bleiben allein. Also doch Waisen.
Noch zweimal beobachte ich. Dann schieße ich das schwächere, das zuerst bestätigte. Es bleibt im Feuer, das andere springt zögernd ab, verhofft noch unschlüssig und flüchtet dann unter meinem Sitz hindurch ins Holz.
Ich gehe hinaus, versorge es und trage die neun Kilo Wildpret im Rucksack zum Auto.
In den nächsten Tagen hole ich das andere, nehme ich mir vor. Aber schon nagen Zweifel. War es richtig, zwei aneinander gewöhnte, wenn auch offensichtlich verwaiste Kitze zu trennen? Bekomme ich das andere überhaupt noch? Wir füttern richtig. Von dieser Seite her gesehen wäre es kein Problem, ein nicht geführtes Kitz durch den Winter zu bringen.
Aber grau ist jede Theorie, und ich konnte mir keine befriedigende Antwort geben.
Gut, der Abschußplan drängt auf Erfüllung, und wir haben noch fünfzehn Stück zu erlegen.
Mutterlose Kitze werden, wenn sie das Frühjahr erleben, ewige Kümmerer bleiben, sagen die Alten, Erfahrenen, und so schreiben sie es auch in den Büchern. Also habe ich doch richtig gehandelt? Könnten nicht eine gute Fütterung, ein milder Winter und das Auf-sich-selbst-gestellt-sein vielleicht besonders starke, lebenstüchtige Jahrlinge hervorbringen? Wieder einmal Zweifel.

»Zweifel kommt von Zweifall, der so, aber auch anders sein kann; der Glaube hingegen ist die Bequemlichkeit selbst. Er macht frei. Er macht fett!«
(Karl Julius Weber: Demokritos).

Ich habe das andere Kitz nicht bekommen.

# Lustiges

# Grüne Sprüche

Wirt: »Sie behaupten, sie könnten das Alter der Rebhühner an den Zähnen feststellen? Hühner haben keine Zähne!«
Gast: »Aber ich habe welche!«

Ein Autofahrer kommt zerknirscht zum Jäger: »Eben habe ich Ihren schönen Fasanenhahn totgefahren. Soll ich ihn ersetzen?«
»Ich fürchte nur, Sie erwischen die Hennen nicht!«

In einer Wildprethandlung verlangt eine Kundin einen Fasan. »Hier kann ich Ihnen einen ganz ausgezeichneten polnischen anbieten«, sagt der Händler.
»Ich möchte aber einen deutschen Fasan haben«, besteht die Kundin.
»Wollen Sie den Fasan zum Braten oder zur Unterhaltung, gnädige Frau?«

Nach der großen Treibjagd treffen sich an der Reviergrenze fünf Hasen. Wundern sich vier über den fünften: »Ja wie schaust denn du aus? Ein Pflaster am linken Löffel, zwei am rechten, eins unter der Blume, und dann noch alle Läufe verpappt?«

»Ihr seid auch zu viert in eurem Revier, und ich bin der einzige in meinem. D'rum flicken sie mich immer wieder zusammen!«

Der Jagdherr fragt einen Treiber, wie alt er sei. »Was, Sie sind erst dreißig? Ich hätte Sie für älter gehalten!«

»Schließlich habe ich hier schon zwanzig Treibjagden mitgemacht, und Kriegsjahre zählen ja bekanntlich doppelt.«

Jetzt hat der Jäger keine Rast,
zur Hirschzeit macht er sich gefaßt,
er muß sich nun auch bald anschicken,
die Vögelein jetzt zu berücken.
F. v. Flemming

Den Jäger soll das Mißgeschick nicht um den Frohsinn bringen;
auf Regentag folgt Sonnenblick,
auf Fehljagd das Gelingen!

Der Feuerstoß des Jagdtemperaments kann oft unberechenbar dämonisch sein. Aber der im Alltag durch und durch Aufrichtige bleibt auch auf der Jagd ein standhafter Mann. Es jagt nämlich aus ihm heraus.
Eugen Wyler

*Aus dem grünen Dekameron*
Ein guter Schuß,
ein zarter Kuß,
Oktoberglück –
ein Meisterstück!

»Wohltätig ist des Feuers Macht, wenn sie der Mensch bezähmt, bewacht!« – meinte der mitleidige Rammler zum Treiber, der sich die Schrote aus dem Allerwertesten kratzte.

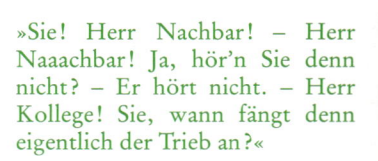

»Sie! Herr Nachbar! – Herr Naaachbar! Ja, hör'n Sie denn nicht? – Er hört nicht. – Herr Kollege! Sie, wann fängt denn eigentlich der Trieb an?«

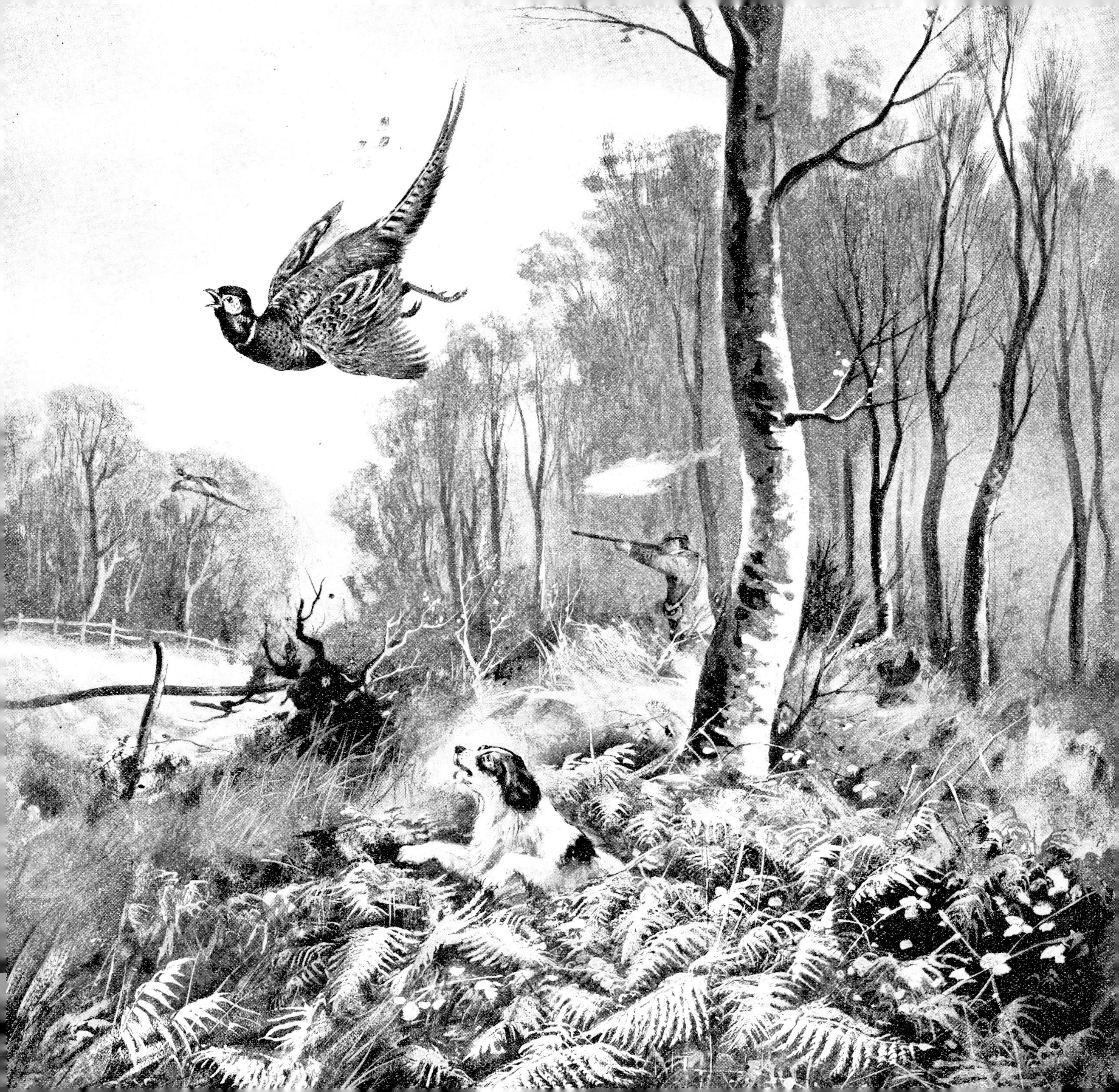

# Früher ein „Proletarier" der Wildbahn – heute fast ein Edelstein: **Das Rebhuhn** (Perdix)

Da fällt mir eine Scherzfrage ein, die mit bitterer Symbolik die Situation unserer kleinsten Rauhfußhühnerart ungewollt charakterisiert:
»Was fliegt durch die Luft und macht Rrrrrp – rrrrp?« –
»Ein Rebhuhn, das rückwärts fliegt«, lautet die Antwort.
Ein Rebhuhn, das rückwärts fliegt. Es geht bergab mit den Feldhühnern, so scheint es. Lange Zeit hat man herumgerätselt, warum das Rebhuhn, früher eine Wildart zum »Sattschießen« und Sattessen, seit Anfang der sechziger Jahre immer spärlicher wurde und heute nur noch einen Bruchteil der Strecke früherer Jahre bringt, wenn die Jäger nicht schon überhaupt darauf verzichtet haben, es zu bejagen.
Der Spur nach wußte man, was man heute auch vom Hasen weiß: Die Feldhühner sind Qualitäts- und Wertmesser des Lebensraumes Feld!

Als »Kulturfolger« ist das Rebhuhn aber andererseits ein Zivilisationsflüchter. Es wird sich der Kultursteppe bis zu einem gewissen Grad anpassen können. Wenn man ihm aber alle »Unkräuter« – gemeint sind Wildkräuter – ebenso wegspritzt wie die Schadinsekten in den Kulturpflanzen, dann entzieht man ihm rigoros die Nahrungsgrundlage. 51% seiner Äsung bestehen aus den Samen der Wildkräuter, 49% aus Insekten und Kerfen.
Und dann das Problem der Deckung!
Je extensiver die Böden genutzt werden, um so magerer werden die Lebensräume der einzelnen Völker, deren Zentrum wenigstens ein bescheidener Deckungsstreifen von ein paar Quadratmetern sein muß.
Feldraine, bewachsene Wegränder, Busch- oder Krautinseln erschweren angeblich den Maschineneinsatz und werden deshalb gerodet. Auch könnten die Samen der Unkräuter die Kulturen verderben. Also – weg damit, eingeebnet, weggespritzt, kahlgemäht.
Ich kenne Bauern, denen ist eine solche Kultursteppe ein Graus, ein Ärgernis ihrem noch natürlichen Empfinden. Sie schämen sich ihrer Berufskollegen, die um jeden Quadratmeter Acker feilschen und denen blaue Kornblumen, roter Klatschmohn, wilder Ackersenf, Kamille, Ackerwinde, Feldrittersporn oder Flohknöterich nicht Anzeiger einer heilen Welt sind, sondern ärgerliches Unkraut.
Eine Viertelmillion deutscher Jäger schießt jährlich ebensoviel Rebhühner. Ein Rebhuhn pro Jäger. Aber: ein Habicht schlägt pro Jahr 25–50 Feldhühner. Hinzu kommt die Beute des Bussards, der es mittlerweile zur Überpopulation gebracht hat und der sich an noch vorhandene Rebhuhnkücken halten muß, weil man ihm die Mäuse weggespritzt hat.
Dem Rebhuhn fehlen Äsung und Deckung, dem Bussard die Mäuse.
So wird alles von Jahr zu Jahr ein wenig schlechter. Wir Jäger, die wir nicht jedes Wochenende zu einem anderen, möglichst immer wieder neuen »Naherholungsziel« fahren, sondern unsere Zeit im Revier verbringen und es immer besser, wissender kennenlernen, erschrecken von Jahr zu Jahr mehr über den Teufelskreis, der sich vor unseren Augen vollzieht. Natürlich suchen wir nach Auswegen und Lösungen, haben Erfolge. Trotzdem schließt sich der Kreis meist wieder schneller, als wir ihn von neuem sprengen können.
Noch im vorletzten Kriegsjahr ging ich als Bub dem Onkel als Flintenspanner zur Hand. Tausend Rebhühner an einem Jagdtag waren keine Seltenheit. Aber damals mußte man auch noch ganze Schulklassen zum Kartoffelkäfersammeln abkommandieren.
Freuen wir uns, daß wir es heute nicht mehr tun müssen.
Friedrich von Gagern stellte fest, daß das Rebhuhn der Proletarier unter allem Wild der Welt sei. Er wollte damit sagen: häufig, anspruchslos, nützlich.
Unser Sozialgefüge hat sich grundlegend und zum Vorteil fast aller gewandelt. Ist es da nicht fast symptomatisch, was sich auch mit den Rebhühnern vollzieht?

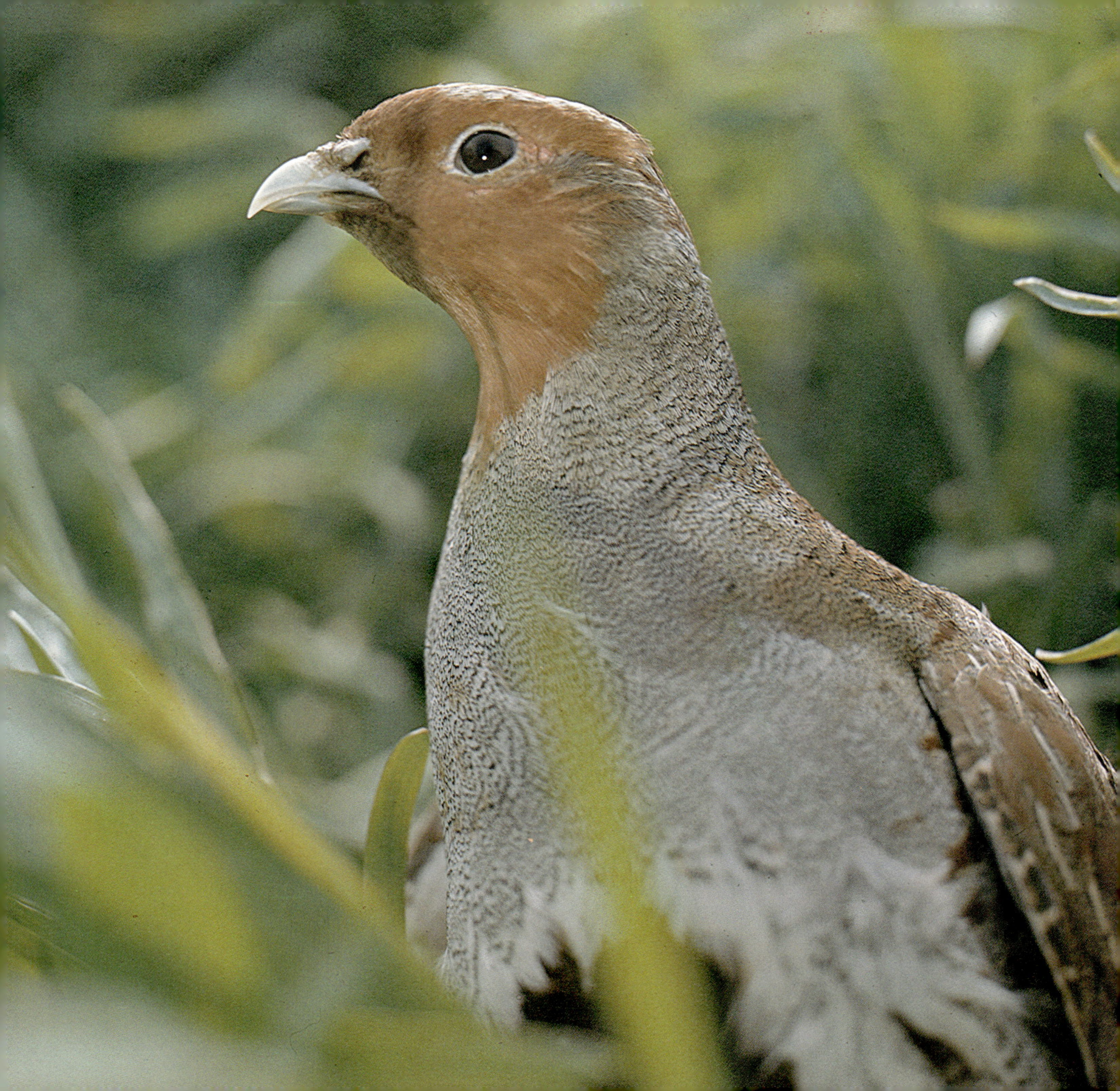

# Blüte und Ernte

*Es blühen (g = giftig):*

Ackerehrenpreis
Ackerhellerkraut
Ackerstiefmütterchen
Ackerwinde
Adlerfarn

Braunelle

Erdrauch

Fingerkraut
Froschlöffel

Gauchheil

Habichtskraut

Herbstzeitlose (g)
Hohlzahn
Hopfenluzerne
Hornkraut

Johanniskreuzkraut (g)

Kornblume

Labkraut
Leinkraut

Margerite

Nelkenwurz

Pfefferknöterich

Rainfarn (g)
Reiherschnabel
Resede
Ruprechtskraut

Schafgarbe
Schöllkraut (g)
Schuttbingelkraut (g)
Sonnenwendwolfsmilch (g)

Taubnessel
Tausendgüldenkraut
Thymian

Wasserminze
Wegerich
Wiesenbärenklau

*Ernte:*
Esche, Hainbuche, Haselnuß, Linde, Robinie, Roteiche (jedes 2. Jahr), Schwarzerle, Sommereiche, Weißdorn.

*Pilzernte:*
Anis-Champignon, Grauer Wulstling, Perlpilz, Röhrlinge, Speisetäubling, Steinpilz.

Geschickt pirscht sich Herr Semmelblond trotz seiner Kurzsichtigkeit an den Hirsch heran und schießt ihn auf zwanzig Schritt...

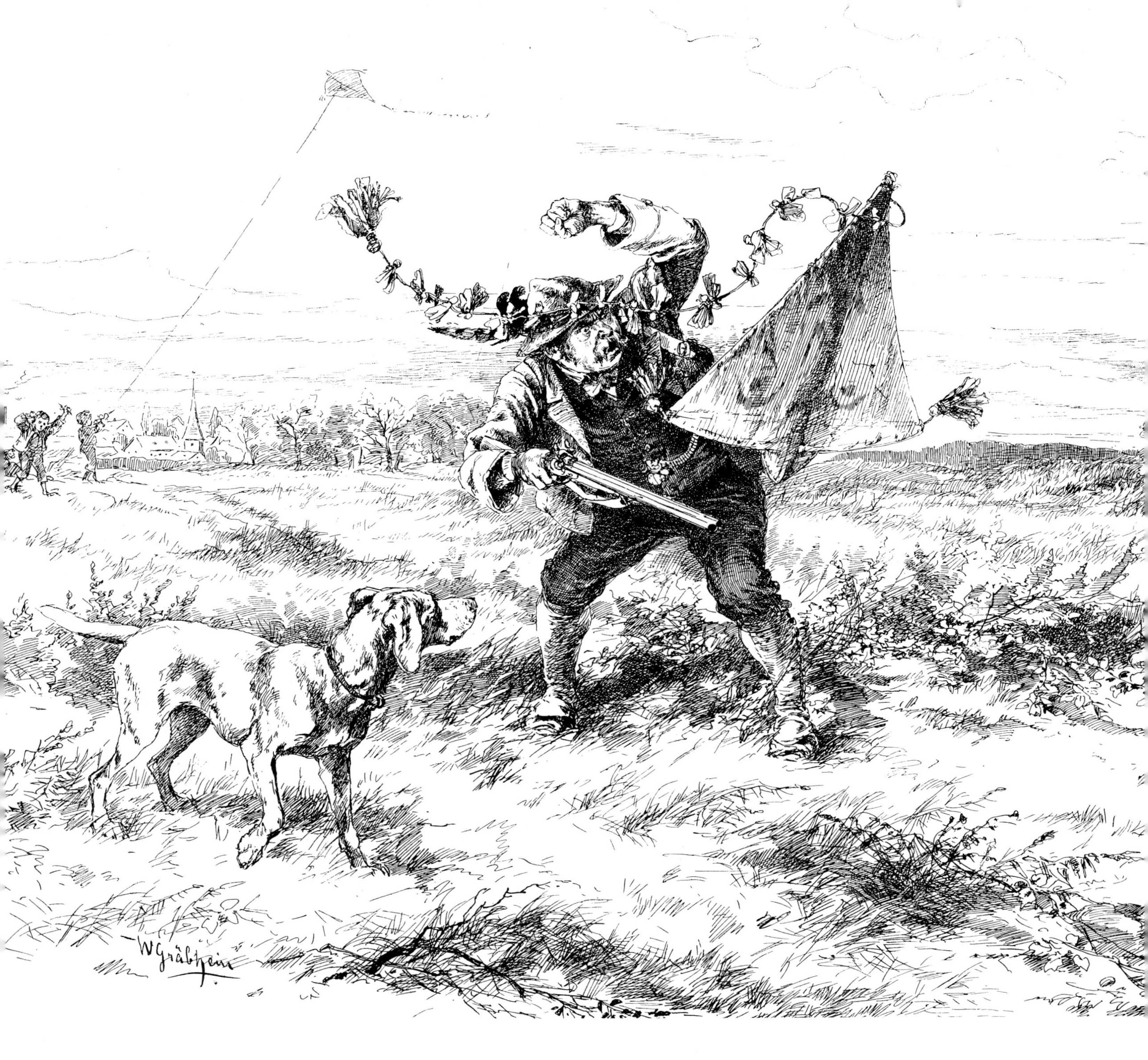

W. Gräbhein

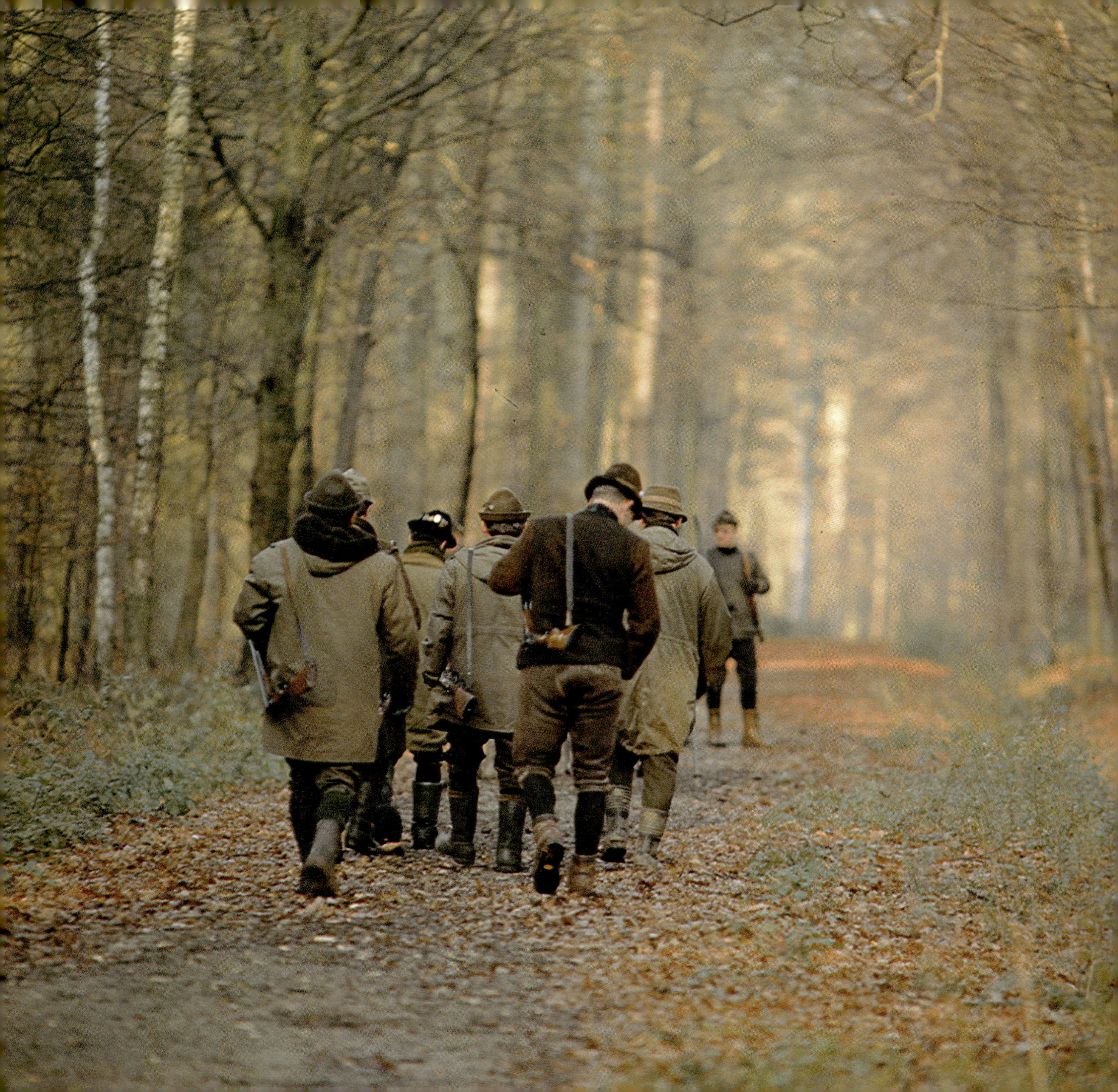

# November

## Dachsmonat · Nebelung

»Sie zogen aus, bis an die Zähne bewaffnet, an die dreitausend, an die dreihundert, an die dreißig, schrecklich anzusehen in ihrem Kriegsschmuck«, beginnt Hermann Löns seine Geschichte vom »Mümmelmann«.

Auch heute ziehen sie noch aus und sprechen »eine fremde Sprache, die kein Mensch verstand, redeten von Rammlern und Satzhasen, Schweiß und Wolle, Löffeln und Blumen . . .« Aber sie ziehen auch mit Erwartungen aus, denn sie wollen ernten, weil sie gesät und gehegt haben. Das ist das Natürlichste auf der Welt. Und Millionen von Menschen freuen sich auf frisches Wildpret aus den heimischen Feldern und Wäldern. Auch das ist ganz natürlich, obwohl zwei Drittel schon importiert werden.

Aber da gibt es auch noch die anderen, die am liebsten alles abschaffen möchten, was nur im entferntesten den Anschein von Tradition und Empfinden hat – die ewigen Neuerer und Avantgardisten, die Vorwärtsstürmenden, die Intellektuellen, die aus der Jagd eine überkanditelte Wissenschaft machen wollen.

Jeder Zufall soll berechenbar sein, erklärbar. Der Mensch steht souverän darüber, aufgeklärt, wissend, beherrschend.

Nichts gegen die seriöse, dringend notwendige Forschung. Auch nichts gegen Hypothesen, wenn sie als solche erkennbar gemacht sind. Aber alles spricht gegen das letztlich lächerliche, jedoch zunächst verhängnisvolle Gebaren, Hypothesen als Tatsachen auszugeben nach dem Motto: Beweise mir das Gegenteil!

Doch das hat es schon immer gegeben. Früher weniger, heute mehr. Eiferer, Fanatiker, besessen von einer Idee, die sie durchsetzen wollen, koste es, was es wolle!

Es kostet immer viel – aber zunächst die anderen, die sich dagegen wehren müssen. Die beweisen müssen, daß es sich um Unausgegorenes handelt. Meist haben sie sogar Talent, die »Neuerer«, hätten das Zeug, segensreich zu wirken. Aber nein, irgendein höheres Weltengesetz hat sie dazu ausersehen, den Fortschritt auf ihr Panier zu schreiben, in Wirklichkeit aber als Bremse zu wirken.

Wieviel Unfrieden tragen sie in das sowieso schon angespannte, kaum noch belastbare Naturgeschehen? Privilegiert meist mit Kompetenzen und Möglichkeiten.

Sie operieren mit Anspruchlichkeiten bis hin zum eitlen Snobismus. Sie zerstören aus Eigennutz. Der hier knallt tausend Rehe ab, um den »Beweis« für eine Hypothese anzutreten, den vor ihm schon Berufenere ad acta legen mußten. Der andere wieder eliminiert einen uralten Rotwildlebensraum, um statt 26 vielleicht 27 Festmeter Holz einschlagen zu können. Weiß er nicht, daß das den Steuerzahler, von dem er schließlich lebt, ungerührt läßt? Der will nämlich Wild sehen!

Es sind im Grunde ihrer Seele Unzufriedene, die das ihnen Anvertraute veruntreuen und erst zu spät merken, was sie da mutwillig zerstört haben.

In ihrer Eitelkeit.

Hubertus hilf!

Schon oft hat er helfen müssen, solches Fehlverhalten zu korrigieren. Nicht nur das der Intellektuellen oder Möchtegerne, sondern auch das der unbelehrbaren »Praktiker« aus der Reservationskaste der »Das-haben-wir-schon-immer-so-gemacht« – Argumentierer. Hubertus, hilf uns auch gegen diese.

In diesem Monat des Hubertustages, der Hubertusjagden, Hubertusmessen, Hubertusfeiern, Hubertusreden, Hubertusbälle, Hubertustombolas und Hubertuskostümierungen sollten wir uns aber in erster Linie durch Selbsterkenntnis helfen!

# Das Wetter    Die Jagd

Wenn der November regnet und frostet, dies schwachem Wild das Leben kostet.

Friert im November zeitig das Wasser, dann wird der Januar um so nasser.

Novemberdonner schafft guten Sommer.

Scharren die Mäuse tief sich ein, wird's ein harter Winter sein.

Wenn's an Allerheiligen (1. 11.) schneit, lege deinen Pelz bereit.

Ist der Martin (11. 11.) hell, kommt der Winter schnell.

Tummeln sich an Gertraud (16. 11.) noch Haselmäuse, ist es weit mit des Winters Eise.

Sankt Elisabeth (19. 11.) sagt an, was der Winter für ein Mann.

Ist an Katharina (25. 11.) das Wetter matt, kommt im Frühjahr spät das grüne Blatt.

Andreasschnee (30. 11.) tut den Dreiläufern weh.

Alles Schalenwild hat Jagdzeit, und auch ansonsten ist die jagdliche Palette jetzt überaus bunt: neben Schalenwild, Hasen, Kaninchen und Federwild. Auch der Balg des Raubwilds wird reif.
Kesseltreiben, Standtreiben, Streife, Drück- und Riegeljagd. Auch einmal ein Kugelhase für die eigene Küche.
Anblasen zur Jagd! Leichte Schneedecke oder Rauhreif, fast windstill und nicht zu kalt – dieses Wetter schätzt der Jäger. Es verspricht einen angenehmen Jagdtag. Das Wild liegt locker, der Anlauf wird befriedigend sein. Gut organisierte Gesellschaftsjagden sind für alle Beteiligten – Jagdleitung, Gastschützen und Treiber – ein Genuß. Im harmonischen Zusammenspiel, das ohne Hast, aber mit spürbarer Dynamik abläuft, entfaltet sich die hohe Kunst der Jagd.
Der Abschuß von weiblichem Rehwild und Kahlwild sollte forciert werden. Revierteile mit auffällig schwachem Wild stärker bejagen und hier schwerpunktmäßig den Abschuß erfüllen – starkes, an anderer Stelle zu dicht stehendes Wild bekommt dann Platz. Aber: die Ursachen erforschen. Gründe wären: schlechte Äsungsverhältnisse, falsch stehende Fütterungen, fehlende Salzlecken, Grenznähe und evtl. Hegefehler beim Nachbarn.
Im traditionellen »Dachsmonat« November ist die Jagd auf Meister Grimbart in den meisten Bundesländern schon vorbei oder hat gar nicht stattgefunden. Auch die Brunftzeit des Damwildes geht an den meisten Jägern »spurlos« vorüber.
Am Tag nach einer Neuen kann man im Revier die neuesten Neuigkeiten erfahren: Tatsachen – schwarz auf weiß. Die Jagd auf Stein- und Baummarder – mit Fallen und Flinten – liefert reife Bälge. Scheunen und Stadel am Ortsrand und im Feld sind bevorzugte Winterbehausungen des Steinmarders, aus denen er nun mit Pauken und Trompeten ausgetrieben wird. »Marderklos« verraten seine Anwesenheit.
Zu keiner anderen Zeit lebt das jagdliche Brauchtum so vielseitig auf wie gerade in diesem Monat. Es ist ein nicht mehr sehr häufig geübter Brauch, dem Jungjäger die Blume des ersten, von ihm erlegten Hasen zu überreichen. Für den glücklichen Schützen hat sie den gleichen Wert wie der Hirsch- oder Gamsbart. Ein besonders gediegener Hutschmuck ist der Hasenbart. Von den rund

Der Jagdkönig.

# Die Hege

zwanzig Barthaaren eines ausgewachsenen Hasen haben höchstens vier bis sechs die brauchbare Länge. Und rund tausend Haare geben erst einen einigermaßen vollen Bart!

Man braucht wohl ein halbes Jägerleben dazu – wenn man nicht gerade Wildhändler ist –, bis man eine solch kostbare Trophäe zusammenbringt.

Für viele Jäger ist das Signal »Zum Essen! Taa-ta-ta-ta, Taa-ta-ta-ta! Taa-ta! Taa-ta!« das schönste des Tages. Wer dieses Signal nicht kennt, ist selbst schuld. A propos Signale! Der Jäger und sein Horn gehören zusammen wie Pulver und Blei, auch wenn es heutzutage manchmal den Anschein hat, als wäre es erst unserer Generation gelungen, dieses alte Kulturgut der Jägerei zur Vollendung zu bringen. Für den Konzertsaal mag das vielleicht zutreffen. Aus dem ursprünglichen Hiefhorn (german. hief = Ton), also nicht »Hüfthorn«, entwickelte Fürst Pleß für seine Jägerei das heute meistverwendete Signalhorn, von dem schon Döbel sagte, daß es »die Hunde besser wecke« als das sanftere Waldhorn.

Nun ist es mit der Vegetation in Feld und Flur endgültig vorbei. Der Frost hat das letzte Blatt dahingerafft. Die Fütterungen für Rot- und Rehwild werden voll angenommen und müssen auch regelmäßig versorgt werden. Denn auch keinem von uns würde es passen, einen hoffnungsvollen Gang vergeblich zu tun, bloß weil ein anderer nachlässig war. Im Revier wird es ringsum ruhiger, wenn nicht der Wintersport dem Jäger einen Strich durch die Rechnung macht. –

Die Novemberstürme bringen ebenfalls Veränderung. Pirschpfade kehren lohnt nicht mehr. Aber es lohnt sich, den Hasen den Obstbaumschnitt hinauszufahren und selbst Weichholztriebe im Vorbeigehen abzuschneiden. Knospenäsung ist hochkonzentrierte Nahrung. Bei hoher Schneelage sollte der Schneepflug Arbeit bekommen.

Treibjagden sind Ernte und Hege zugleich. Natürlich werden – eben aus Hegegründen – nicht in jedem Revier alle Jagdarten möglich sein, obwohl es reizvoll wäre, sie auszuüben.

Kein Revierinhaber sollte sich von dem falschen Ehrgeiz leiten lassen, seinen Gästen die »schönste und beutereichste« Jagd bieten zu wollen, wenn das Revier sie nicht hergibt. Jeder einsichtige Jäger weiß, wie es mancherorts um das Wild steht. Eine kleine Jagd, bei der jeder Jäger zu Schuß kommt und vorher ehrlich gesagt wird, was zu erwarten ist, wirkt als Hege mit der Flinte segensreich für das Revier. Großangelegte Kesseltreiben mit keinem halben Dutzend Hasen pro Kessel enttäuschen die Gäste und blamieren den Jagdherrn. Wenn die Treibjagd um drei Nummern zu groß geraten ist, kann sie viele, wenn nicht sogar alle Hegearbeiten eines Jahres zunichte machen.

Manchmal ein Problem sind die mitgebrachten vierbeinigen Jagdhelfer. Eine Treibjagd darf kein Auslauf für ungeübte Hunde sein. Das ist nicht nur rücksichtslos gegenüber den anderen Jägern, es ist auch gefährlich, wenn unruhige, an der Halsung zerrende Hunde ihre Führer vom konzentrierten Umgang mit der Waffe ablenken.

Die ordentlich angelegten und richtig beschickten Fütterungen sind, da sie bei Gesellschafts-

»... wie, diese Jagdtasche soll ich kaufen? Da geht ja kaum ein Hirsch hinein!«

jagden von vielen Augen gesehen werden, eine Empfehlung für den Jagdherrn.

Vielerlei gibt es auch sonst noch zu tun. Die Rebhuhnschütten werden weiter aufgehäuft, damit Kaffhöhe und Feuchtigkeit die beabsichtigte Eigenwärme entwickeln. Schütten mit Dornenreisig als Schutzwall umstellen. Entenfuttertische jetzt reichlich beschicken, damit die Enten nicht verstreichen. Entenbrutkörbe bzw. -kästen fürs Frühjahr herrichten. Vogelnistkästen im Wald säubern, ausbessern und noch ein paar mehr aufhängen, auch spezielle, etwas größere Kästen für Eulen und Käuze. Die Anschaffung ist preiswerter auf Hegeringbasis! Außer den Schalenwildfütterungen auch Kirrungen regelmäßig versorgen.

Im Schalenwildrevier Kraftfutterautomaten wöchentlich auf Futterverbrauch kontrollieren, um einen Überblick über die Annahme des Futters zu erhalten. Vergleiche zwischen den einzelnen Fütterungen geben Aufschluß, wie das natürliche Äsungsangebot in diesen Revierteilen beschaffen ist. Rückschlüsse auf Wildpretgewicht und Geweih sind leicht möglich.

»Ich nehm' den Hut lieber in die Hand, nicht daß einer meint, es wär ein Fasangockel!«

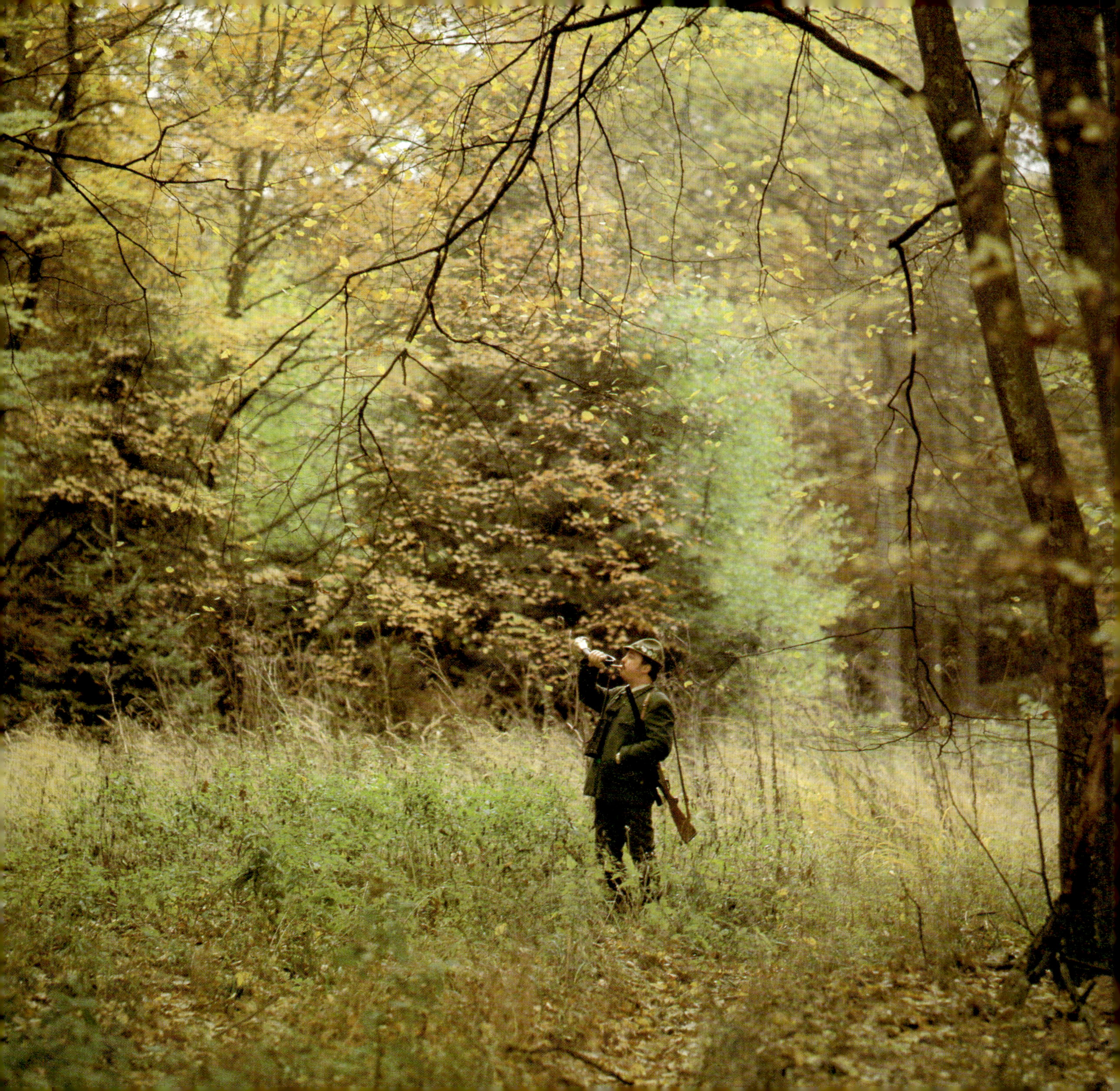

# Was tut sich im Revier?

Damwild     Brunft bis Monatsmitte; Setzen nach 31–33 Wochen
Gamswild    Brunft; Setzen nach 25–27 Wochen
Schwarzwild Rauschzeit beginnt

*Der Sozialhase.* Alle Jahre wieder schießen sie auf ihn. Und alle Jahre wieder fehlen sie ihn: der Herr Pfarrer hat ihn gefehlt, gleich darauf der Herr Bürgermeister, dann der Lehrer, der Kirchenpfleger, der Schützenkönig und der Flurschütz sowie der gesamte Gemeinderat und der Herr Doktor, der Herr Apotheker, der Schuhmacher. Alle, alle.
Und da sagt man immer, die Jäger wären daran schuld, daß es mit den Hasen bergab geht.

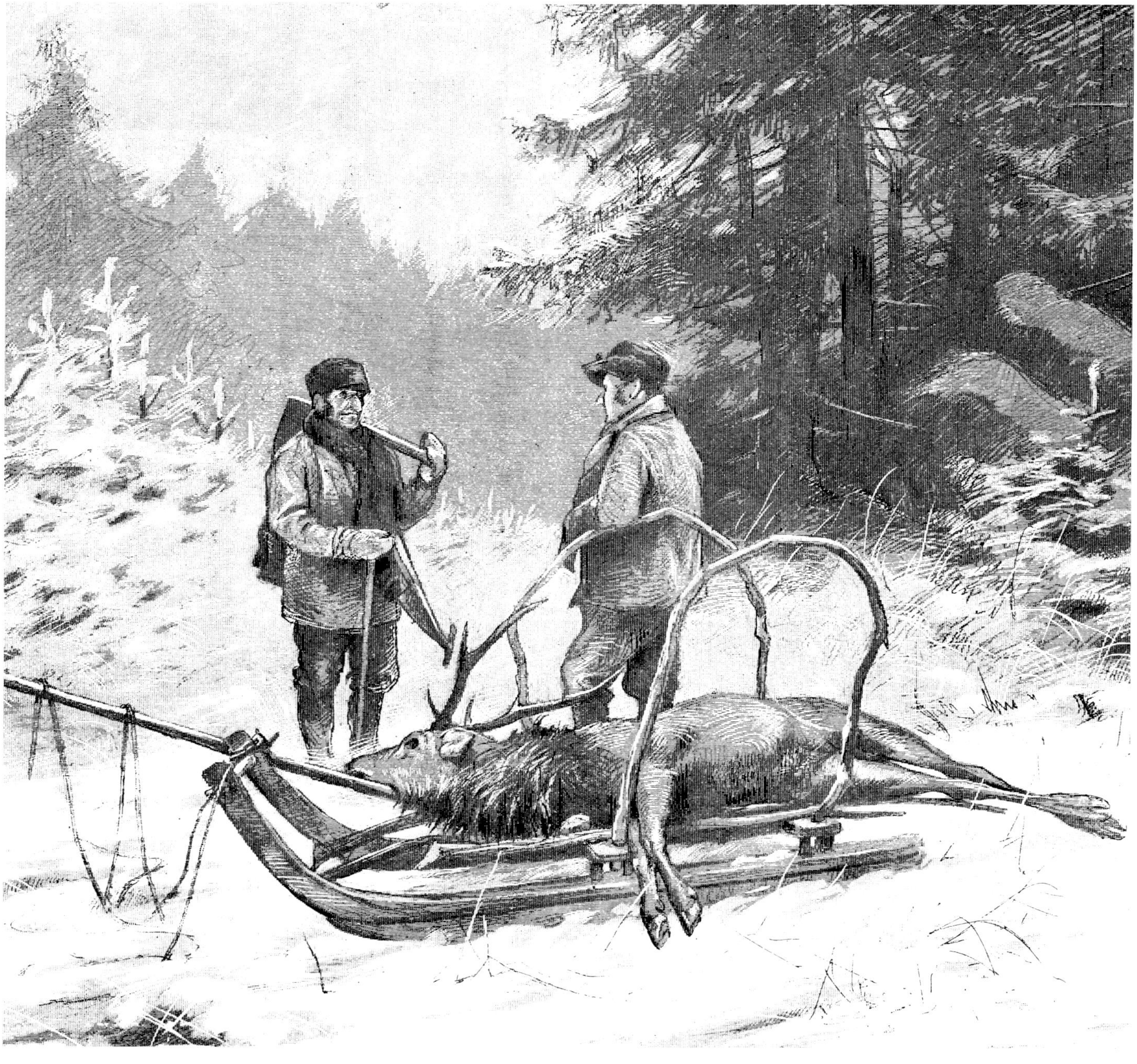

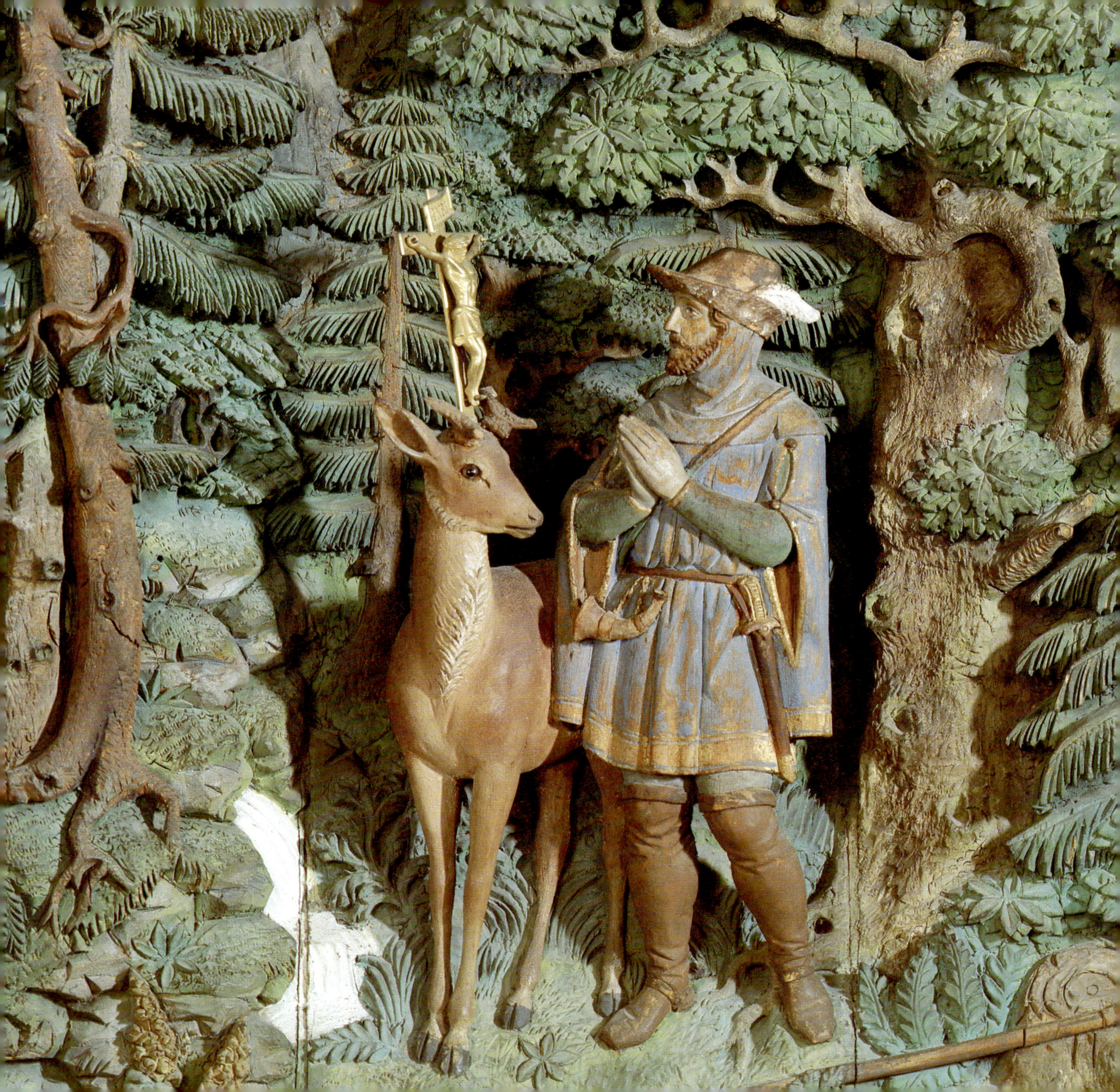

# Gebet eines Jägers gesetzteren Alters

Lieber Hubertus, du gestattest mir sicher, mit dieser freundschaftlichen, doch keinesfalls respektlosen Anrede zu beginnen.
Du siehst mich im Wald sitzen, und damit ist nach meiner unmaßgeblichen Ansicht legitimiert, meine grünen Gedanken durch die grünen Kronen der Fichten als Gebet zu dir zu schicken mit dem bescheidenen Ansinnen, dein Möglichstes beim lieben Gott als verständnisvoller Fürsprecher für mich zu tun.
Würde ich diese Andacht in einer Kirche halten, wäre wohl der direkte Weg zur höchsten Instanz angebracht. So aber scheint mir deine Person als Mittler nicht nur angenehm, sondern unbedingt notwendig zu sein, weil ich mit dir – ohne große Worte – von Jäger zu Jäger reden kann. Auch wirst du über Banalitäten in meinem Gebet bestimmt nicht lachen, die, in der Erhabenheit eines Domes vorgebracht, dessen Steine zum Knistern bringen würden.
So aber bete ich draußen, und da fällt es mir auch wesentlich leichter.
Ich will also vertrauensvoll beginnen.

Du weißt besser als ich, daß ich von Tag zu Tag älter werde. Älter und dümmer, wie das auch der Leibjäger vom Prinzregent Luitpold einmal festgestellt hat.
Natürlich kennst du meinen *letzten* Tag und die Umstände, die mit ihm verbunden sein werden.
Nein, nein, ich will nichts wissen davon!
Aber schau, es ist schon mein sehnlichster Wunsch, daß es mich überrascht wie der Schocktod das Wild. Mitten herausgeholt

aus dem Leben, ahnungslos, durch ein gnadenvolles – und schmerzloses – Dunkel hinübergeleitet werden zum erlösenden Licht.
Sollte es mir aber anders bestimmt sein, so laß mich nicht allzulang leiden und über die Erfüllung meines Lebens als Waidwunder nachgrübeln.
Du weißt, ich mühe mich redlich, weder Menschen noch Tieren irgendwelche Leiden zuzufügen. Du weißt, wie ich das meine.

Vielleicht unterläuft mir einmal ein grober, ich sage ausdrücklich *grober* Schnitzer. Er wird mir leid tun, und ich werde ihn, wie auch schon früher, gutzumachen versuchen.
Tadle mich nicht, wenn ich den Ernst dieses Versprechens – du hast dies natürlich längst im dunkelsten Winkel meiner Seele entdeckt – bei manchen Menschen vielleicht nicht ganz so genau nehme. Bei der Kreatur jedoch ist er mir heilig!

Bewahre mich – damit wir weiterkommen im Gebet – vor der so schmerzhaften Einbildung, zu jedem Thema und zu allen Gelegenheiten etwas sagen zu müssen. Gib mir die Kraft, milde lächelnd zuhören zu können . . .
entschuldige, ich nehme nur mal das Glas – aha, Geiß mit zwei Kitzen – erlöse mich von der unseligen Leidenschaft, ordnend in die Angelegenheiten anderer eingreifen zu wollen.
Erlöse mich auch von dem Wahn, meine angesammelte altersbedingte Weisheit weitergeben zu müssen, denn ich möchte mir wenigstens einen kleinen Kreis wirklicher Freunde erhalten. Lehre mich auch einzusehen, lieber Hubertus, daß ein Jäger nicht hundert Gewehre und die modernsten Kaliber braucht und ob

solcher Ausgaben das Wohl der Familie vernachlässigt. Mache mir begreiflich, daß eine Waffe (allenfalls zwei, vielleicht noch eine dritte) zum *Jagern* genügt.
Ich wage fast nicht, mir die Gabe zu erflehen, bis zur letzten Stunde auf dieser Welt wirkliche Jagdpassion haben zu dürfen! Verschone mich, damit geschlagen zu sein, das Waidwerk als Gewohnheit, als eitlen Selbstzweck, des schnöden Mammons wegen, als grüne Maskerade oder gar nur noch als Renommierpflichtübung auf dem Großstadtparkett erfüllen zu müssen. Laß mich die grüne *Praxis* passioniert bis zum Schluß auskosten!
Lehre mich, Bruder Hubertus, auch weiterhin nachdenklich zu sein, aber nicht grüblerisch, hilfreich aber nicht aufdringlich, bestimmt aber nicht diktatorisch.

Führe mich zu der wunderbaren Einsicht, daß *ich* mich irren kann. Und gib mir die Weisheit, mit Bescheidenheit zur Kenntnis zu nehmen, daß meine Meinung nicht immer mit der eines anderen übereinstimmt.

Noch einen letzten Wunsch habe ich – obwohl ich allmählich fast meine, daß diese Zwiesprache mehr das Aushändigen einer Wunschliste für Weihnachten ist als ein Gebet. Also, einen letzten Wunsch habe ich noch:
Erhalte mich so lang wie möglich liebenswert, und so liebenswert wie möglich.
Mit diesem Wissen bin ich ein glücklicher und zufriedener Mensch und Jäger bis ans Ende meiner Tage.
Amen.

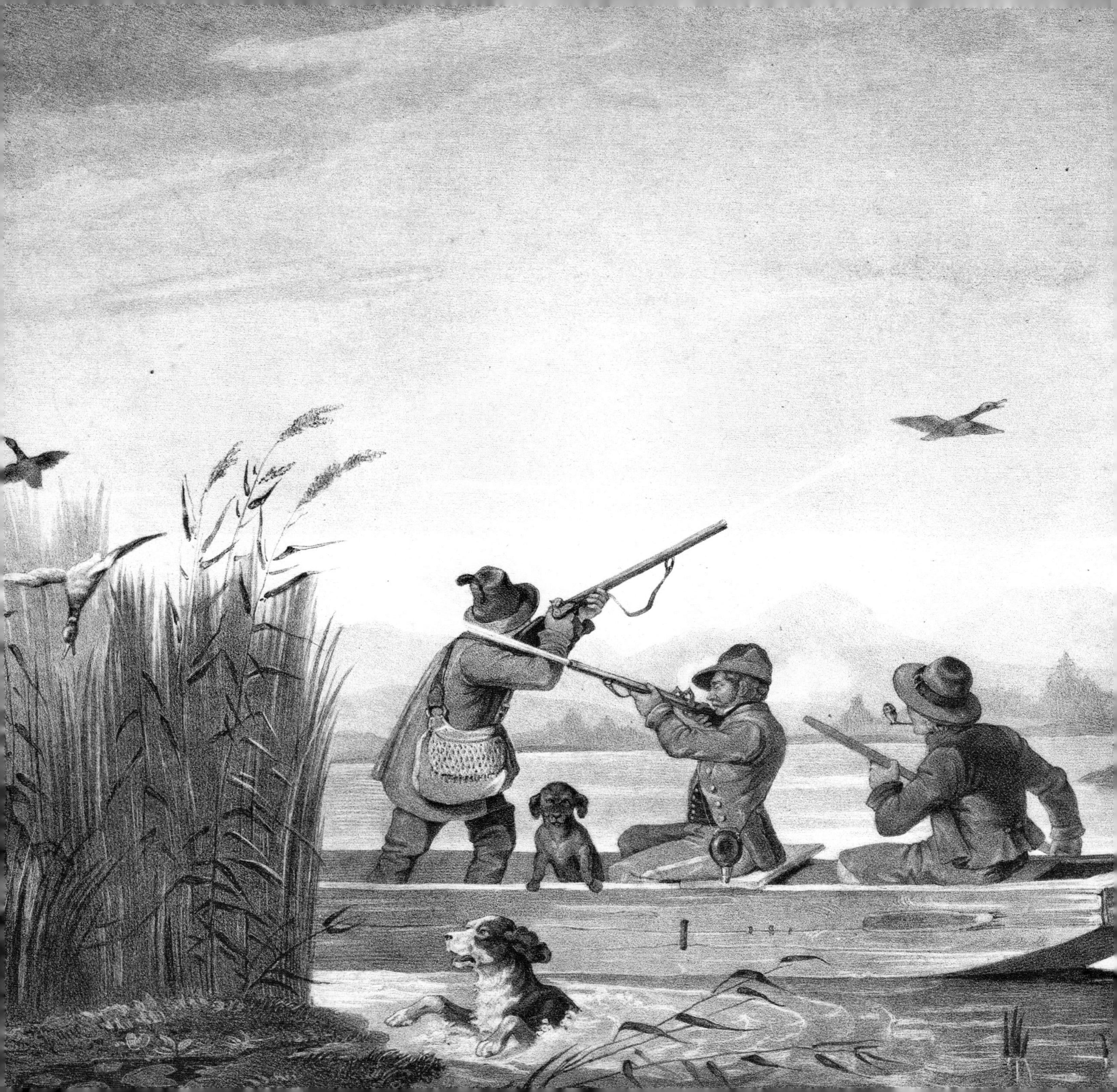

# Der „Unsterbliche" bald nicht mehr auf der Abschußliste? Vom Hasen (Lepus)

»Wer den Hasen nicht ehrt, ist des Bockes nicht wert!« – pflegte der Großvater in Abwandlung des pekuniären Sprichwortes zu sagen. Auch im symbolischen Gehalt dieser Spruchweisheit lag, für die damalige Zeit, die Wahrheit greifbar. Der Rehbock, das war der Taler, das Markstück. Aber der Hase – nun, den gab es zu Millionen wie die Pfennige. Seine sagenhafte Fruchtbarkeit wurde höchstens noch vom Kaninchen übertroffen.

Papst Zacharias verbot ums Jahr 752 den Christenmenschen den Genuß von Hasenwildpret, weil die darin doch offensichtlich enthaltene Geilheit sich auf die Gläubigen übertragen könnte.

Von den Naturforschern früherer Zeiten wurde der Hase *Lepus timidus* genannt, denn man hielt ihn für furchtsam und feige. Daß dies nicht stimmt, weiß der Jäger sehr genau. Kobell schreibt deshalb 1858 auch richtig: »In der That ... er kann sich wenigstens so kümmerlich anstellen, als erschrecke er vor seinen eigenen Bewegungen und als schwebe fortwährend ein Damoklesschwert über ihm, und er thut gern, als könne er nicht sicher zählen und doch ist er keineswegs so dumm, wie er aussieht, und nicht so wehrlos, wie man meinen möchte, denn er hätte Courage genug zu bleiben und anzupacken, er würde sich bald in Respekt setzen ...«

Kaiser Maximilian I. schrieb in sein Notizbuch, daß bei Lienz zwei Hasen nicht nur einen Hund gejagt, sondern sogar »gepissen haben, hat Herr Wolfgang Jörger bezeugt und antzaigt«.

Wer weiß, wie die Hasen untereinander und miteinander umgehen und wie scherz- und mehr noch schmerzhaft die Liebeswerbung abläuft, der hält den Hasen keinesfalls für einen Feigling, der aus lauter Angst sogar noch mit offenen Augen schläft. Auch hier irrte Plinius.

Hermann Löns erzählt in seiner Geschichte »Mümmelmann« Leben und Abenteuer des gleichnamigen Rammlers, der anläßlich einer Treibjagd die Jägerschar mit hundert Tricks hereinlegt und seine Sippe damit rettet: »Aber zwischen dem langen Schnellschießer und dem kurzen Fuchtelmeier ... richtete sich der alte Hase steif auf, hoppelte in gerader Linie voran, gerade auf die Lücke zwischen den beiden Schützen zu, ganz langsam, bis er fast in Schußnähe war, witschte dann nach links, schlug einen Haken nach rechts, einen nach links, einen nach rechts, sah noch eben, wie zwei Gewehrläufe in der Luft herumfuhren, wie Schwänze von Kühen, um die die Bremsen sind, und dann gab er her, was er in sich hatte, fuhr durch die Lücke, schlug sieben Haken, hörte einen Knall, einen Schrei, einen Fluch ...«
Ja, und dann war die Jagd zu Ende, und man trug einen Jäger auf der Bahre weg. Löns Fabel zeichnet Charaktereigenschaften des Hasen, die, wenn man sie nicht allzustreng nach menschlichen Maßstäben auslegt, sehr positiv sind und ihm das Überleben trotz alter und immer wieder neuer Widerwärtigkeiten möglich machen.

»Rückt der Hase im Frühling zu Zweit zu Feld, so kommt er um Bartholomä selb 16 bis 17 wieder zu Holz.«

Das stimmt heute leider nicht mehr, denn die Sterblichkeitsrate eines jeden Satzes liegt bei 75 %. Hasen im Überfluß, Äsung im Überfluß, Deckung im Überfluß – das ist vorbei. Noch in den fünfziger Jahren zählten Strecken von zwei- bis dreihundert Hasen auch in durchschnittlichen Revieren nicht zur Seltenheit. Was regte die Hasen schon auf? In der Landwirtschaft ging alles noch sehr konservativ zu. Auch die Autos fuhren langsamer, es gab vor allem nicht so viele, und die Straßen waren schmal. Insgesamt hatten die Hasen mehr Lebenschancen. Trotz guter Strecken wurde niemals Raubbau mit den Hasenbesätzen getrieben. Heute ist an eine nachhaltige Nutzung trotz größter Hegemühen überhaupt nicht mehr zu denken. Der Hase ist zum Indikator seiner und damit unserer Umwelt geworden.

Wir Jäger werden uns in den nächsten Jahren noch gehörig anstrengen müssen, um die nicht von uns verschuldeten Fehler auszubügeln. Denn es wäre aus vielerlei Gründen jammerschade um dieses Wild, auf das der berühmte und scharf beobachtende Epigrammdichter Martial um 80 n. Chr. den Vers gemacht hat: »Inter quadrupedes gloria prima lepus«, was ungefähr heißt, daß der Hase unter den Vierfüßern der erste Leckerbissen sei.

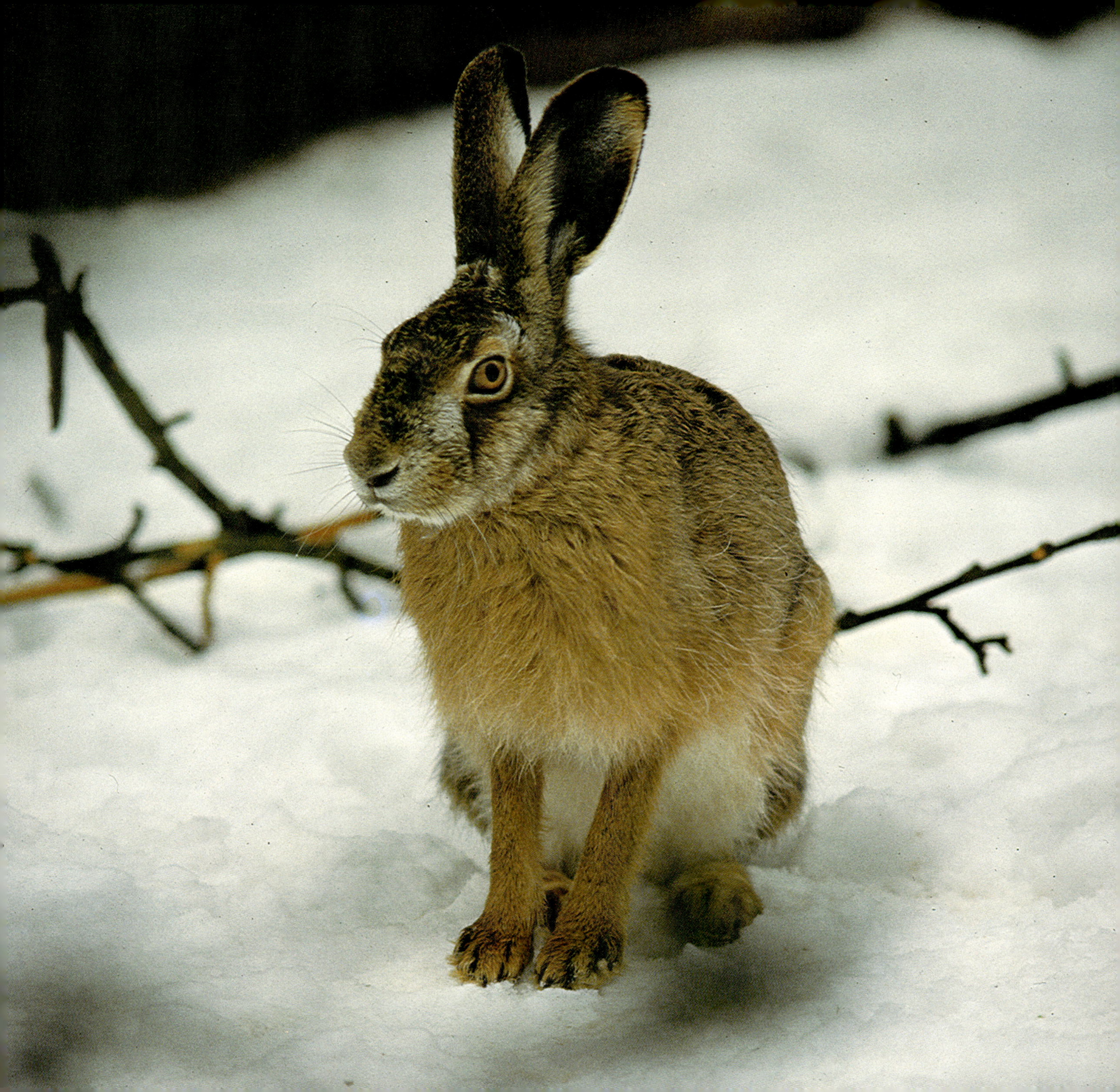

## Grüne Sprüche

Nunmehr geht die Sauhatz an,
drum hetze, wer was fangen kann.
Leg auch den Füchsen scharfe Eisen,
damit sich selbe nicht losreißen.
F. v. Flemming

*Aus dem grünen Dekameron*
Und ist auch alle Brunft vorbei,
mit ihren Freuden und Schmerzen,
die Liebe hört doch nimmer auf
in eines Waidmanns Herzen.

Wenn das Schwein das Hu-Sau hört,
alsbald es dieser Stimm nachfährt,
liefert dem Jäger eine Schlacht,
die ihm nach dem Leben tracht.
F. v. Flemming

›Das Echte bleibt der Nachwelt erhalten‹ – schmunzelte der Fuchs, als er auf dem Mantel des Jägers den Pelz seiner letztjährigen Fähe eräugte.

Knien heißt noch lange nicht beten, hat der Geweihte damals zum Hubertus gesagt.

Sitzt du auf Sauen,
so bleibe dabei.
Deine Frau schimpft um elf
genau wie um drei.

Der Jäger, der wache Mensch.
Ortega y Gasset

Dem Sorglosen der Garten –
dem Trostlosen der Wald!
R. v. Dombrowski

## Lustiges

Ein Jagdgast zum anderen auf der Treibjagd: »Sie schießen ja ständig vorbei!«
»Na wenn schon! Schließlich sehen die Hasen doch meinen guten Willen!«

Das Gegenteil:
Ein Jäger kommt nach Hause und hat den Rucksack wieder voller Beute.
»Schrecklich«, jammert die Ehefrau, »kannst du nicht mal vorbeischießen wie andere Jäger?«

»Ich bete und bete, damit du von deinem Rheuma befreit wirst,« empört sich des Jägers Weib, »und du läufst ohne lange Unterhose auf den Ansitz. Ich mache mich ja lächerlich vor dem lieben Gott!«

Herr Neureich anläßlich der privaten Hubertusfeier in seinem Jagdhaus: »Und denken wir daran, liebe Jagdfreunde, daß es auch heute noch Jäger gibt, die ihre Jagdsignale selber blasen müssen!«

Der Festredner auf der Hubertusfeier kommt endlich zum Schluß: »Meine Damen und Herren, liebe Waidgenossen! Wenn ich Sie zu lange mit meinen Ausführungen aufgehalten haben sollte, so sehen Sie es mir bitte nach. Ich habe meine Uhr vergessen.« Stimme aus dem Publikum: »Hinter Ihnen hängt aber ein Kalender!«

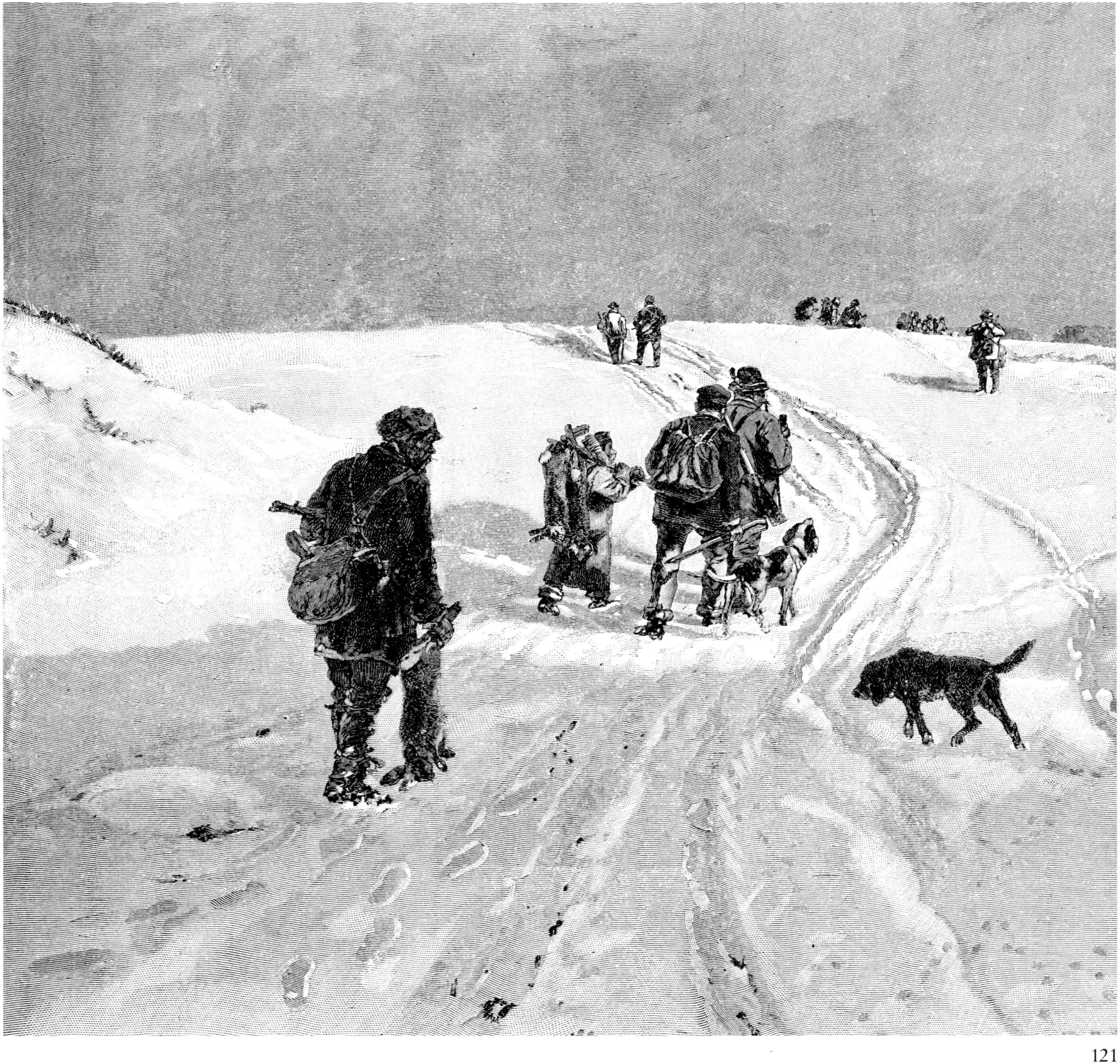

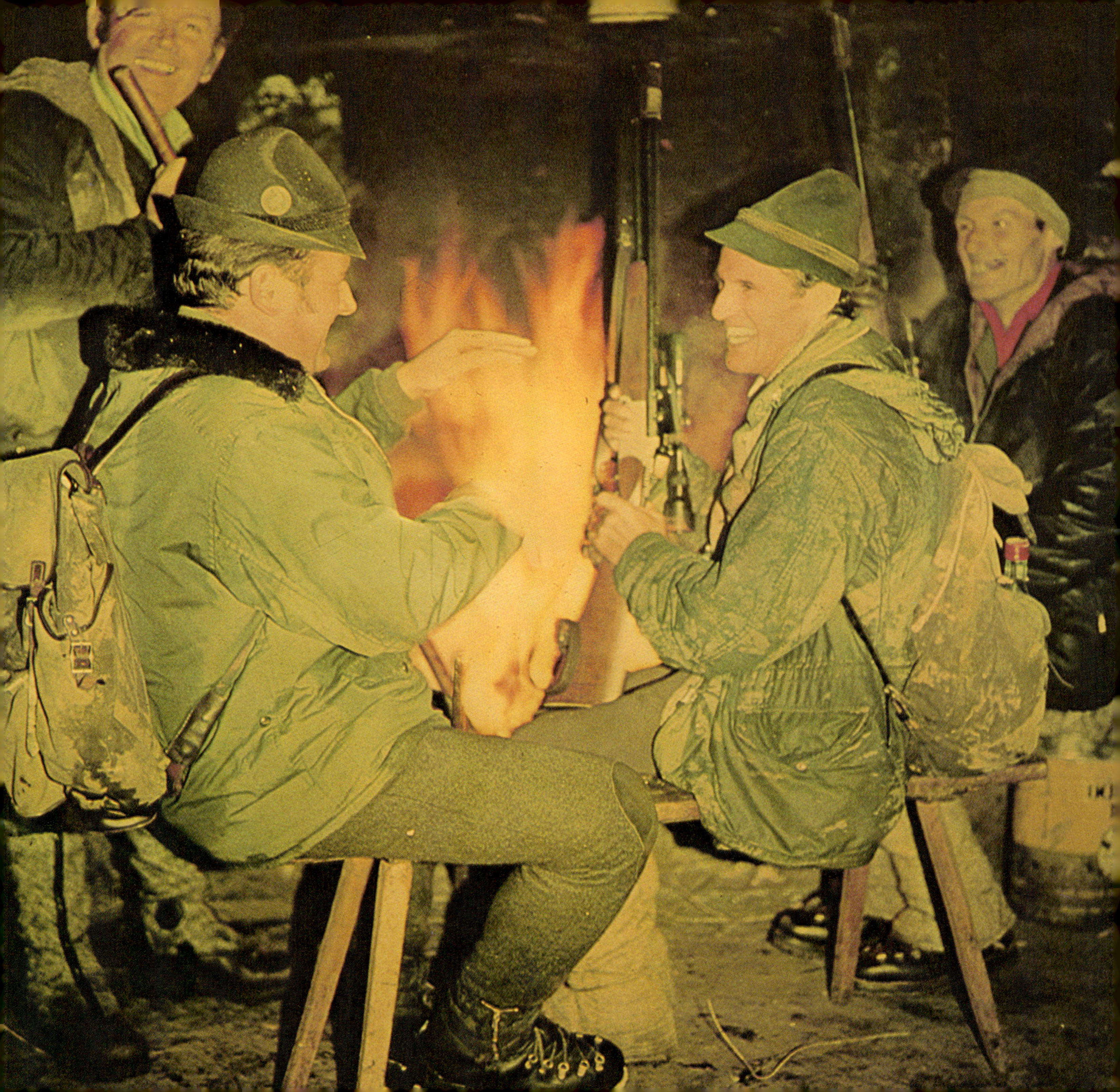

# Dezember

## Schweinehatzmonat · Julmond

Mit diesem Monat klingt das Kalenderjahr aus, die *eine* Zeitrechnung des Jägers. Die *andere,* nicht weniger wichtige, das Jagdjahr, gleitet in das abschließende Drittel hinüber.
Manche Jäger sehen im Dezember eine letzte Gelegenheit, die Jagdlust vor der so »tristen Schonzeit« noch einmal aufleben zu lassen. Aber eben nur manche. Wer zwei Drittel des Jagdjahres genossen hat, muß sich im letzten Drittel schon die Forderung nach weiterer Verantwortung gefallen lassen. Ob die beiden ersten Drittel nun dem einen die Erfüllung langgehegter Wünsche brachten oder dem anderen nur die unverzagte Hoffnung erhielten, darüber braucht man weder zu rechten noch aufzurechnen. Hege und Jagd beglücken im jagerischen Erleben gleichermaßen. Der Jäger hat zwölf Kalendermonate lang oder neun Jagdjahrmonate kurz den ihm anvertrauten Lebensraum aller Kreatur gehegt, ihn nach Möglichkeit erhalten oder sogar – gegen viele Widerstände und Widrigkeiten – verbessert. Er hat geerntet, er hat aber auch verzichtet. Im Rückblick sollte er unter dem Strich zufrieden sein können. Zufrieden schon deshalb, weil er einer Gemeinschaft angehört, die wesentlich zur Erhaltung unserer Umwelt beiträgt, die darüber hinaus aber auch durch ihre bewahrende geistige Kraft einen wohltuend ruhigen Gegenpol zum hektischen Lauf des Alltags und des Kalenderjahres setzt. Einer Gemeinschaft, die nicht nur redet vom Bessermachen, vom Erhalten unwiederbringlicher geistiger, materieller und kultureller Werte, sondern die Dinge praktisch angeht.
So gesehen, geben uns der Julmond und die Zeit der Rauhnächte noch allerhand zu tun. Inwendig und auswendig.
Einmal erinnert uns das alte Lichtfest, das Julfest, an die wieder aufsteigende Sonne als Urbild aller Lebenskraft, das in dieser einfachen, weil elementaren Art der Naturverbundenheit des Jägers wohl besonders entspricht. Hinzu kommt das ins geistige Empfinden weiterführende christliche Weihnachtsfest, in dem sich unsere beiden Zeitrechnungen treffen. In der Liturgie der lateinischen Kirche hat man der Adventszeit die violette Farbe zugeordnet, dem Weihnachtsfest aber Weiß, die Farbe des Lichtes und der Freude. Und dazu das weltliche Grün, die Farbe des Lichterbaumes.
Weiß, das hat auch dem Jäger viel zu sagen. Das ist die Neue, der »weiße Leithund«. Aber Violett? Diese mystische Farbe des christlichen Glaubens? Paßt sie nicht zu den Rauhnächten ebenso wie zum Advent, der Ankunft, der Vorbereitung auf die Erneuerung? Sagte nicht Friedrich von Gagern: »Jagd ist Advent«?
Doch auch die Rauhnächte sind dem Jäger ein Symbol. Die wilde Jagd geht jetzt um! Er kennt sie wohl, weil sie ihn oft selbst versuchen, verleiten wollte. Auch die Seelen kehren wieder, Geister erscheinen, wollen gebannt werden, durch Licht, Feuer, Lärm und Kreuzzeichen. In dieser Zeit der Erneuerung, der Gedanken ans Bessermachen, aber auch des Überdenkens scheinbar aussichtsloser Situationen sollte uns Jäger ein Naturgesetz bewußt werden. Das Gesetz der Gemeinschaft, des »Sichgegenseitigbrauchens«, der Abhängigkeit einer vom andern. So brauchen sich Jäger und Beute, Konservative und Erneuerer, Festhaltende und Besserwisser, Dumme und Gescheite, Gläubige und Nichtgläubige, Östliche und Westliche, Aktive und Passive, Laute und Leise, Lautere und Frevler, aber auch Jäger und Jagdgegner.
So betrachtet, schmilzt das »Feindbild« dahin wie Schnee in der Sonne und macht einer fast heiteren Gelassenheit Platz. Ist das nicht wirklicher Advent, Erfüllung der weihnachtlichen Botschaft, Trost und Hoffnung?

# Das Wetter   Die Jagd

Dezember veränderlich und lind – der ganze Winter nicht stimmt.

Wenn in der ersten Adventswoche gutes Wetter ist, so bleibt's gut bis Weihnachten.

Herrscht Advent schon Kält', sie achtzehn Wochen hält.

Auf windige Weihnachten folgt ein sanftes Jahr.

Steht die Krähe im Dezember im Klee, sitzt sie an Ostern meist im Schnee.

Dezemberschnee tut nicht weh.

Wie der Dezember – so der Frühling.

Ostwind ist ein Königskind.

Grüne Weihnacht – weiße Ostern.

Sankt Sebastian (5.12.) kommt mit dem weißen Mantel.

Regnet's an Sankt Nikolaus (6.12.), wird der Winter streng und graus.

Fließt an Nikolaus (6.12.) noch der Birkensaft, kriegt der Winter keine Kraft.

Ist die Christnacht (24.12.) licht und klar, deutet's auf ein gutes Jahr.

Sylvester hell und klar, Glückauf zum neuen Jahr.

Für viele Jäger ist die genußreichste aller Gesellschaftsjagden das Standtreiben im Wald. Denn keine Jagdart ist intimer, behutsamer und vielleicht auch spannender. Die Schützen werden lautlos und zügig gegen den Wind angestellt. Bekannte Hasen- und Fuchspässe werden fairerweise zwischen zwei Schützen genommen. Eine kurze Verständigung mit den Nachbarschützen, sobald die Stände eingenommen sind, laden – und dann absolute Ruhe.
Für den Schwatz ist nachher noch Zeit.
Nach dem Anblasen sind alle Sinne in das Treiben gerichtet. Das Wild kommt meist nicht in voller Flucht, sondern in mäßiger Fahrt – wenn die Treiber es richtig machen.
Die ersten Schüsse bringen Bewegung. Eichelhäher rätschen, Knacken im Unterholz, eine Schnepfe streicht ab, klatschender Flügelschlag von Tauben, dort ein Eichkater in artistischen Wipfelsprüngen. Bei nicht so gut besetzten Revieren und auch bei kleinen Treiben steht nur ein erfahrener Jäger auf dem Rückwechsel. Er schießt den Fuchs, aber er entscheidet auch, ob der Schlaumeier von einem Althasen passieren darf.
Auch im Dezember ist Vollmond! Für Schwarzwild- und Fuchsansitz sollte man sich im Kalender dicke Ausrufezeichen machen. Hoffentlich paßt das Wetter.
A propos Schwarzwild!
Es steht wohl außer Zweifel, daß sich die Schonzeit für Schwarzwild vorteilhaft für den Altersaufbau auswirkt. Auch wenn er den Landwirt gegen sich wußte, hat sich der waidgerechte Jäger in dieser Hinsicht schon bisher Beschränkungen auferlegt, obwohl ihm das oft die Brieftasche erleichterte. Der starke Eingriff in die Jugend – 80 % Frischlinge, 20 % Überläuferbachen – vermindert den Bestand drastisch, läßt das Sozialgefüge der Rotten gesunden und beschert dem Jäger in absehbarer Zeit den Erntekeiler. Nur – die Wildschäden werden damit nicht merklich gedrückt. Um sie in Grenzen zu halten, kirrt der Jäger am Waldrand mit Mais, Obst, Zuckerrüben, Baummast und Fleischabfällen. Oder er legt zur Vegetationszeit Ackerstreifen mit von Sauen bevorzugten Kulturen an, in denen sie brechen können. Auch der Abschuß von Frischlingen vor der Bache vergrämt ihr die bäuerliche Feldkultur für einige Zeit.
Mit der Gamsjagd ist es am 16. vorbei.
Der erste Schnee ist jetzt auch im flachsten Flachland fällig. Man meint, kein Wild mehr im Revier zu haben, so still ist es auf einmal. Doch der »Schock« dauert nur wenige Stunden. Dann aber kommt Bewegung in die Wildbahn.
Ähnlich ist es nach der Neuen. Neuschnee auf Altschnee zeigt dem Jäger vielerlei Fährten, Spuren und Geläufe. Er wertet alles

# Die Hege    Was tut sich im Revier?

aus. Fuchs-, Stein- und Baummarderspuren erleichtern die Jagd mit der Flinte beim Ansitz und Drücken oder liefern Hinweise für erfolgreiche Fallenjagd.

Wer für die eigene Küche noch den Festtagsbraten besorgen muß, darf sich beeilen. Auch wenn er weiß, wo er ihn holen will. – Es ist falsche, aber sehr verbreitete Pietät, an Weihnachten ohne Gewehr ins Revier zu gehen. »Die Leute könnten ja sagen: Jetzt schießt der auch noch an Weihnachten!« Was ist aber, wenn ein laufkrankes Stück den Weg kreuzt? Soll es der Hund hetzen und stellen und abtun? Es ist sicher eine Frage des Anstandes, am 24. und 25. Dezember nicht zu jagen. Der bewaffnete Spaziergang kann aber auch an den Feiertagen ein Genuß sein. Und zwischen den Jahren ist ein ruhiger »Hasenstamperer« (wie man in Bayern sagt), soweit es das Revier zuläßt, oder das Ausgehen einer Marderspur mit anschließendem Halali in kleinem Freundeskreis stilvoller Ausklang des alten Jahres.

Nun kann der Speisezettel dank der frühzeitigen Fütterung für gut im Feist stehenden Schalenwild etwas gekürzt werden, soweit nicht eine extrem schlechte Wetterlage die Fütterung lebensnotwendig macht. Vierzehn Tage nach der Reduzierung wird Apfeltrester oder Silage besonders gern angenommen. Und dies macht man sich für die Parasitenbekämpfung zunutze. Den Hasen hängt man den Brotkorb tiefer, wenn man im Vorbeigehen Knospentriebe von Weichholz abschneidet.

Schöpfstellen für alles Wild sind im Winter ebenso wichtig. Schnee schmeckt auch dem Jäger nicht. Wild kann sich nur wohlfühlen und gedeihen, wenn es satt wird. Füttern und Kirren ergänzen sich. Ein schwaches Reh verwertet der Jäger – und nicht der Fuchs! Auch der Luderplatz für den Bussard ist Hege, gleich wenn er als nordischer Gast nur seinen Winterstandort im Revier hat. Den gefiederten Waldbewohnern wird mit Streufutter und Fettringen das Überleben ermöglicht, am besten aber mit separaten Futterplätzen. Die Schalenwildfütterungen, Kirrungen, Luderplätze, Vogelfütterungen – alle sind sie jetzt angenommen: als Überlebenszentren vom Jäger eingesetzt in einer Kulturlandschaft, die den Wildtieren sowieso nur den Status von Almosenempfängern zubilligt.

| | |
|---|---|
| Gamswild | Brunft bis Monatsmitte |
| Schwarzwild | Rauschzeit (Bache frischt nach 17–19 Wochen) |

# Grüne Sprüche

Und is mit die Gamsen vor lauter Schnee nix, na fang ma an Marder und paß ma auf d' Füchs!

Was der Heger kann, tut er, was er nicht kann, lernt er.

*Aus dem grünen Dekameron*
Wenn auch der Frost die Eiche spaltet, dem Jägersmann schmeckt stets der Kuß, weil seine Lieb' nicht mal erkaltet bei minus zwanzig Celsius.

Dummheit ist das Privileg des Menschen; in der Natur gibt's keine Dummheit.

Laß deine Augen offen sein, geschlossen deinen Mund und wandle still, so werden dir geheime Dinge kund.
  Hermann Löns

Gibt's koa Schwanzl mehr und Haar, na kommt d' Schonzeit – Prost Neujahr!

Jagd ist Schauen, Jagd ist Sinnen,
Jagd ist Ausruhen, Jagd ist Erwarten,
Jagd ist Dankbarsein, Jagd ist Advent,
Jagd ist Bereitung und Hoffen.
  Friedrich v. Gagern

Was kann einen mehr ergötzen als ein schöner grüner Wald, wo die Vöglein lieblich schwätzen, wo des Wildes Aufenthalt.
  Hoffmann von Fallersleben

Wenn die Hunde gähnen, ist die beste Jagd vorbei.

Wenn der Wind jagt,
bleibt der Jäger zuhaus.

Hirsch und Hasen muß man schießen,
eh' sie laufen aus dem Wald.
Hübsche Mädchen muß man küssen,
eh' sie werden alt.

Der weiß ja nicht, was Jagen ist,
der nur im Felde knallt –
denn Jagen, das ist Pirschen
im heimlichstillen Wald,
und Jagen, das ist Schweifen
in Heideeinsamkeit,
und Jagen, das ist Schleichen
in Moorunendlichkeit,
ist Harren hinter Klippen,
ist Lauern an dem Strand,
wer nur im Feld zu jagen weiß,
hat nie die Jagd gekannt.
  Hermann Löns

Nur der Jäger unverdrossen
hat so manchen Hirsch geschossen.

Schlechter Schuß und wenig Schweiß machen dem Jäger die Joppe heiß.

Der Lauf schießt, der Schaft trifft.

Aus einem verzagten Flintenlauf kommt kein guter Schuß.

Der Fuchs weiß viel,
aber der ihn fängt, noch mehr.

Ist der Fuchs auch noch so schlau,
endlich kommt er aus dem Bau.

# Lustiges

Jagdfreunde sind zu Besuch gekommen. Der Hausherr erzählt gerade, unter welch abenteuerlichen Umständen er unlängst einen kapitalen Hirsch von der Kanzel aus geschossen habe. Da fährt die Oma, die ein bißchen eingenickt war, erschreckt hoch: »Jesusmaria, war denn die Kirchentür nicht zu?«

Es war schon Tradition, daß sich die Teilnehmer an der vorweihnachtlichen Hasenjagd nach dem Abblasen einen Weihnachtsbaum aussuchen und mit nach Hause nehmen durften. Zu mitternächtlicher Stunde wurde die Polizei diesmal auf einen Mann aufmerksam, der sich mit einem vorgehaltenen Weihnachtsbaum mühsam über den Marktplatz der Kleinstadt bewegte und heftig schimpfte: »Verfluchte Dickung, wie komme ich da bloß wieder heraus!«

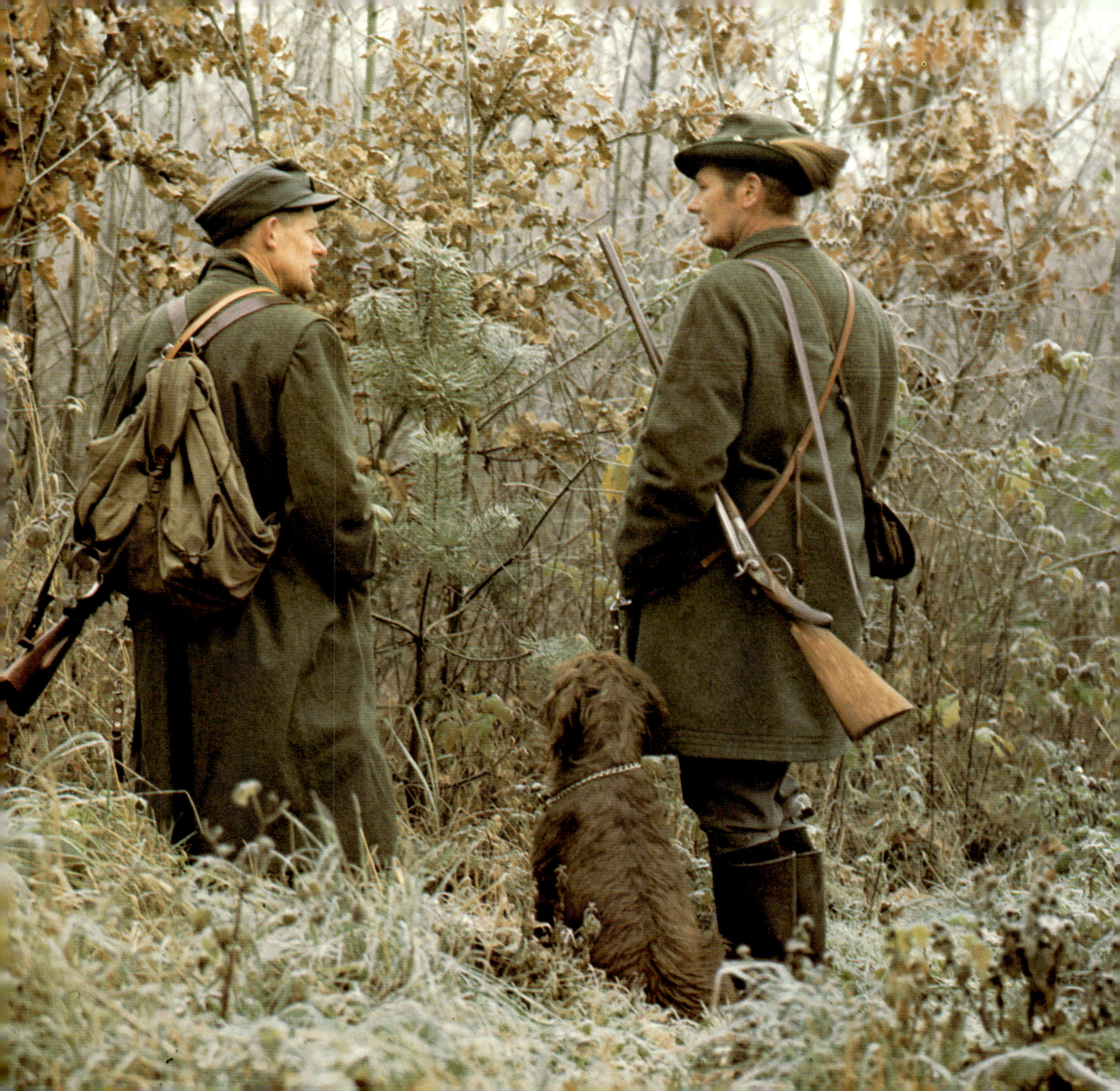

# Die lüsterne Wildsau

**1**

Der Förster dort mit den Gamaschen
Schläft sanft, die Knackwurst in der Taschen;
Die böse Wildsau hüpft heran,
Umschnüffelt sacht den Jägersmann.

**2**

Die schöne Knackwurst holt sie sich
Und beißt sie an behagelich;
Der Förster ist erwacht indessen
Und will die schöne Knackwurst essen.

**3**

Er sieht die Wildsau im Gehölz,
Brennt ihr ein Küglein auf den Pelz;
Die Wildsau fühlt das Küglein brennen
Und thut erzürnt herfüro rennen.

**4**

Der Jägersmann, man sieht ihn kaum,
Erklimmt in Angst den nächsten Baum;
Die Wildsau mit des Rüssels Kraft
Berennt des Bäumleins schwachen Schaft.

**5**

Der Jäger wirft vom Baumesschopf
Sein Pulverhorn ihr auf den Kopf;
Dumm ist die Sau in ihrem Zorn,
Sie frißt als Wurst das Pulverhorn.

**6**

Den Wärmegrad in ihrem Magen,
Den kann das Pulver nicht vertragen;
Es explodirt mit lautem Knall,
Zerreißt die Wildsau auf einmal.

129

# Starck, muthig, zornig und wüthend Thiere:
## Schwarzwild (Sus scrofa)

Wenn jemand im Augenblick höchster Bedrängnis ein Gelöbnis tut, dann wägt er gewöhnlich nicht erst ab, ob er sich das Einlösen dieses Versprechens überhaupt leisten kann.

Auf die Art und Weise wurden zu allen Zeiten unzählige Kirchen und Klöster von Herrschern gestiftet. Und wenn man den Überlieferungen glauben darf, so waren die Anlässe dazu häufig Händel mit wilden Schweinen, die es sich nicht so ohne weiteres gefallen ließen, daß sie der Jäger zu Tode bringen wollte.

Also ist die Saujagd doch eine gehörige Herausforderung an den inneren Schweinehund gewesen, mit Sauspieß, Saufeder oder Sauschwert das von den Hunden am Fleck gebannte Wild abzufangen oder gar auf Anruf in die blanke Waffe laufen zu lassen.

Unser heutiges Schwarzwild ist ein degenerierter Abklatsch dessen, was noch vor zweihundert Jahren auf der Hatz anzutreffen war. Sechszentnerkeiler mit 30 Stundenkilometer Angriffsgeschwindigkeit erforderten nicht nur jagerischen Mut, sondern auch Standfestigkeit. Aber die damaligen Jager waren eben auch noch aus anderem Holz geschnitzt.

Sie fürchteten sich nicht einmal vor den glühenden Gewehren starker, zorniger Keiler, die den Hunden die Haare absengten, wie Xenophon (430 v. Chr.) zu berichten weiß.

Der Wiener Burgtheaterdirektor und Waidmann Heinrich Laube schrieb 1830: »Sau ist ein ritterliches Tier / An Mut und Kraft des Waldes Zier / Und an Verwüstung ungebährlich / Und jeder Ordnung so gefährlich / Wie Ritter es stets waren«. Daraus ist unschwer zu entnehmen, daß die Jagd auf die wilde Sau stets das Vergnügen des Jägers war, ihre Anwesenheit sich aber sehr zum Schaden des Landmanns auswirkte – woran sich auch bis heute nichts geändert hat, wenn man einmal davon absieht, daß das Vergnügen durch die Bezahlung von Wildschaden merklich gedämpft sein kann.

Oft rangierte die höfische Schwarzwildjagd sogar vor der Hirschjagd. Alle Jagdarten fanden Anwendung: Pirsch, Ansitz, das Eingestellte Jagen, Treiben, Drücken, die Jagd Parforce und das Fangen in Gruben. Krönung war jedoch die Hatz zu Pferde, bei der nicht selten mehrere Hundert Stück Wild in wenigen Stunden zur Strecke gelegt werden konnten. So 1737 bei Dresden 400 Stück, 1782 als Jahresstrecke des Herzogs Karl von Württemberg 2600 und 1736 anläßlich einer Wasserjagd Carl Albrechts auf dem Ammersee 111 Stück. Man zwang das Wild, über künstliche Barrieren zu setzen und untermalte das Spektakel mit laut gespielter »türkischer Musik«.

Die Hauptlast der Jagd trugen die Hunde. Um die Verluste gering zu halten, zog man den besten, den Packern, Ketten- oder Lederpanzer über. Alle Hunde trugen als Schutz auch massive Halsbänder.

In der Regel rechnete man zehn Hunde auf eine Hatz. Die Finder spürten das Wild auf, die Hatzhunde brachten es zur Flucht, die Packer bannten es an den Platz. Nun versuchten die Jäger, es mit der blanken Waffe abzufangen. Dazu traten zwei Rüdenmänner in Aktion, um die Sau auszuheben, also an den Hinterläufen zu lupfen. August der Starke besorgte das

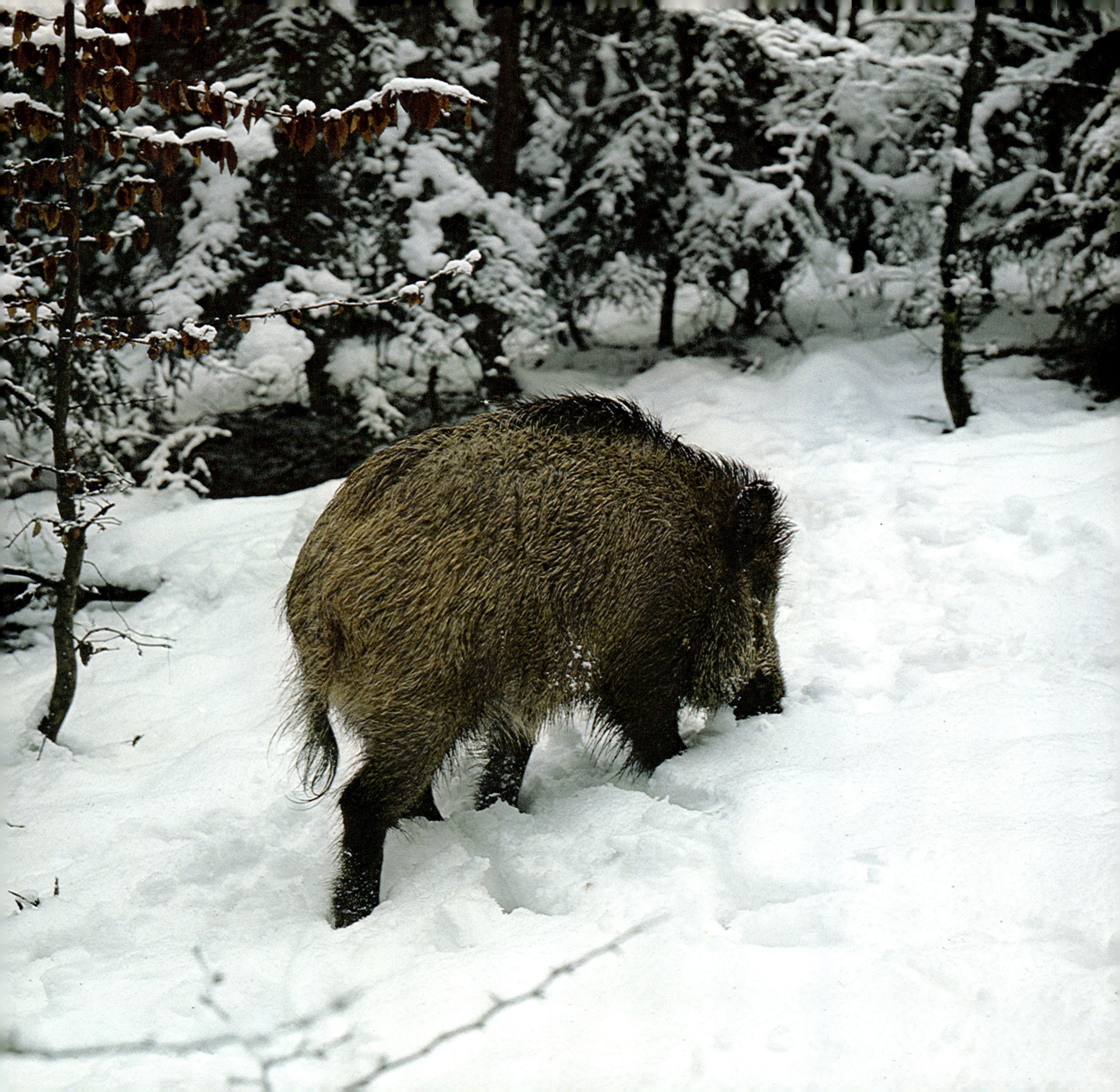

eigenhändig mit der Linken, während die Rechte die Waffe führte.

Ludwig VIII. von Hessen-Darmstadt benutzte um 1750 Explosivgeschosse, sogenannte Schwärmer, die er aus Windbüchsen verschoß und die erst im Wildkörper detonierten.

Um die Kosten und Verluste an wertvollen Sauhunden möglichst geringzuhalten, wurde 1827 in Preußen eine Aktiengesellschaft der Saujäger gegründet, an deren Spitze ein königlicher Prinz stand. Bei 378 Hatzen kamen immerhin nur 31 Hunde ums Leben.

Heute werden im Bundesgebiet jährlich rund 60 000 Stück Schwarzwild erlegt, das man im Forst seit eh und je als »nützliches« Wild – im doppelten Sinn – schätzt. Besonders raffiniert geht neuerdings eine bayerische Forstverwaltung vor. Man spannt nämlich das Schwarzwild als aktive Naturschützer dahingehend ein, daß man Maiskörner in die mit hohem Gras bewachsenen Kulturen wirft. Das Schwarzwild läßt sich nicht zweimal bitten: es bricht nach dem Mais. Dabei zerstört es den Graswuchs, den vorher die Chemie oder Kulturfrauen in mühseliger Sichelarbeit entfernen mußten. Man sieht: Es gibt immer wieder etwas Neues zum Thema Schwarzwild.

### Neujahrswunsch drinnen — und draußen.

(Des Forstmeisters Schnepfinger Amtszimmer.)

Sechs Waldheger mit ihren Hunden kommen ihrem verehrten Vorstande zum Jahreswechsel unter vielen Bücklingen alles Gute zu wünschen — wobei der erste Redner, Heger Baldrian, eine alte Schnapsnase, in den Bart brummt: „Glück — Zufriedenheit — und alles Erdenkliche — Euer Hochwohlgeboren!"

„Ich danke Euch, liebe Kinder, bin überzeugt! — Was habe ich Euch voriges Jahr an Neujahrgeld gegeben?"

„Nichts — Herr Forstmeister."

„So, dann bleibt es heuer beim Alten."

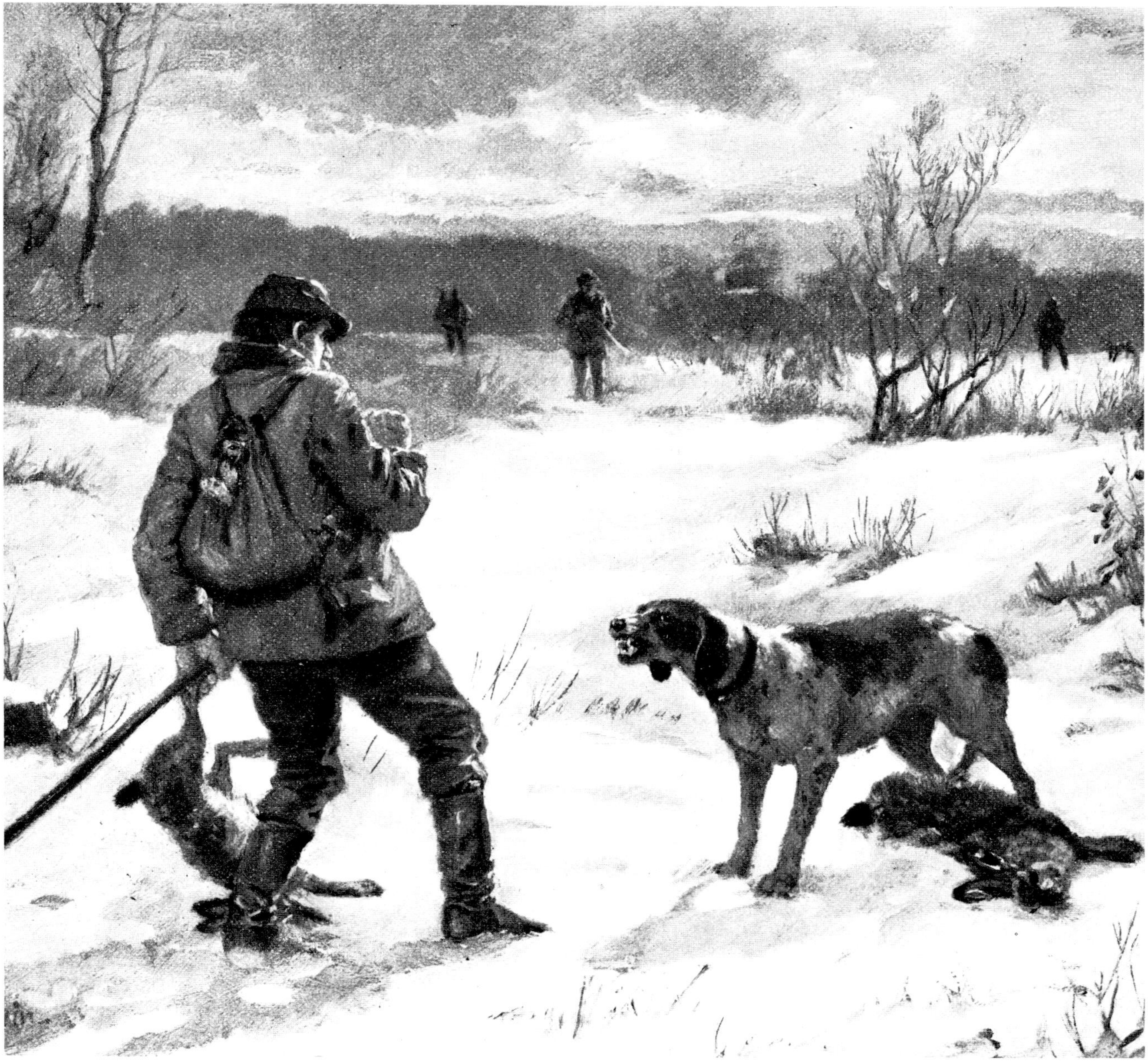

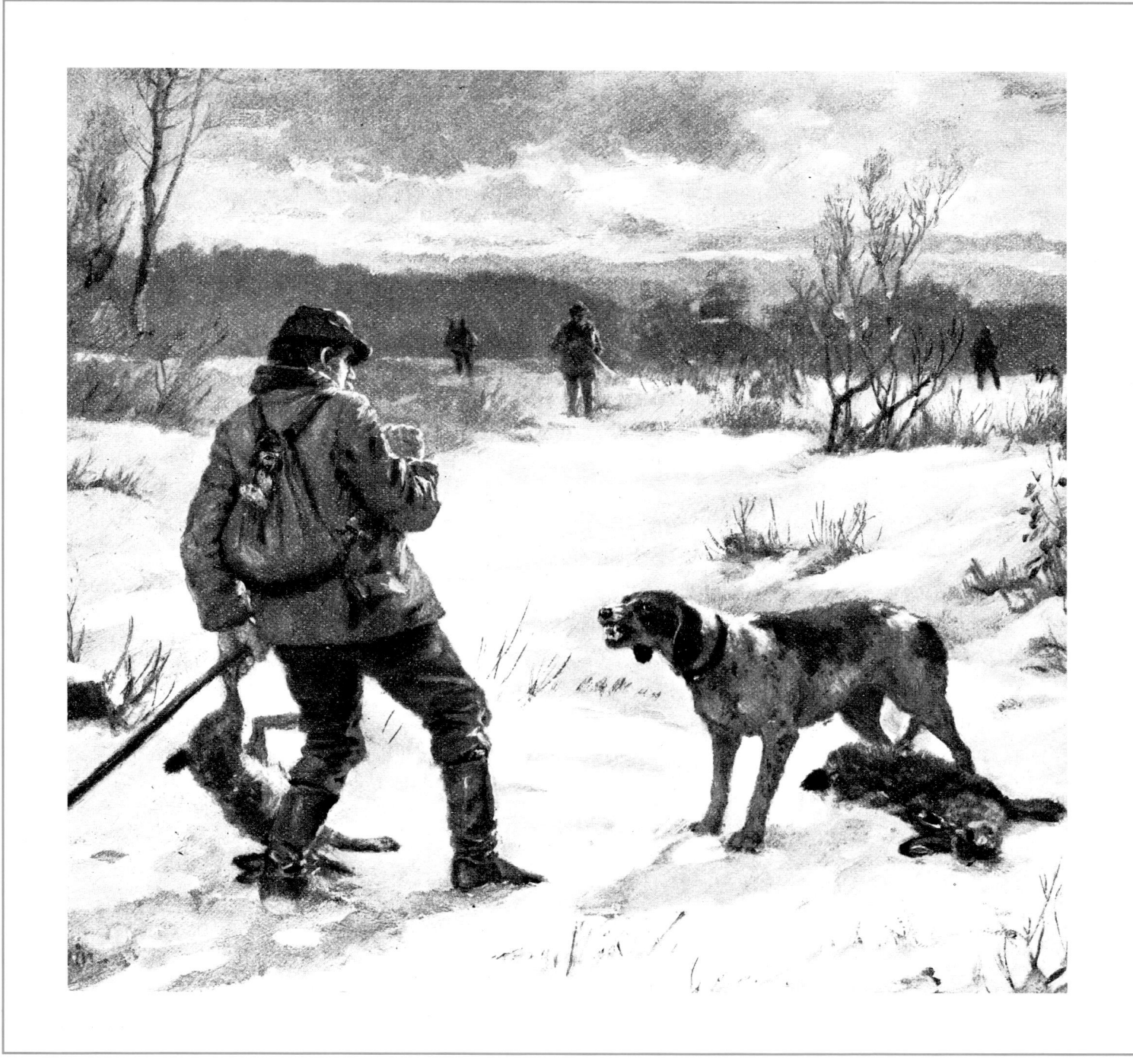

# Das jagerische Christkindl

Vorweihnachtliche Wochen haben es so an sich, besonders intensiv angenehme Kindheitserinnerungen zu wecken, die ebenfalls in diese Zeit zurückführen. Schon der geringste Sinnesanstoß reicht aus, das zunächst schemenhafte Bild schnell zu verdichten, und dann fast plastische Formen annehmen zu lassen. Auslösend sind meist ganz einfache Dinge, die um diese Zeit Geruch, Gehör oder Auge ansprechen.

Bei mir war es wieder einmal die erste Adventskerze, deren süß-würziger Duft nach Bienenwachs eine Kindheitserinnerung hervorzauberte, deren ich mich mit großem Behagen erinnere: der Adventzeit im Hause des Onkels.
Über den Onkel habe ich an anderer Stelle schon berichtet:
den großgewachsenen, schlanken Mann, ehemals k.u.k. Rittmeister und Ende der dreißiger Jahre – in denen diese Geschichte spielt – ein gut gestellter Privatier, der für den Fürsten Lobkowitz Güterverwaltungen besorgte, wozu auch ein Kloster, eine Mühle und ein Sägewerk gehörten, und der unendlich viel Zeit zum Jagern hatte.
Sein Haus lag am südlichen Rand des Reviers und der Kleinstadt. Eine von ihm erworbene und umgebaute Villa aus der Gründerzeit mit zwei der damals üblichen Türmchen, viel Jugendstilverglasung und einer bemerkenswert bunten Dacheindeckung aus glasierten Ziegeln. Zur Stadtseite zeigte sie in zwei Kartuschen einen Doppeladler, ins Grüne jedoch prunkte sie mit einem springenden Hirsch, der im Äser eine wurzelartige Frucht mit Blättern hielt.

Jeweils unter den Kartuschen konnte man die Initialen R.H.G. lesen.
Besondere Erinnerungen verbinden sich mir aber mit den beiden Türmchen, die im Dachbereich vielleicht je dreißig Quadratmeter Grundfläche maßen und durch eine gemeinsame Empore, als Abschluß des sehr großzügigen Treppenhauses, verbunden waren.
Jedes Turmzimmer wiederum hatte einen besonderen Verwendungszweck. Im linken, südöstlichen richtete sich Onkel Hubertus eine »Werkstatt« ein. Da gab es alles, was ein Bubenherz nur begehren konnte: hundert gepflegte, blitzende Werkzeuge, eine schwere Hobelbank, die elektrische Dekupiersäge, Regale und Schränke gefüllt mit Materialien wie Hölzern, Buntmetallen, farbigem Glas, Ziernägeln, einer Unmenge von Dosen mit Ölfarben, Lacken, Firnis, Dutzenden von Pinseln und unzähligen Flaschen mit geheimnisvollen Mixturen. Die Wärme besorgte ein gußeiserner Jagdhüttenofen, in dessen Wasserhafen der Knochenleim heißgemacht wurde und zur Geruchscharakteristik des Raumes entschieden beitrug. In diesem Turmzimmer wurden auch die Gewehre gereinigt.

Das andere Zimmer hieß »das Jagdzimmer«. Es zeichnete sich durch eine urgemütliche Einrichtung aus, die man in einem Stilkatalog wohl unter »altdeutsch« einordnen würde. Gobelinbezogene Ohrensessel mit Jagdmotiven, um einen wuchtigen Eichentisch gruppiert, zogen zuerst den Blick auf sich. Zwei geschnitzte Waffenschränke und viele gute Trophäen, alle auf braungebeizten Schildern mit grünem Rand, zierten die Wände.
Dieses Zimmer nahm man vor allem mit den Augen wahr, während der Werkstattturm mehr ein Raum der eigenartigen Gerüche war.
Als Gemeinsamkeit verband beide das Knarren der breiten Parkettriemen, deren Dur-Tonart ich noch heute fast notengerecht im Ohr habe.

Schon unterm Jahr übten beide Turmzimmer eine unwiderstehliche Anziehungskraft auf mich aus. Ob ich nur durch die bleiverglasten Fenster hinausschaute, in Jagdbüchern schmökerte, bastelte oder dem Onkel bei irgendwelchen Tätigkeiten zusah – wobei natürlich das Waffenreinigen an erster Stelle stand –, immer umgab mich hier eine unvergleichliche Geborgenheit.

Um die Weihnachtszeit, genauer gesagt, im Advent, war mir jedes Jahr der Zutritt zur »Werkstatt« verwehrt. Es machte mir dann nicht viel aus. Ich wußte, daß der Grund mein Weihnachtsgeschenk war, mit dem sich der Onkel nun beschäftigte. Obwohl von Art und Stil her in jedem Jahr ähnlich, war es doch immer wieder eine nicht zu überbietende Überraschung, die mir genausoviel, wenn nicht mehr bedeutete, wie die praktischen Dinge, die außerdem noch unterm Weihnachtsbaum lagen: das erste Luftgewehr, dann der 6-mm-Tesching mit dem glatten Lauf, das erste Fernglas, die elektrische Taschenlampe, Rucksack, Nicker, Spektiv und all

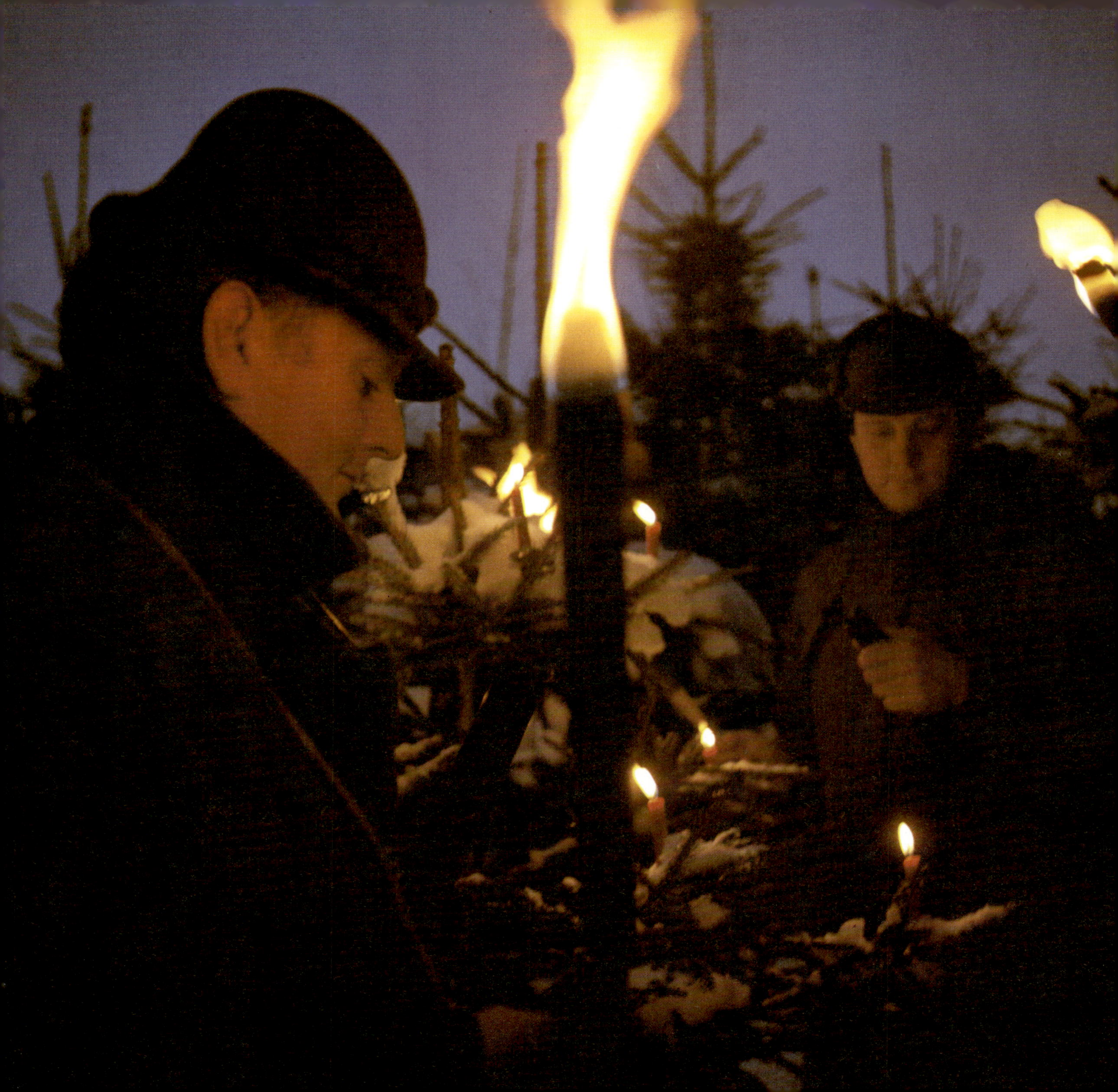

die anderen Dinge, die den Bub behutsam zum Jagern hinführen sollten und auch hingeführt haben.

Ja, das war nun die eine Seite der Geschenkpalette. Aber die andere, von der ich sagte, daß sie mich fast noch mehr beeindruckte, weil sie aus der Turmzimmer-Werkstatt kam, aus ihren Schätzen entstand, die muß ich nun genauer beschreiben.

Um es zunächst abstrakt auszudrücken: sie war eine hervorragende Synthese aus Form, Material und Idee, wie sie heute kaum noch ein Kind erleben darf.

Lachen Sie mich nicht aus, wenn ich Ihnen nun gestehe, was diese »Alle-Jahre-wieder«-Überraschungen darstellten.

Es waren Figuren!

Ja, hübsche Holzfiguren, sorgfältig aus Laubholz gesägt, mit einem Bodenbrettchen als Ständer. Etwa fünfzehn Zentimeter hoch, bunt bemalt und glänzend lackiert.

Und es waren in erster Linie Jäger und Förster. Zumeist aus dem engeren heimatlichen Bereich, aber auch weiter hergeholt, sogar aus Frankreich und England. Mit Akribie und historisch einwandfrei bemalt, stellten sie ein Stück Kulturgeschichte dar, das einfach zu begreifen und zu merken war.

Da gab es einmal die gesamte Jägerei des Kurfürsten Max II. Emanuel von Bayern in den blauen Jagduniformen, dann wieder die Hessen-Darmstädter in kleidsamem Rot, eine Jagdgesellschaft des letzten deutschen Kaisers ebenso wie eine englische Fuchsjagd zu Pferd. Dazu aber noch viele Einzelfiguren, so zum Beispiel Erzherzog Johann mit dem typischen grünen, vom Gamsbart geschmückten Hut, dem grauen Lodenrock mit grünem Kragen, der ledernen Kniehose und den grünen Wollstrümpfen, in der Hand den Ischler Stutzen.

Dann der Prinzregent Luitpold mit Rauschebart und doppelreihiger Joppe, aber auch viel »Zubehör«: Rehe, Rotwild, Füchse, Dachs, Otter, den Wurzelsepp, ein Kräuterweibl, Holzsammler, Holzknechte, Wilderer, reichlich Waldbäume und auch einmal, mehr zur Gaudi, den Onkel selbst, die Büchsflinte am Bergstock angestrichen.

Aus all dieser Pracht konnte man ungeheuer interessante Szenen aufbauen und die Jagd nachvollziehen. Stundenlang gab ich den Figuren meine Stimme in Rede und Gegenrede. Es war ein Spiel beflügelter Phantasien.

Später dann, über zehn Jahre alt, lag ich bäuchlings auf einer Sauschwarte oder Gamsdecke am Boden des Jagdzimmers, träumte mich in die aufgebauten Figuren hinein und weckte sie so zum Leben.

Sie fragen, wo all diese Pracht geblieben ist, diese greifbaren Jugendträume?

Ich weiß es nicht.

So, wie die Turmzimmer untergegangen sind im Inferno des Krieges und der Gewalt, so ist auch meine bunte Laubsägejägerei den gleichen Weg gegangen.

Im flackernden, warmen Kerzenschein des Advents steigen die Figuren als Wachträume wieder auf. Vereinzelt erst, dann in Gruppen. Zum Greifen nah – und doch schon so unendlich weit zurück.

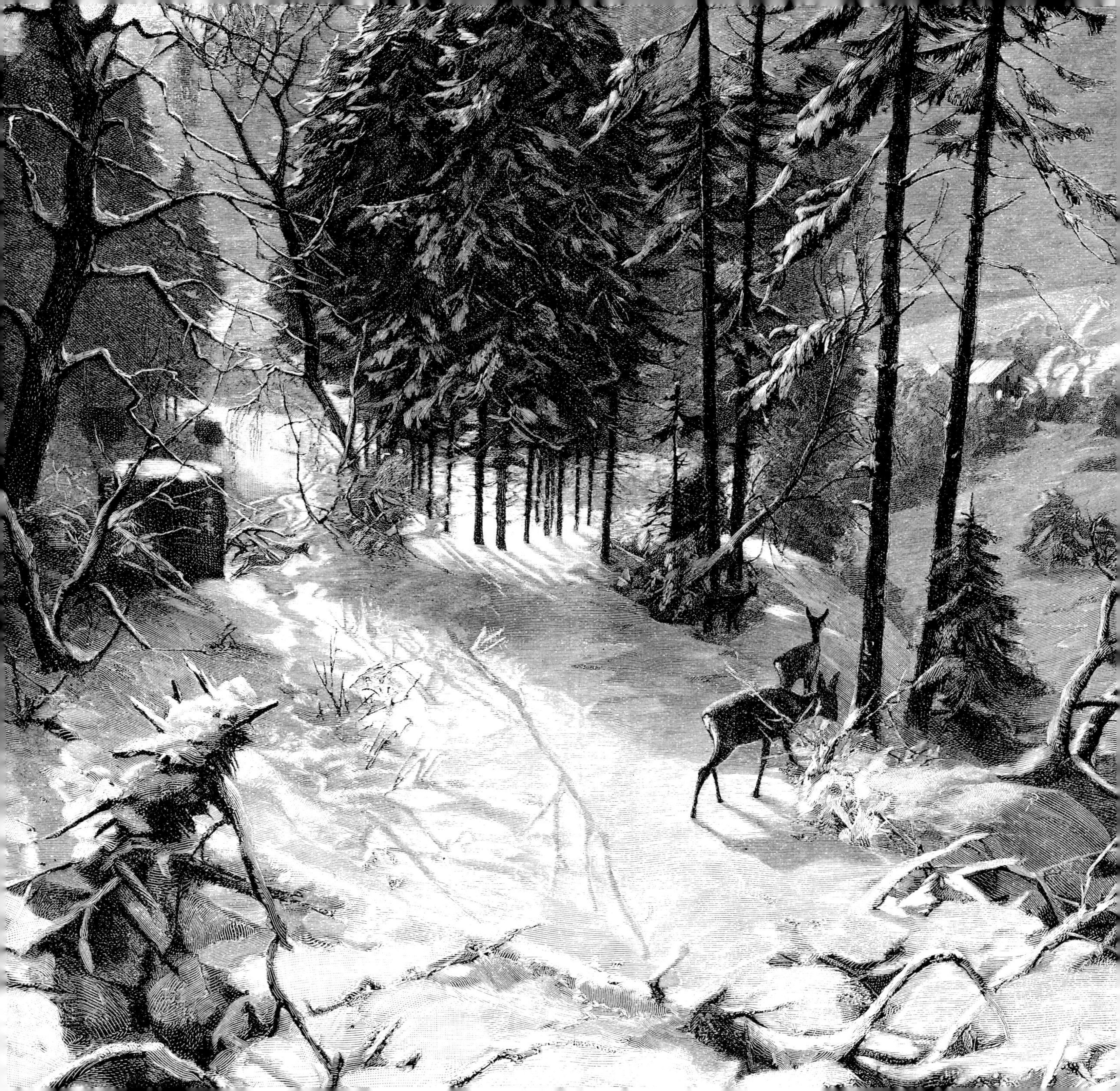

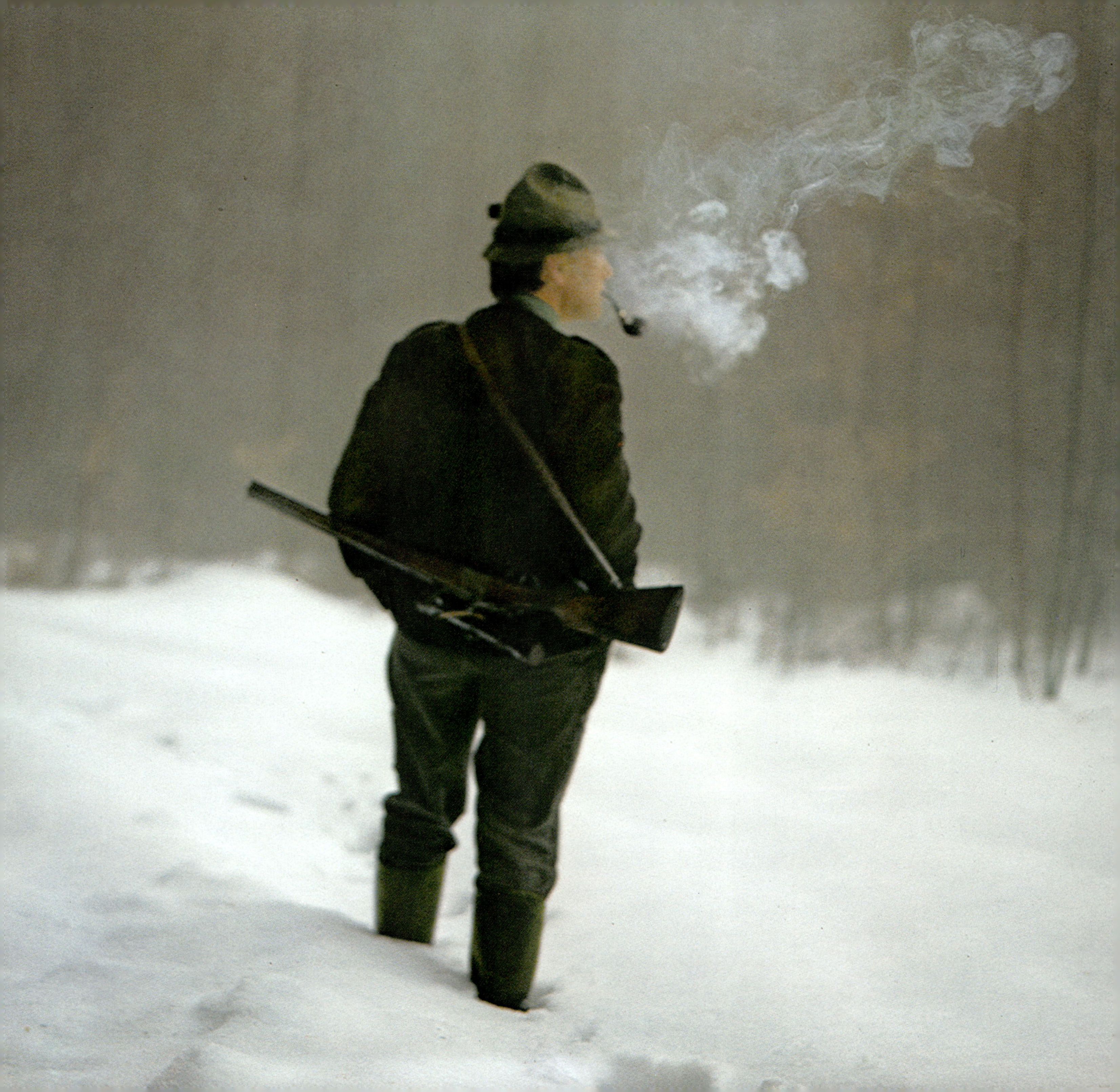

# Januar

## Raubzeugmonat · Hartung

Pirschgang. Allein in der Stille. Lauschen auf Geräusche ... lauschen in sich hinein. Eine Stunde noch, dann surren und pfeifen die Skier über die Loipe. Einen Tag noch, dann strömen die Spaziergänger in den Winterwald. Eine Woche noch, dann kreischen wieder die Motorsägen. Zwei Monate noch, dann kommen die ersten Stangensucher. Und dann geht es weiter:

Maschinen auf den Feldern, Maschinen in den Wäldern, die Frühjahrsinvasion der Naturkonsumenten, Autowanderer, Geländefahrer, Modellflieger, Reiter, Waldläufer, Pilzsucher, Beerenbrocker, Kräutersammler, Blumenpflücker, Camper, Naturfotografen. Und mit den Skiläufern schließt sich der Kreis wieder. Für den Jäger ein Teufelskreis.

Ihnen allen gehört die Natur. Sie beanspruchen sie so wie das elektrische Licht oder die Wasserspülung. Dort wird allerdings der Verbrauch gezählt. Die Natur ist umsonst.
Umsonst? Letztlich bezahlt der Jäger die Zeche ... und das Wild, dessen Lebensraum immer mehr beschnitten wird.
Wie weit noch?
Jagd ist Idealismus. Jagd ist Materialismus. Wenn wir diese Widersprüche überdenken, so sind sie uns ein tröstlicher Garant für die Zukunft: durch sie wird die Jagd bestehen!
Diese Gedanken, am Anfang des Kalenderjahres über das Jagdjahr gedacht, sind wohl etwas beunruhigend, obwohl auch das Überdenken des »bürgerlichen« Jahres nicht ganz unproblematisch verlaufen wird. Parallelen zum Jagdjahr zeigen sich allenthalben.
»Das Leben ist ein schrecklicher Wettkampf, ein grandioser und grausamer Wettbewerb«, sagt Ortega y Gasset. Nur, viele Menschen begreifen die Naturgesetze nicht, wollen sie nicht begreifen oder schließen bewußt die Augen vor den manchmal unfaßbaren Geschehnissen. Was nicht sein darf, das kann nicht sein! Die Wirklichkeit sieht anders aus. In der Familie, im Betrieb, in der Gemeinde, im Staat.
Und das Wild?
Das schließt die Augen nicht, denn der Instinkt sagt ihm, daß nur Wachsein und Sinnesreaktionen sein Überleben und Fortbestehen sichern.
»Die Jagd«, fährt Ortega fort, »die Jagd taucht den Menschen bewußt in dieses gewaltige Geheimnis ein, und deshalb hat sie etwas von religiöser Erregung und dem Ritus, in dem man das, was die Naturgesetze an Göttlichem enthalten, verehrt.«

Freuen wir uns, dies alles begreifen und erleben zu dürfen. Das Leben, das Jagern. Es ist ein herrliches Gefühl, ein Jahr vor sich zu haben, das man ausfüllen, gestalten kann. Als Jäger noch unmittelbarer als jeder andere.

# Das Wetter    Die Jagd

Tanzen im Januar die Mucken –
Jäger, mußt nach Futter gucken!

Wenn's im Januar donnert über'm Feld,
kommt später noch die große Kält'.

Ist der Januar hell und weiß,
wird der Sommer sicher heiß.

Nebel im Januar
deutet auf ein nasses Frühjahr.

Die Neujahrsnacht hell und klar,
deutet auf ein reiches Jahr.

Neujahrsmorgenröte
macht viel Nöte.

Strahlt Neujahr im Sonnenschein,
soll's dem Jäger recht nur sein.

Stellen sich bis 5. schon Gewitter ein, wird's den ganzen Hartung so sein.

10. Jänner Sonnenschein,
wird's ein gutes Jagdjahr sein.

Wenn an Antonius (17. 1.) die Luft klar,
kommt bestimmt ein trocken Jahr.

Fabian (20. 1.) im Nebelhut,
tut den Bäumen gar nicht gut.

Der heilige Vinzenz (22. 1.) bricht die Kält' oder bringt sie wieder.

Bringt St. Paulus (25. 1.) Wind,
regnet's geschwind.

Auch wenn das meiste Schalenwild noch Jagdzeit hat, sollten eigentlich die »Hegeabschüsse« längst erfüllt sein.
Schwarzwild kann noch Rauschzeit haben. Vollmond, klarer Himmel, die geschlossene Schneedecke und ein dezentes Kirren sind dem Jäger wertvolle Bundesgenossen im Januar. Und noch etwas: »Sitzt du auf Sauen, so bleibe dabei. Deine Frau schimpft um elf genau wie um drei!«

Im »Raubzeugmonat«, wie Wildungen den Hartung in totaler Unkenntnis ethisch-biologischer »Erkenntnisse« namhafter Forscher noch nannte, ist die hohe Zeit auf Fuchs, Marder, Iltis und Hermelin. Füchse haben Ranzzeit und sind allesamt auf den Läufen. Reinekes Blaseninhalt – natürlich vom erlegten – sammeln und eine »Duftspur« zum Ansitz tupfen soll Wunder wirken! Größere als die Hasenquäke. Ein erfahrener Jäger schwört darauf, den Fuchs mit Schokoladenabfällen, die er in der Fabrik billig kauft, sicher an den Luderplatz zu bringen.
Der Fallenfang kann auch bei Schnee ergiebig sein. Aber: Glatter Gang, glatter Fang! Bekannte Pässe kontrollieren, am Tag nach einer Neuen die Spur ausgehen.

Die starke Zunahme des Steinmarders auch im Waldrevier verlangt Aufmerksamkeit. Seine Spur ist von der des Baummarders leicht zu unterscheiden: Zehen und Ballen zeichnen sich im Naßschnee deutlicher ab. Die Abdrücke des Baummarders sind dagegen durch die stärkere Brantenbehaarung nicht so klar. Alle Fallen stehen fängisch!

Rabenkrähen, Elstern und Möwen abschöpfen. Die heimischen Eichelhäher sollten eigentlich schon im Herbst für die schmackhafte Suppe gezehntet worden sein. Was jetzt in Mengen im Altholz herumturnt, sind Wintergäste aus nördlicheren Gefilden. Sie sollen zurückkehren.

# Die Hege

Wir beschicken die Fütterungen mit allem, was wir haben: mit gutem Wiesenheu die Rotwildfütterungen, fertigem Wildkraftfutter in Preßlingen, Eicheln, Bucheckern, gequetschten Kastanien, mit Saftfutter wie Gras-, Mais- oder Rübenblattsilage usw., besser aber mit Mischsilage und mit Apfeltrester. Besserwisser sagen: Apfeltrester hat keinen Nährwert! Recht haben sie. Dafür strotzt Apfeltrester nur so von Vitaminen, Mineralstoffen und Spurenelementen. Nährwert bekommt er auch noch, wenn man gequetschtes Futtergetreide darunter mischt. Bei Frost mit Heu abdecken. Das Wild wühlt den Äser zielsicher hindurch und muß keine Eisklumpen aufnehmen.

Wir füttern alle, die Hunger haben: Schalenwild, Hasen, Fasane, Rebhühner, Enten, Singvögel und Greife.
Wenn die Rehwildfütterungen gut angenommen werden, sollte man mit der Entwurmungskur beginnen. Am leichtesten geht es mit Apfeltrester, weil auch die Dosierung gut im Griff behalten wird. Und weil wir schon beim Apothekern sind: Auch den Hasen können wir helfen, mit Kokzidiose, Rodentiose und Pasteurellose besser fertig zu werden. Man muß ausprobieren, welche Rüben- und Gemüsesorten am besten angenommen werden. Da hinein kommen die Medikamente. Gesicherte Auswertungen und Erfahrungen beweisen, daß dies – neben der Lebensraumverbesserung durch Äsung und Deckung – ein Weg ist, den Hasenbesatz zu heben.
Für Enten gibt es Bruchmais und Druschabfälle. Die Greife füttern wir mit Schlachtabfällen, bevor sie sich an Rebhühnern, Fasanen und Hasen vergreifen.

# Was tut sich im Revier?

| | |
|---|---|
| Schwarzwild | Rauschzeit (Bache frischt nach 17–19 Wochen) |
| Muffelwild | Brunft (Muffelschaf setzt nach 21–22 Wochen) |
| Feldhase | Rammelt vereinzelt (Häsin hat 42 Tage inne) |
| Fuchs | Ranz (Fähe geht 50–53 Tage dick) |

# Lustiges

# Grüne Sprüche

Graf Bobby ist mit seinem Freund, Baron Mucki, auf Löwensafari. Als sie der ersten Löwen ansichtig werden, klettert Bobby schnell auf den nächsten Baum. Zitternd bringt Mucki sein Gewehr in Anschlag, um auf einen Löwen, der in großen Sprüngen naht, anzulegen. Vom Baum herunter spricht ihm Graf Bobby Mut zu: »Reg' dich nicht auf, lieber Mucki, wenn du fehlst. Weiter hinten kommen noch viel, viel mehr!«

»Wie hat sich denn unser neuer Pfarrer auf der Treibjagd angestellt?«
»Gar nicht dumm! Aber die Vorsehung war mit den Hasen.«

Oberforstwart Aufschneider erzählt am Stammtisch: »Mein Hasso versteht jedes Wort. Neulich kam ein Jagdgast, der hieß Fuchs. Als ich ihn mit seinem Namen ansprach, wollte ihn Hasso gleich an der Kehle fassen.«
»Und ich hatte mal einen Sozius in der Kanzlei, der hieß Eckstein«, ließ sich der Rechtsanwalt vernehmen. »Sie hätten mal sehen sollen, was sich der von meinem Bello alles gefallen lassen mußte.«

Ein Jäger hatte seinen vor Monaten erlegten starken Keiler zu dem berühmten Präparator geschickt. Als nun endlich die Kiste mit der Trophäe ankommt, stürzt der Sprößling aufgeregt ins Zimmer: »Du, Papi, dein Saukopf ist da!«

Ein Jäger ohne Hund
ist ein Faß ohne Spund,
ist eine Hose ohne Knopf,
ist ein trauriger Tropf.

Der Teutsche, wohlgewohnt der Kält', auf dem Gebirg liegt, bis er fällt den wilden Bären in den Schnee und tracht, daß ihm kein Hirsch entgeh!
F. v. Flemming

*Aus dem grünen Dekameron*

Kein Hahn balzt, wenn das Jahr beginnt, jedoch der Waidmann immer minnt!

Den Hundestall, den mußt du reinlich halten. Kriech nicht zur jungen Magd und nicht zur alten, dem Wildpret gib Heckerling, Hafer, Heu, und misch darunter allerhand Kräuterei.
F. v. Flemming

Der Tod ist wesentlich, weil es ohne ihn kein echtes Jagen gibt. Die Tötung des Tieres ist der natürliche Abschluß der Jagd und ihr Ziel: nicht das des Jägers, das der Jagd an sich ... Man jagt nicht, um zu töten, sondern umgekehrt, man tötet, um gejagt zu haben.
Ortega y Gasset

Jagen soll in der Gottesfurcht geschehen.
Cyriakus Spangenberg (1560)

So sieht man den Jäger gern: ohne Waffe, nur in Hege unterwegs. Ein romantisches Bild. »Wo Mensch und Tier um Existenz sich streiten«, schreibt Friedrich von Gagern, »da ist der Jäger als Vermittler hingestellt; denn nicht das Wild ist um des Jägers willen, sondern der Jäger um des Wildes willen da.« Es ist nach wie vor müßig, darüber zu streiten, warum der Jäger füttert – füttern muß, füttern darf. Erst wenn es kein Wild mehr zu sehen gäbe, das ökologische Gleichgewicht vollends zerstört wäre und Wildpret auf keiner Speisekarte mehr stehen würde – dann erst würde jeder begreifen, welche Aufgaben der Jäger zu erfüllen hat!

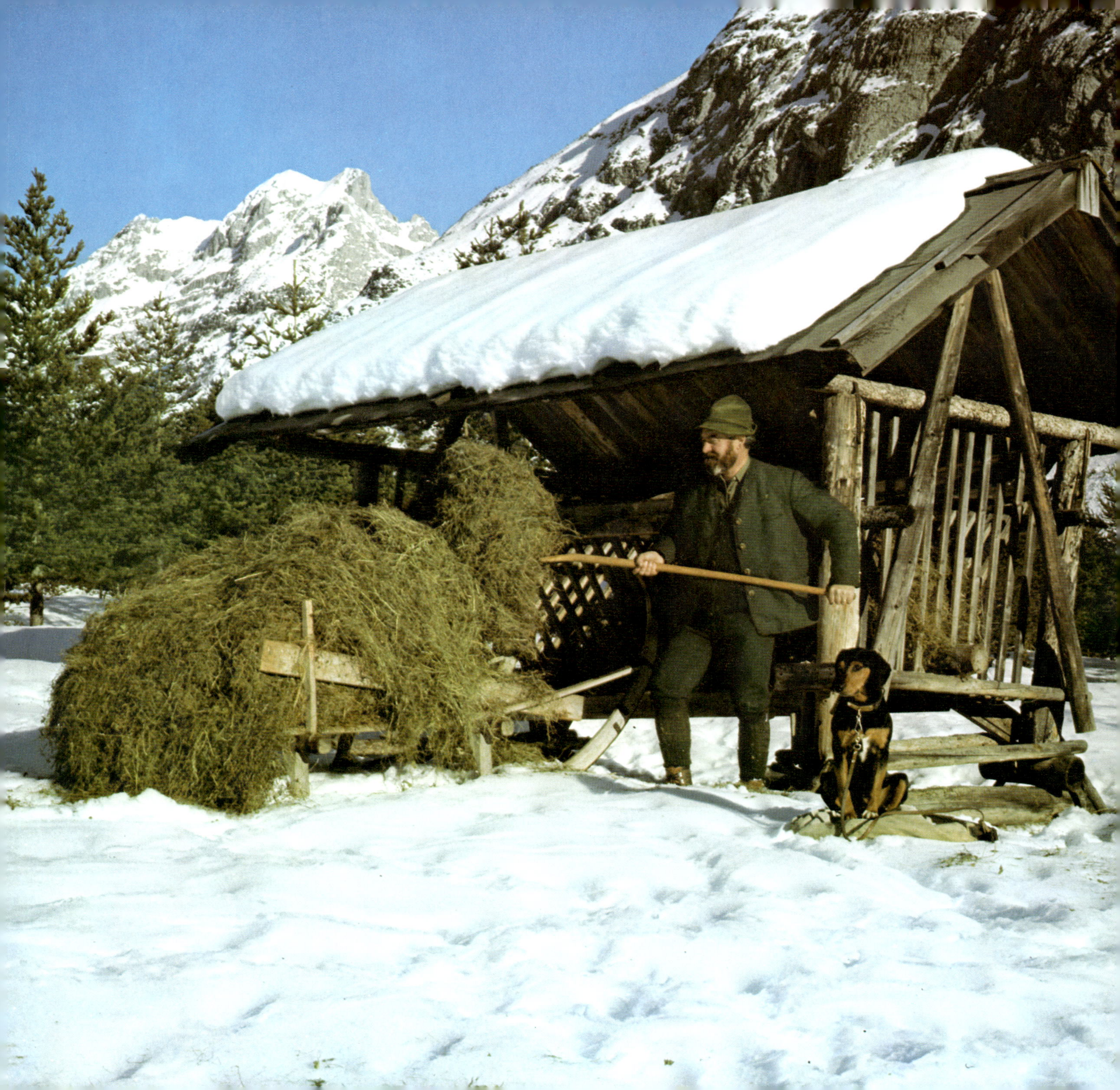

# „Ist männlich Verlangen..."

In strahlenden Klangfontänen, vordergründig die Hörner, formieren sich die letzten Takte des Molto vivace der Freischütz-Ouvertüre, um schließlich in einer atemberaubend langen Fermate auszuklingen – vom Dirigenten nun durch eine kraftvolle Stabbewegung abgebrochen. Donnernder Applaus und Bravorufe leiten zur Pause im Symphoniekonzert über. Allmählich leeren sich die Sitzreihen. Ich nehme am Buffet noch etwas zu trinken mit und geselle mich zu der kleinen Gruppe, die – so hat es den Anschein – den musikalischen Genuß bereits lebhaft diskutiert.

»Nein, nein, und nochmals nein! Das Jagen in unserer Zeit ist einfach eine anachronistische Ungeheuerlichkeit. Eines zivilisierten und erst recht eines kultivierten Menschen unwürdig!« –

»Vorsicht, gnädige Frau! Da pirscht sich gerade unser ›Grüner‹ heran« – unterbricht mein Freund Hubert die temperamentvolle Rede der charmanten Ärztin. Man lächelt in der Runde, schadenfroh, süffisant und amüsiert.
»Liebe gnädige Frau, so streitbar kenne ich Sie ja noch gar nicht. Was ist denn unserer engagierten Tierschützerin über die Leber gelaufen?«
»Entschuldigen Sie, ich wollte nicht persönlich werden. Nur fühlte ich mich von Herrn Allerstein herausgefordert« – sie wandte sich mit einer Kopfbewegung dem Stein des Anstoßes zu – »herausgefordert durch die Bemerkung, die Freischützmusik wäre ein heute noch gültiges Spiegelbild der Empfindungen einer Jägerseele. Ich finde es einfach unmöglich, wenn erwachsene Menschen der unschuldigen und ahnungslosen Kreatur nachstellen und sie mit unfairem technischen Aufwand aus dem Hinterhalt töten. Oder, noch schlimmer, wenn sie Tiere in einer gesellschaftlichen Belustigung zusammentreiben lassen, Hunde auf sie hetzen und diese erbarmungswürdigen lebenden Zielscheiben dann zusammenschießen! Ich kann mich da so hineinsteigern, daß mir die Freude an dem schönen Konzert fast vergangen ist!« – Nun war ich gefordert.

Ich muß ihr sagen, wie recht sie in gewissem Sinn hat, wenn es um den reinen Tötungsvorgang geht, der natürlich eine Verhältnisgleichheit der Mittel in der Regel vermissen läßt. Und bei manchem Jäger auch das handwerkliche Geschick, wenn nicht sogar die Selbstbeherrschung, ohne die nicht nur die Jagd in Frage gestellt bleibt. Daß es nicht immer ästhetisch zugeht auf Gesellschaftsjagden, wenn etwa ein Hase angebleit und zuckend in der Ackerfurche liegt, nicht erlöst werden kann, weil noch nicht abgeblasen ist! Die Sicherheit des Menschen vor einem möglichen Unfall steht im Rang weit vor dem Leiden der Kreatur!
Muß das wirklich so sein?
Andererseits: Wer macht sich schon als »Verbraucher« die Mühe, über die Gewinnung von tierischem Eiweiß als Massennahrungsmittel nachzudenken? Was da hygienisch verpackt und tiefgefroren als Produkt schneller Mästung und rationeller Serienschlachtung, gewogen in Gramm, nährwertgemessen in Joule, in den Truhen liegt, das sollen Tiere gewesen sein? Kälbchen, Schweinchen, Lämmchen, Bambis?
Zugegeben, wir könnten gewiß ohne Wildpret auf dem Teller leben. Letztlich auch ohne Salami, Edamer, Wein, Knödel oder Zwetschgendatschi.
Könnten wir ohne Jagd leben? Oder ohne Musik?
Jagd ist doch heute, weiß Gott, mehr als nur Beutemachen nach dem Motto »... und schießt das Wild daher, grad wie es ihm gefällt!« Erst muß mal Wild da sein. Von selbst existiert es heute nicht mehr. Durch Jahrtausende mußte der Mensch jagen und töten, um zu bestehen und nicht selbst Beute zu sein. Ich glaube nicht zu übertreiben, wenn ich behaupte, daß sich heute der passionierte Jäger in erster Linie als Heger versteht, der bewahrt, was die wahnwitzige Anspruchlichkeit der Menschen ständig vom Lebensraum der Wildtiere fordert und rigoros nimmt.

Kann man dem Jäger verdenken, daß er als Belohnung für sein Tun auch ernten will, ernten kann, ja ernten muß? Das sollte man aber wirklich tolerieren!
Wie meinen Sie, gnädige Frau, auf dem Schießstand die Emotionen abladen und die Jagd von hauptberuflichen Wild- und Landschaftspflegern auf Staatskosten betreiben lassen?
Natürlich geht das.
Wir wissen beide, daß Jagdpassion sicher nicht von genetischen Vorbedingungen abhängig ist. Man kann letztlich auf alles verzichten, was das Leben – gottgewollt und abgesichert durch die Bibel – erst

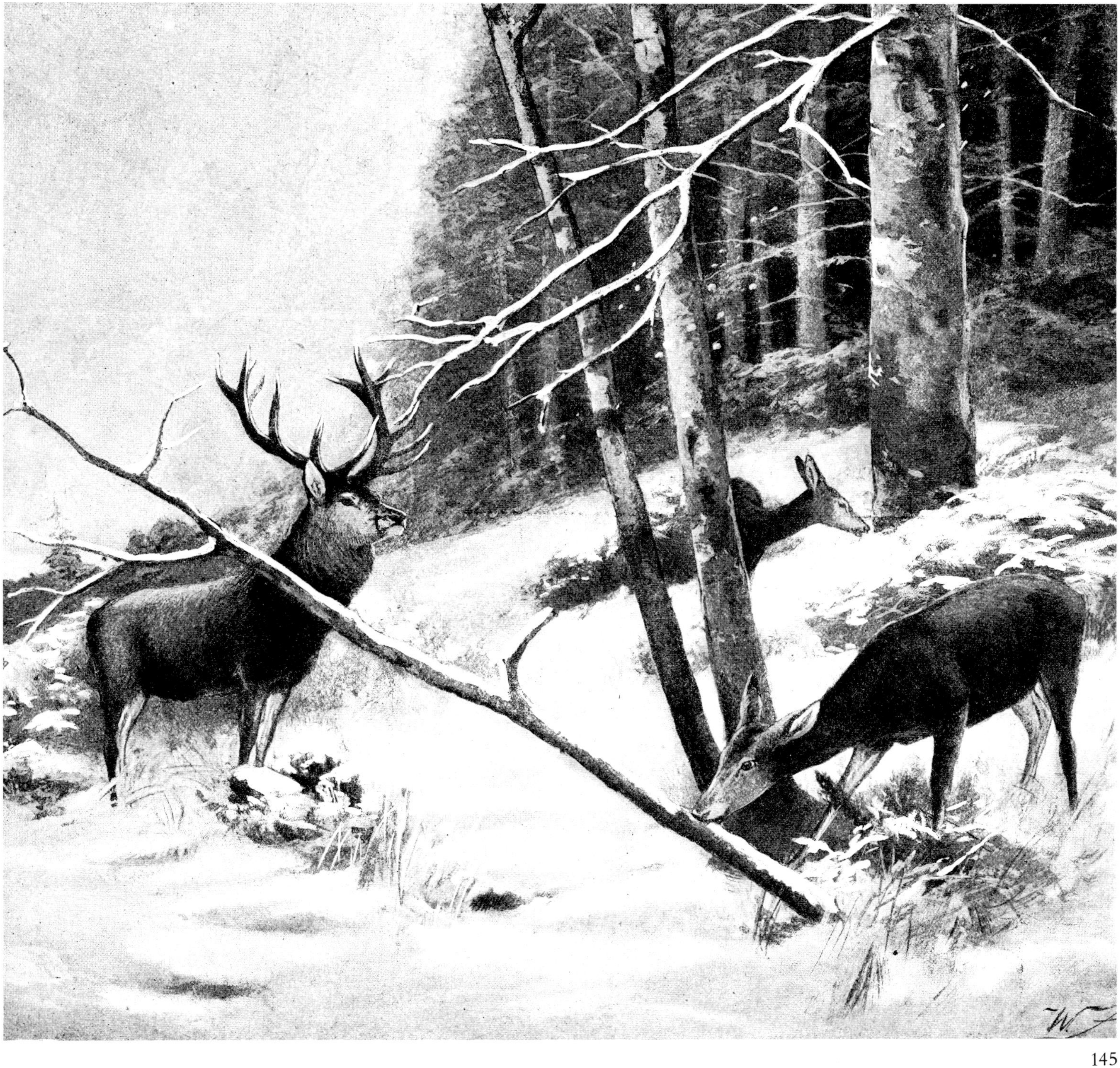

lebenswert macht. Mit Sicherheit würde die Menschheit dabei aussterben.
Wald *und* Wild?
Für das Stichwort bin ich dir dankbar, Hubert.
Sehen Sie, meine Freunde, da schimpft man über die gewaltigen Schälschäden im Fichten- und Tannenforst und sucht die Schuld beim Wild, präziser, in der Wilddichte. Und hier ausschließlich. Wald *vor* Wild! Abschießen bis auf kümmerliche Reste zur Arterhaltung, dann funktioniert der Wald wieder, wird genau so perfektioniert liefern wie die Schlachthöfe. Nur Holz eben. Die Leute können sich Rehe und Hirsche schließlich im Zoo ansehen.
Ist das eine Lösung?
Kaum.

Denn die Schälschäden werden nach einer intensiven Wildtötungskampagne – von Jagd kann man hier nicht mehr sprechen – noch höher. Warum? Weil das Wild unter dem unerträglichen Jagddruck endgültig in den Einständen steht und die Äsungsflächen meidet. Denn dort kracht es unentwegt. Und schnell bringt es Krach, Todeswitterung und Fluchtunruhe mit diesen Flächen in Verbindung. Dabei *muß* es alle vier Stunden Äsung aufnehmen, um nicht in ein Stoffwechseldefizit – so nennt man das doch auf fachchinesisch? – zu kommen.
Hunger tut weh!
Ein Teufelskreis?
Man könnte es meinen. Dabei wäre eine forstliche Lebensraumgestaltung für das Wild das Nächstliegende. Das ist nicht mal eine Erkenntnis unserer Zeit! Schon vor hundert Jahren wußten »holz- *und* hirschgerechte« Forstleute über diese Zusammenhänge Bescheid. Und damals waren dem Wild noch nicht durch Massentourismus, Sport, Straßenverkehr, Kultursteppe, totale wirtschaftliche Nutzung des Waldes samt weitgehender Sozialbindung die Lebensräume genommen. Ich meine hier ausdrücklich jegliches Wild, nicht nur das jagdbare! Der Jäger fühlt sich für *alle* Wildtiere und für deren Lebensraumgestaltung verantwortlich. Denn er weiß von der wechselseitigen Abhängigkeit der Lebewesen.

Was? Das erste Klingelzeichen? Schade, jetzt haben wir doch die ganze Pause mit diesem Thema zugebracht, statt über die Musik zu plaudern.
Ja, gnädige Frau, nach der Pause steht der »Jägerchor« auf dem Programm. –

»Ich sage Ihnen nur das eine, meine Damen und Herren«, läßt sich Herr Wenkel, der bisher aufmerksam, aber schweigend zugehört hat, vernehmen, »ich bin kein Jäger, aber aus der Sicht des Unternehmers habe ich begriffen, daß Wildpret kein Abfallprodukt jägerischer Betätigung ist, sondern ein volkswirtschaftlich zu bedenkender Faktor. Holz *und* Wildpret sollte es heißen. Wald *und* Wild!

Aha – das dritte Klingelzeichen! Viel Vergnügen noch. Trinken wir nachher in der Klause eine Versöhnungsflasche? Sie doch auch, gnädige Frau?
Fein!«
Das Stimmen der Instrumente verklingt.

Applaus für den Dirigenten, langsam verlöschen die Lichter . . .
»Was gleicht wohl auf Erden
dem Jägervergnügen,
wem sprudelt der Becher
des Lebens so reich?
Beim Klange der Hörner
im Grünen zu liegen,
den Hirsch zu verfolgen
durch Dickicht und Teich,
ist fürstliche Freude,
ist männlich Verlangen,
es stärket die Glieder
und würzet das Mahl,
wenn Wälder und Felsen
uns hallend umfangen,
tönt freier und freud'ger
der volle Pokal!
Joho, tralala . . .«
Ich suche mit meinem Blick unsere streitbare Freundin, die zwei Reihen vor mir sitzt.
Wenn mich die Dämmerungsleistung meiner Augen nicht täuscht, so sehe ich ein entspanntes Gesicht, über das ein Lächeln huscht: ». . . ist männlich Verlangen, es stärket die Glieder und würzet das Mahl . . .«

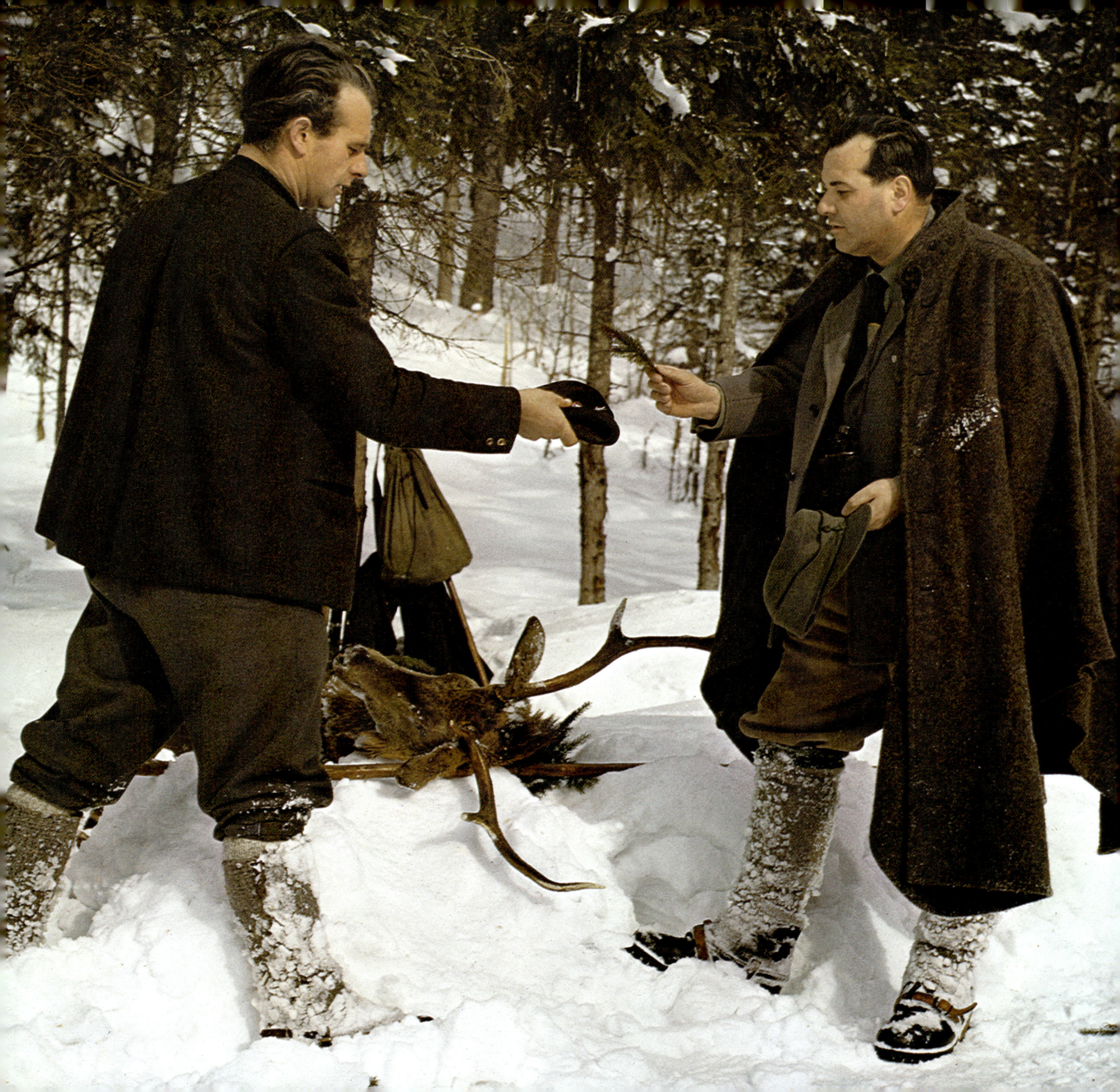

# Die Marderjagd

1
2
3

5
6
7

**1** „Erst gefangen in der Falle,

**2** Und erschossen dann im Knalle,

**3** Drauf erwürgt, — zuletzt erschlagen

**4** Noch zu guter Vorsicht ward er;
Denn man glaubt nicht, was ein Marder

Alles schweigend kann ertragen,
Und wie zäh' sein Leben ist!"

**5** Sprach der Förster Finkenrist,
Als mit seinem Hunde=Paar
Er nach Haus gekommen war.
Und zum Mahl mit Weib und Kind

Will er setzen sich geschwind,
Und die Försterin bringt das Essen,
Und die Schüssel dampft von Klößen.
Horch! Da regt sich's und da zappelt's,
In des Försters Waidtasch' rappelt's,

Und auf's Neu' lebendig ward er,
Der schon todt geglaubte Marder,
Und der Förster, unverzagt,
Hält nun eine neue Jagd.

**6** Der Hirschfänger wird gezogen,
Und der Feldmann kömmt geflogen,

Doch der Phylar, statt zu jagen,
Läßt die Klöße sich behagen,

**7** Und der Marder rennt durch's Zimmer,
Flüchtend schnell und schneller immer,

Und im hastigen Gewirre
Krachen Schüssel und Geschirre,

**8** Und die Mutter trägt den Kleinen
Fort, der anhebt arg zu weinen.
Jetzt auch wird der Förster hitzig, —
Doch der Marder, schlau und witzig,
Rennt, als jagten ihn Gespenster,

Mitten durch das Zimmerfenster;
Und seit dieser Rettungsthat
Nimmermehr gesehen ward er.
Ja, man glaubt nicht, was ein Marder
Für ein zähes Leben hat!

# Von Eulen, Käuzen und dem Aberglauben des Jägers

Keine hundert Jahre ist es her, da nagelte man noch Eulen und Käuze an die Giebel der Forsthäuser und Jagdhütten, um durch dieses Ritual die bösen Geister zu bannen, andererseits aber auch, um Jagdkonkurrenten zu beseitigen.

Vor allem dem Uhu, Schuhu oder Auf galt der Zorn des Jägers. Einerseits! Andererseits benutzte er den Eulenkönig aber als Jagdhelfer gegen Krähen und Habicht.

Was mußten sich unsere Eulenvögel nicht alles andichten lassen, nur weil die meisten Menschen – die Jäger nicht ausgenommen – den naturwissenschaftlichen Kenntnissen ihrer Zeit keinen Glauben schenkten.

Nun war der Glaube an den Aberglauben teilweise auch bequemer als das Denken und für viele dazu ein schaurig-schöner Lustgewinn.

So etwa müssen die possierlichen Waldkäuze und Steinkäuze noch heute als Totenvögel herhalten, nur weil man aus ihrem Ruf ein »komm-mit!« herauszuhören meint und ihr Huhuhuhuuu manchem das Blut in den Adern gefrieren läßt. Sogar Flemming hielt den Uhu noch für einen »entsetzlichen Vogel«.

Kobell stellte 1858 fest, daß der Schuhu ein ordentliches Familienleben habe und die Eltern eine große Liebe zu den Jungen entwickelten. So haben die aufgeklärten Jäger den Uhu auch nicht mehr verfolgt, sondern ihn zum Helfer für die reizvolle »Hüttenjagd« auserkoren. Löns schreibt in seiner Geschichte »Vor dem Uhu« über diese Jagdart:

»Ich mag Krähen gern leiden, wie alles, was da kreucht und fleucht ... Aber es

»Ha! Ein Schuh am Weg ins Revier! Nein, da kehr' ich lieber um. Das bringt nichts Gutes.«

»Eine schwarze Katz'? Das bedeutet Fehlschuß. Nichts da, heimwärts Jäger lenk deine Schritte wieder!«

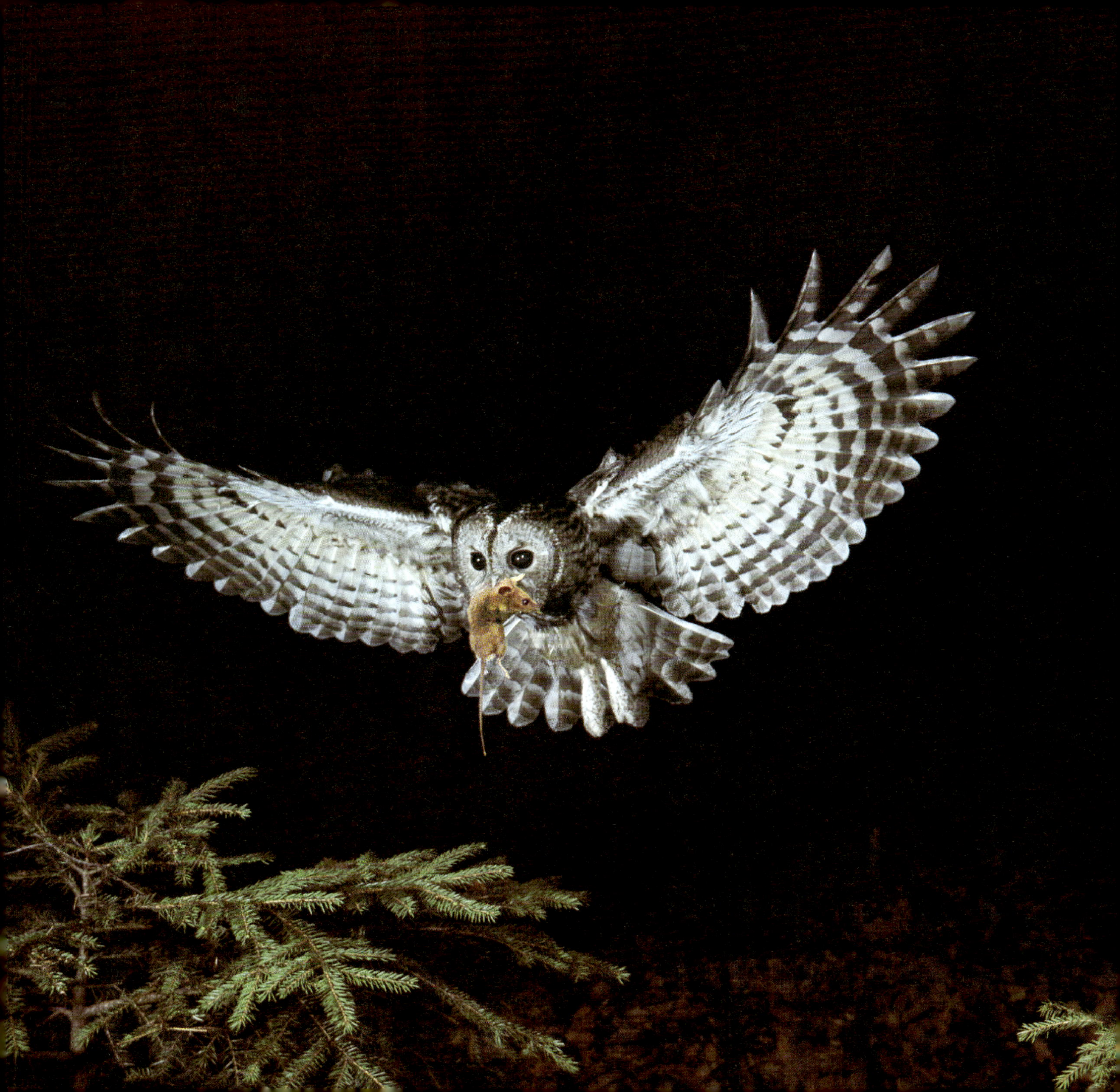

sind ihrer zuviel in dieser Jagd, und mehr als eine Untat, wie die gestrige (Anm.: sie hatten zwei Junghasen totgehackt), haben sie auf dem Gewissen. Komm' Hans! Du sollst mir helfen, sie zu bestrafen!«

Eulen fliegen auch im Zug des Wilden Jägers mit. Allen voraus eine besonders große, wahrscheinlich ein Uhuweib, ehemals eine Nonne, deren Ungeist sich zu Hackelberg gesellte und nun ihr schauerliches »uhuhuhu« dem Gejaid vorausruft.
Allem Aberglauben lag ursprünglich zumindest ein gewisser Sinn zugrunde, eine Beziehung zum Zusammenhang der Dinge, die man noch nicht genau kannte. Letztlich auch eine Beziehung zum Tod und zu den Toten. Was lag näher, als gerade Nachtwild, von dem man nicht viel mehr wußte, als daß es auch manchen Jäger durch das plötzliche Auftauchen aus lautlosem Flug erschreckte, mit dem Reich der Toten in Verbindung zu bringen?
Flemming wetterte zwar schon gehörig über die »Narrenpossen des Aberglaubens«, hielt es aber doch für recht zweckmäßig, Rezepte zu verschreiben, wie man »auf eine zulässige und natürliche Art denjenigen bösen Leuten, die aus Neid und Mißgunst ihrem Nächsten zu schaden und ihn ins Unglück stürzten, einen Possen thun, so, daß er kein Wild fällen kann, . . . entgehen könne«.
Und auch Döbel äußerte sich 1746 einesteils aufgeklärt, andererseits ganz offen und naiv: »Das ist gewiß, daß in der Sympathie (Zauber) und Antipathie (Gegenzauber) sehr vieles steckt, und in der Natur viel verborgen ist.«
Deshalb mußten also Eulenvögel sterben, um durch ihre kreuzförmig hingenagelten Kadaver Geister abzuwehren.
Vielleicht wäre aber der »Freischütz« nie geschrieben und komponiert worden, wenn es keinen Aberglauben gegeben hätte. Und wie ist das mit der Patronenzahl, die wir modernen Jäger heute einstecken?
Drei, fünf, sieben . . .

»Um Gottes willen, Liebste, der Hackelberg geht um! Schnell, laß mich in deine Kammer, hier geht nichts mehr!«

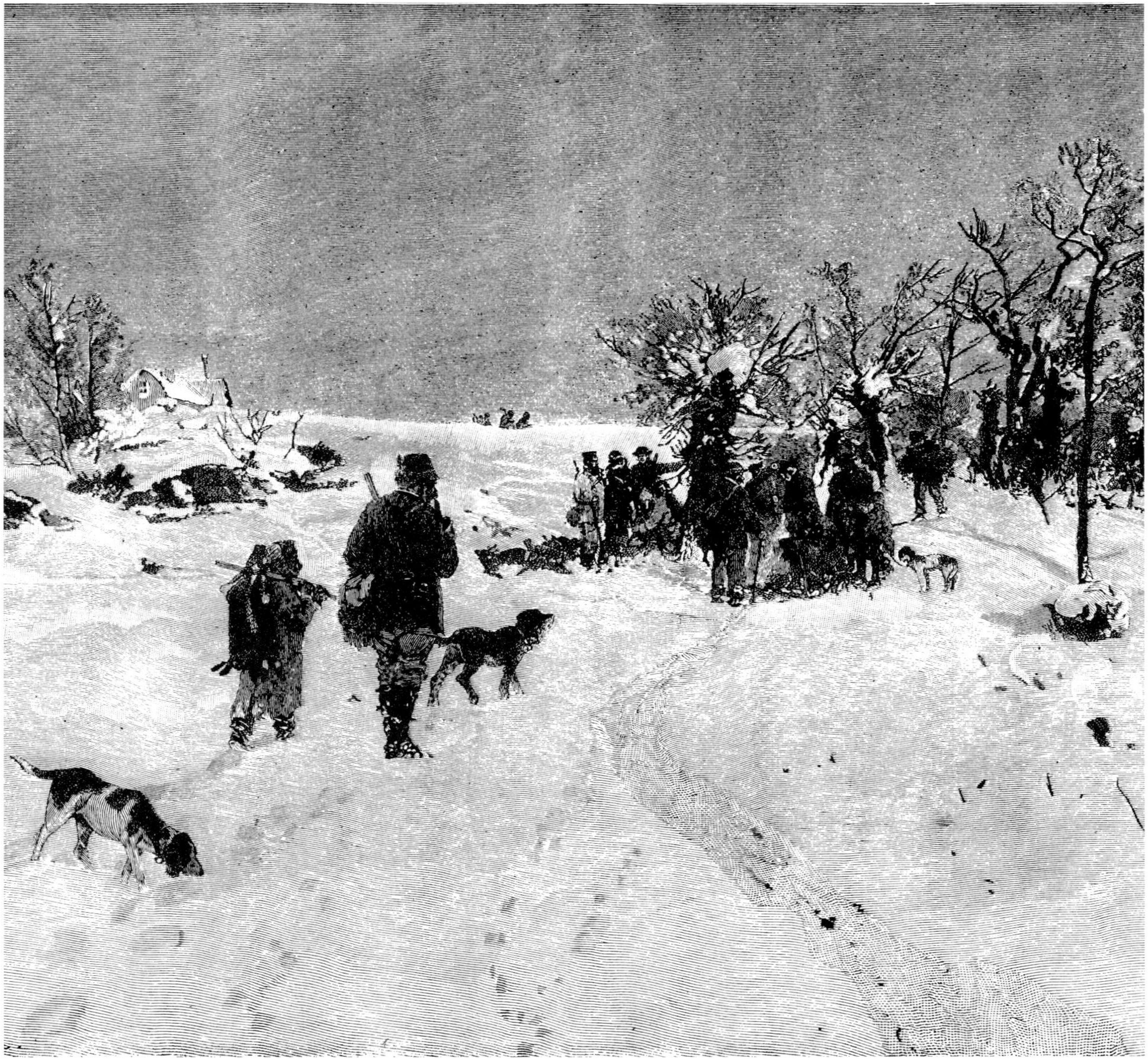

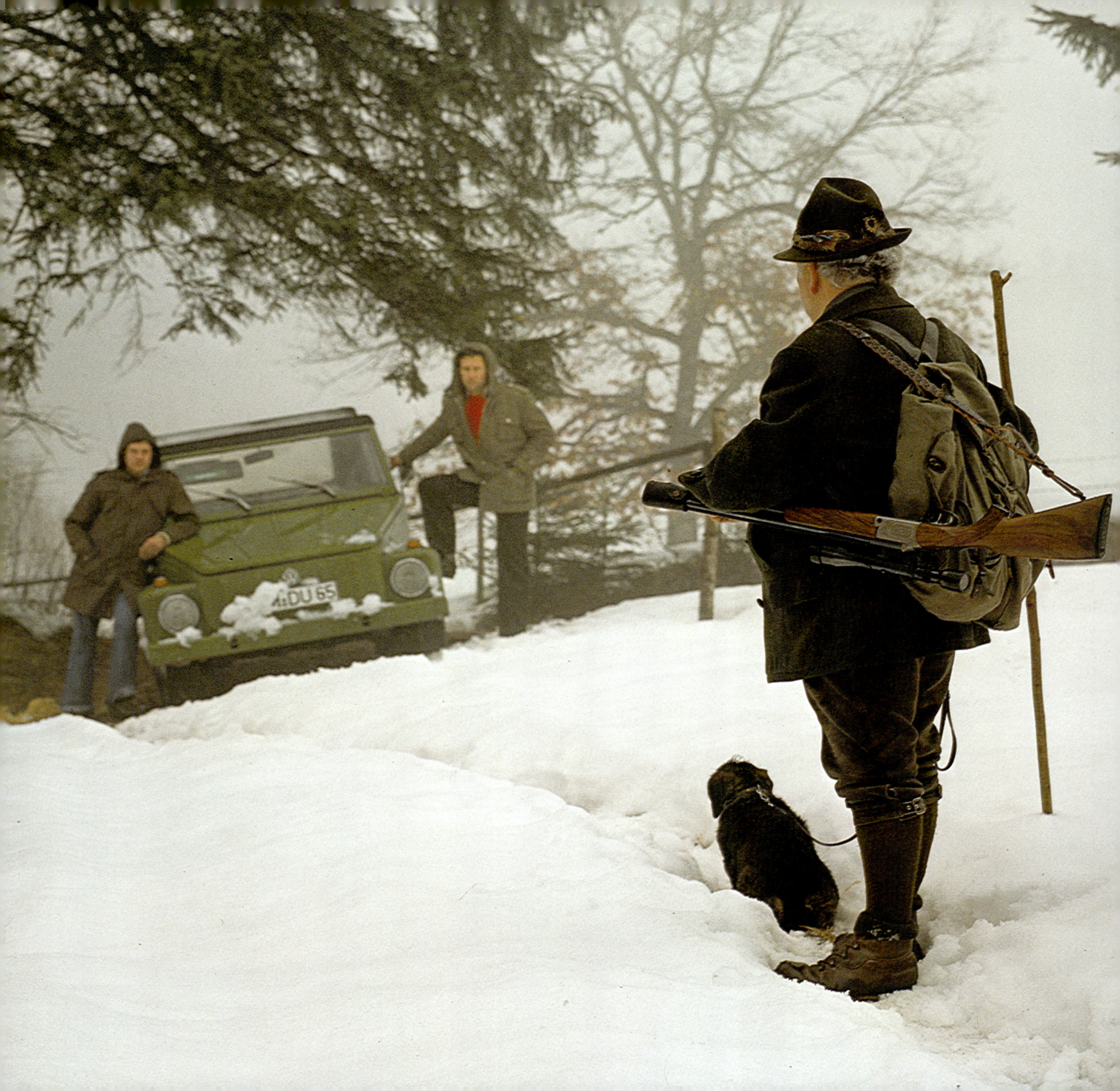
DU 65

# Februar

## Jagdschlußmonat · Hornung

Jagdschutz ist zwar für ein gepflegtes Revier das ganze Jahr über aktuell, jedoch lohnt es sich im Hunger- und Notmonat doppelt, auf vielerlei zu achten, was sich so in Wald und Flur tut. Früher war der Februar ein bevorzugter Schlingenmonat. Alle Welt ist heutzutage auch im Winter im Wald, wenn dieser nur einigermaßen erschlossen ist oder man ihn – noch einfacher – durch »Rundwege« begehbar gemacht hat. Offizielle und wilde Loipen führen meist mit schlafwandlerischer Sicherheit knapp an Einständen und Fütterungen vorbei, wenn nicht gar mitten hindurch. Denn das ist romantisch und entspricht der Vorstellung vom »Wintermärchen« am ehesten. »Schießende« Weihnachtsgeschenke, in erster Linie also Schwarzpulverwaffen, werden mit Vorliebe im Winterwald ausprobiert. Schnee dämpft, und soviel Zeugen wie im Sommer sind auch nicht unterwegs. Auch ist Faschingszeit, und Blitz und Knall tragen zur Stimmung bei. Durchlöcherte Sperrschilder oder Verkehrszeichen, Kugeleinschläge an Fütterungsautomaten oder Kanzeln sind deutliche Hinweise auf solche Aktivitäten. Was zu Anfang meist noch Dummejungenstreiche sind, wächst sich, wenn der Appetit mit dem Essen kommt, leicht zu handfester Wilderei aus.

Wilderer im Revier! In eine solche Situation kann jeder Jäger kommen. Auch andere Rechtsbrecher vermuten beim Jäger nicht unerhebliche materielle Werte: Auto, Gewehr, Faustfeuerwaffe, Munition, Fernglas und vielleicht auch Barschaft. Meist weit ab von der nächsten Ortschaft und damit von einer möglichen Hilfe, ist der Jäger gezwungen, sich selbst zu helfen. Doch muß das nicht immer gleich mit drastischen Mitteln, mit der Waffe geschehen. List führt manchmal schneller zum Ziel. Seine Revierkenntnis verschafft ihm zumeist eine überlegene Ausgangssituation. Jeder Jäger sollte sich öfter mal diese und ähnliche Situationen vorstellen und darauf mögliche Gegenmaßnahmen durchdenken. Dazu gehört, wenn auch am Rand, sich wieder etwas mehr mit der Geheimsprache der Brüche zu beschäftigen.

Man sollte Brüche wieder häufiger verwenden, denn sie zählen neben der Jägersprache mit zu den sinnigsten Kommunikationsmitteln – wie man das im modernen Sprachgebrauch nennt – unserer grünen Zunft.

Und »zünftig« sein hat noch nie geschadet. Beim Gruß beispielsweise. So alt ist der Jägergruß nämlich gar nicht, wie man eigentlich annehmen könnte. Erst Anfang des vorigen Jahrhunderts bürgerte sich das »Waidmannsheil!« als Gruß und Wunsch am gestreckten Wild ein. Wohl als eine Vereinfachung der bis dahin üblichen, sehr langatmigen »Waidsprüche«. Und wie es mit Neuerungen so geht: der Gruß wurde zum Alltagsgruß zwischen Jägern. Noch heute bestehen Zweifel, wie man antworten soll. Ebenfalls mit Waidmannsheil oder mit Waidmannsdank? Vor hundert Jahren galt als zünftige Erwiderung: »Auch Waidmannsheil, Herr Kamerad!« Hitler, der den Jägern sehr mißtrauisch begegnete, weil ihm die »Grüne Loge« wegen ihres Individualismus Unbehagen bereitete, erließ die Anordnung, den Waidmannsgruß nur noch am gestreckten Wild zu verwenden, ansonsten aber den üblichen »Deutschen Gruß« zu gebrauchen. Das war für viele Grüne ein rotes Tuch, zumindest aber verwirrte es sie. So ging es auch einem Berchtesgadener Berufsjäger, der sich plötzlich dem lustwandelnden Führer nebst kleinem Gefolge gegenübersah. Er lupfte seinen abgegriffenen Hut ein wenig und grüßte: »Waidmanns Heil Hitler, Grüaß Gott beianand!«

# Das Wetter

Sonnt sich der Fuchs anfangs Februar, friert er sicher im März.

Wenn im Februar die Mücken schwärmen, Jäger, mußt im März die Ohren wärmen.

Nordwind im Februar macht das Wild im Sommer satt.

Im Februar muß die Lerch' auf die Heid', mag's sein lieb oder leid.

Ist im Feber dem Jäger zu warm, friert er an Ostern bis in den Darm.

Wie lange die Lerchen vor Lichtmeß (2.2.) singen, so lange schweigen sie hernach still.

Wenn an Lichtmeß (2.2.) die Sonne klar scheint, wird der Winter nochmals kommen.

Weiße Lichtmeß (2.2.) – grüne Ostern.

Scheint am Lichtmeßtag (2.2.) die Sonne klar, gibt's Spätfrost und ein wildarmes Jahr.

Lichtmeß Sonnenschein? Bringt viel Schnee herein!

An Lichtmeß entscheidet sich der Winter.

An Lichtmeß kommt der Bär (Dachs) aus der Höhle. Wenn die Sonne ihm auf den Pelz scheint, kehrt er nochmals für sechs Wochen zurück.

Wenn der Fuchs an Lichtmeß seinen Schatten sieht, bleibt es noch vier Wochen kalt.

Am Agathentag (5.2.) rinnt das Wasser den kleinen Weg hinunter (es taut ernstlich).

St. Dorothee (6.2.) bringt meist Schnee.

Tritt Matthias (24.2.) stürmisch ein, wird bis Ostern Winter sein.

Matthias (24.2.) bricht's Eis. Find' er keins, so macht er eins.

Was auf Fastnacht gesät wird, bleibt allezeit grün.

Im Februar ist Schnee besser als ein voller Regenmesser.

»Sehen Sie, meine Herren, Jagd und Liebe haben eines gemeinsam: Bevor man es wirklich zur Meisterschaft bringt, ist man zu alt dafür. Also grämen Sie sich nicht, daß uns der Fuchs ausgekommen ist. Wenn es nicht so viele Dummköpfe gäbe, stellte schon Mark Twain 1908 fest, hätten die Gescheiten keinen Erfolg!«

# Die Jagd    Die Hege

Marder, Iltis, Hermelin und Fuchs werden weiterhin kurzgehalten. Denn nur, wenn das Revier voll von Wild ist, kann auch das Raubwild aus dem vollen schöpfen. Dann schöpft es ab, was jagdlich nicht genutzt werden kann.

Der Frühansitz am Fuchsbau oder am Luderplatz mit Hasen- oder Kaninchenklage, Mausfiep oder Eichelhäherruf bringt oft Erfolg. Für die Marderartigen endet die Jagdzeit zu Ende des Hornung. Ein Grund mehr, das Jagen auf sie zu konzentrieren.

Im Rotwildrevier sind dem Jäger die Abwurfstangen wertvolle Beweisstücke zur Beurteilung der Entwicklung seiner Hirsche. Natürlich hebt er nicht alle Stangen auf, sondern nur solche von vielversprechenden Hirschen. Die überzähligen verschenkt oder verkauft er. Gerade die letzte Möglichkeit übt eine starke Anziehungskraft auf Stangensucher aus. Auf solche, die es vielleicht nötig haben. Aber auch auf diejenigen, die sich einen Sport daraus machen, in alle Dickungen zu kriechen, um »Beute« zu finden. Es gibt sogar welche, die bewußt das Wild beunruhigen, in der Hoffnung, es werde auf der Flucht eine Stange verlieren.

Daß gerade die Staatsforstbehörde hier häufig großzügig verfährt und beide Augen zudrückt, verwundert den Jäger. Warum eigentlich? Das unerlaubte Aneignen von Abwurfstangen ist nach geltendem Recht immer noch Wilderei!

Mit dem Hornung beginnen die beiden Hungermonate. Alles Wild wird intensiv gefüttert und gekirrt – auch die Greifvögel! Embryoentwicklung und Geweihbildung beim Schalenwild brauchen jetzt Substanz.

Bei hoher Schneelage empfiehlt es sich, die am meisten benutzten Wechsel abzulaufen, um den Schnee festzutreten. Wer kann, setzt den Schneeräumer ein, das Zusatzgerät zur Bodenfräse. Für den Hasen schneidet der Jäger bei diesen Gängen Proßzweige von Weichholzbäumen, die den Hasen sonst als zu hoch hängender »Brotkorb« unerreichbar blieben. Sind die Salzlecken in Ordnung?

Auch auf die jetzt praktisch abgeästen, aber vertrauten Wildäcker sollten ein paar Leckerbissen kommen: Maiskolben, Wildbeeren, Mast und auf die untersten Äste der Randfichten oder auf einen einfachen Galgen noch gutes Heu.

Den Bussarden und Habichten überlassen wir jeden Fuchskern. Denn von Mäusen, Singvögeln, Rebhühnern und später auch Junghasen werden sie bestimmt nicht satt. Auch wenn sie zur Zeit nicht jagdbar sind, dem Prinzip der Selbstregulierung, wie sie manche Naturschützer ernsthaft empfehlen, kann der Jäger nicht zustimmen.

Im zweiten Buch Moses, Kap. 23, Vers 10 und 11, befürwortet der Weise, daß 15 Teile von dem, was wächst, für die Armen und für das Wild auf dem Feld bleiben sollen. Im Wald aber bietet der Jäger hoffentlich ausreichend Triebe und Knospen von Eiche, Ulme, Weißdorn, Faulbaum, Haselnuß, Hainbuche, Linde und Holunder.

Die Zeit der Trophäenschau ist gekommen, und damit die Stunde der Wahrheit. Der echte und gerechte Jäger wird nicht darüber richten, ob das eine oder andere Stück vielleicht ein Jahr zu jung erlegt wurde. Aber er wird erkennen, wo der Zufall seine Hand im Spiel hatte, und wo wirklich die Hegearbeit und das Hegeziel verwirklicht wurden. Über eines muß man sich im klaren sein: Soviel die gewissenhafte Hege des einzelnen auch wert ist und wiegt – nur in der großflächigen Hegegemeinschaft ist letztlich der Erfolg zu finden. Wer – nur für sich allein – gut und ausdauernd füttert, dem wandert das Wild von allen Seiten zu und verdirbt ihm den eigenen Bestand. Er erreicht sein Hegeziel nicht und muß das Schlechte, Schwache der anderen miternten.

„So kimmt uns nix aus."

# Was tut sich im Revier?

# Grüne Sprüche

| | |
|---|---|
| Schwarzwild | Frischlinge (3–10) |
| Feldhase | Rammelzeit (Häsin hat 42 Tage inne) |
| Wildkaninchen | Rammelzeit (Häsin hat 30 Tage inne) |
| Fuchs | Ranz (Fähe geht 50–53 Tage dick) |
| Hermelin | Ranz (Fähe geht 60 Tage dick) |
| Rebhühner | Paarzeit ab Monatsmitte |
| Stockenten | Reihzeit |
| Mäusebussard | Horstet; Flugspiele (Balzflug) |

»Ja, wen müssen denn da meine scharfen Försteraugen sehen? Den Herrn Schullehrer als Forstfrevler! Was die Energiekrise nicht alles hervorbringt!« »Entschuldigen Sie mal, Herr Forstmeister, ich sammle nur Lehrmaterial für den Unterricht. Das wird doch wohl erlaubt sein!«

Bist deswegen ka Jaga, hast a Federn am Huat, und an Büx'n, do zeitweis Bumbum machen tut.

Den meisten Jägern geht es mit ihren alten Hüten wie mit ihren Frauen: Sie sind nicht mehr schön, aber sie können sich nicht von ihnen trennen.

Die Jäger haben einen guten Schlund, sie essen und trinken zu jeder Stund, und sind dabei immer frisch und gesund.

*Aus dem grünen Dekameron*
Der Jäger, wenn er Muße hat, springt auch im Hornung auf das Blatt!

Mit Stolz sieht sich der Jägersmann den Blatt geschoss'nen Gamsbock an. Und auch der Waldmann nimmt dran teil. Das ganze nennt man Waidmannsheil!

S'Jagabluat laßt nit aus bis ans End'!

Tote Kronenzwölfer wirken besser als lebendige Spießer.

Ein Hund, der wildert, wird prompt erschossen, noch eh des Wildes Schweiß geflossen.

Beim Jagen, Fangen und bei Liebesfreuden gibt's eine Lust zumeist auf hundert Leiden.

Wenn die Maid die Büchse spannt, setzt's Pulver sich von selbst in Brand.

Fuchspassen mag i net, is ma viel zu kalt, paß lieber auf a Fähin, hat a an schön Balg.

Wenn auch verwittert die Gestalt – ein Jägerherz wird niemals kalt.

Waffen, Frauen und Bücher muß man alle Tag versuchen.

Alte Hirsche, starke Bäume, gute Pirsch und junge Träume, Dirndl schlank mit fester Brust, gehör'n zur edlen Waidmannslust.

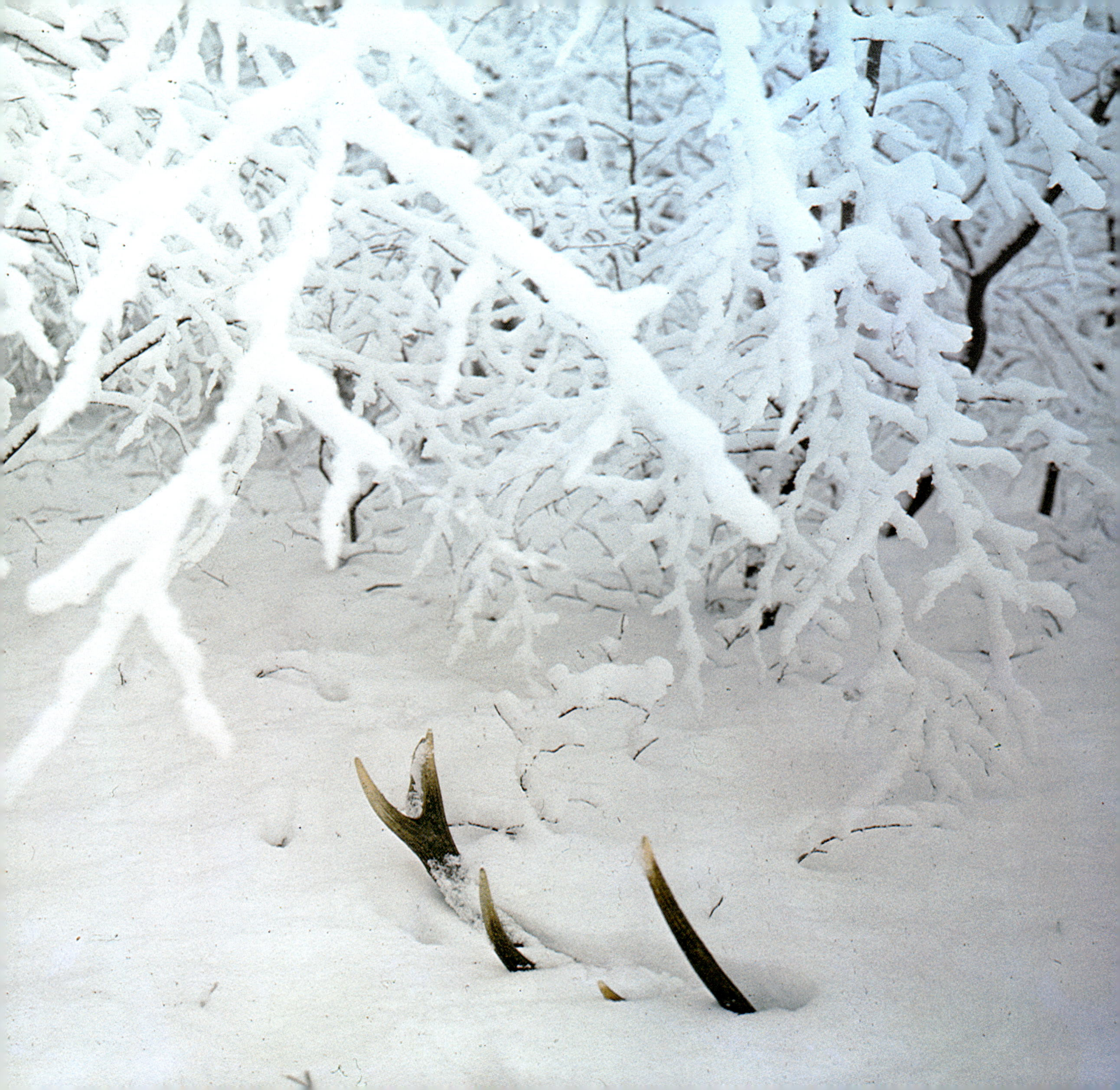

# Lustiges

Im Spessart ist Drückjagd auf Sauen. Es schneit ununterbrochen und Jäger, Treiber und Schwarzwild sehen gleich unförmig und unkenntlich aus. Als Strecke gelegt wird, fragt der Jagdherr besorgt: »Sind auch wirklich alle Treiber da?«
»Alle!« versichert der Obertreiber.

Der Boxleitner Loiffi war bekannt für seine Wilddiebereien. Jetzt hatte es ihn erwischt, respektive seine Leber: vom vielen Saufen. Der neue Pfarrer hält ihm eine salbungsvolle Grabrede: »Dieser aufrechte Mann und treusorgende Familienvater konnte weder Mensch noch Tier etwas zuleide tun . . .«
Da zupft der kleine Hansi seine Mutter am Ärmel: »Geh weiter, Mama, i glaub, mir san auf der verkehrten Leich!«

Jahrelang hatte sich ein Patient der Nervenheilanstalt für einen Jagdhund gehalten. Jetzt ist er als geheilt entlassen worden. »Wie geht es dir denn?« erkundigt sich sein Freund beim Wiedersehen. »Na, prächtig! Fühl mal meine Nase! Ganz feucht und kalt.«

Graf Bobby sieht schon sehr schlecht, trägt aber aus Eitelkeit keine Brille. Eines Tages kommt er vorzeitig von der Jagd zurück. »Neue Munition, Herr Graf?« fragt ihn sein Diener. »Nein, neue Hund!« antwortet Bobby kleinlaut.

Eine junge Dame, die im Forsthaus ihren Urlaub verbringt, darf den betagten Jägers- und Forstmann auf einem Pirschgang begleiten. Am Waldrand sehen sie eine Geiß mit ihren Kitzen, die aber schnell abspringen. »Sie haben schlechten Wind von uns bekommen«, erklärt der Grünrock seiner Begleiterin. Ein wenig später verhoffen sie an einer Wiese, in der ein Bock steht. Auch dieser springt ab und schreckt noch eine Weile hinterher. »Jetzt war ich es aber nicht, Herr Oberförster«, versichert die junge Dame.

»Den Hundestall mußt du reinlich halten,
geh weder zur jungen Magd, noch zur alten,
dem Wildpret gib Heckerling, Hafer, Heu,
und misch darunter allerhand Kräuterei.« –
Was wir heute als amüsant empfinden, hat Hans Friedrich von Flemming 1749 durchaus ernst – aus Erfahrung – gemeint. Denn jedes gute Sprichwort, auch das lustige, hat einen Zipfel zum Anfassen. Flemmings Spruch zum »Februarius« birgt auch für uns noch eine tiefgründige, wenn auch »lustige« Weisheit.

Überführt! Wildererszenen dieses Genres waren Ende des 19. Jahrhunderts sehr beliebt. Einmal wollten sie die verabscheuungswürdige Tat anprangern, sich etwas anzueignen, was einem nicht gehörte, zum anderen regten die tollkühnen Naturburschen die Phantasie des Bildbetrachters schon gewaltig an.
Heute wie damals ist Wilddieberei letztlich Charaktersache. Weil der Mensch entweder einen guten oder schlechten Charakter haben kann, wäre die Wertung eigentlich sehr einfach: Der Jäger ist gut, der Wilderer böse.
Das war vor hundert Jahren nicht viel anders als heute. Und doch muß man die fehlentwickelte Jagdleidenschaft in unseren Tagen wesentlich negativer einstufen als früher. Wer heute jagen will, kann mit Fleiß und Interesse seine Jägerprüfung ablegen und mit mehr oder weniger Kaufkraft im In- oder Ausland zu Abschüssen kommen. Aber früher? Nicht jeder begabte und passionierte Bauernbursch konnte Berufsjäger oder Forstbediensteter werden, allenfalls Jagdaufseher oder Flurheger. War die Jagdleidenschaft zu mächtig oder die Verführung dazu von Umständen verschiedenster Art geprägt, die Möglichkeit zum Jagern aber verbaut, dann entwickelte sich ein Wilderertyp, dem man – da er von materiellen Beweggründen frei war – eine gewisse Achtung zollte. Auf der nebenstehenden Abbildung aus dem Jahr 1881 mag eine solche Situation angedeutet sein.

161

# Enten (Anatidae) –
# für den Jäger immer gefährlicher!

Nicht etwa, daß die Enten neuerdings aggressiv geworden wären, nein, so ist das nicht gemeint. Jedoch muß der Jäger sich seit einiger Zeit mit dem Gedanken vertraut machen, bei der Entenjagd straffällig zu werden. Denn von den über zwanzig am häufigsten vorkommenden Entenarten sind jetzt so viele ganzjährig geschont, daß der Jäger immer mit einem Bein – bildlich gesprochen – im Gefängnis steht.

Brand-, Eider- und Kolbenente genossen bisher Schutz und waren verhältnismäßig leicht anzusprechen. Doch bei Eis-, Löffel-, Moor-, Schell- und Schnatterente wird das Ansprechen des mit hoher Geschwindigkeit einfallenden und meist nur schemenhaft erkennbaren Wildes zweifellos problematischer.

Ein Ausweg wäre der Schuß auf schwimmendes Wild. Unwaidmännisch? Ridinger hat solche Szenen meisterhaft in Kupfer gestochen. Allerdings lag diese Jagdart nicht in geringerer Geschicklichkeit der Flugwildjäger dieser Zeit begründet, sondern hatte einen rein technischen Grund: Beim Anheben des Gewehres wäre nämlich das Zündkraut – feinstes Schwarzpulver – von der Pfanne gerutscht. Erst die Erfindung der Flinten mit Batterieschloß – eine sinnvolle Vorrichtung, die das Zündkraut bis zum Aufschlag des Hahnes unter Verschluß hielt – machte das Schießen auf bewegliche Ziele in der Luft möglich. Ob man allerdings getroffen hatte, war nicht so ohne weiteres festzustellen. Denn die kolossale Rauchentwicklung beim Schwarzpulverschuß ließ da nicht so leicht durchblicken. Trotzdem war die Wasserjagd schon vor Jahrhunderten – und hier vorzugsweise auf Enten – ungleich vielfältiger und reizvoller als die gemeine Feldjagd.

Wenn man heutzutage mehr als 400 000 Wildenten an den Küsten und im Binnenland schießt und einen Wert von über 2 Millionen Mark im wahrsten Sinne des Wortes vom Himmel holt, das Ergebnis in früheren Zeiten aber – im Verhältnis gesehen – damit vergleicht, so fällt es auch nicht viel schlechter aus. Kobell berichtet: »Wenn der Fall gut ist und wenn die Enten einige Zeit am Fallplatz mit Eicheln gefüttert wurden, so beträgt die Zahl der nach und nach einfallenden Enten oft mehrere Hundert und kann einer, wenn er Glück hat, wohl 12–16 Stück schießen, wie dieses auf dem Ismaninger Moos bei München öfters vorgekommen und mir selbst begegnet ist.«

Während einer Entenjagd Max Emanuels auf dem Starnberger See wurden sogar einmal 524 Stück geschossen! Und das mit Schwarzpulver.

Am schönsten aber ist die Entenjagd im Moor, wenn das braune Wasser unter den Gummistiefeln gurgelt, der Fuß unsicher auf schwankendem Boden tastet, der Untergrund gar schaukelt oder schnell aufziehende Nebel und Dunkelheit die Rückkehr auf festes Land zum Abenteuer werden lassen.

Viele Jäger sind schon, seit auf dem Entenstrich gejagt wird, nach der Legende im breiigen Moorschlamm versunken. Seltsame Geschichten gehen um von Irrlichtern, Kupfernattern, bösen und guten Mösern, lockenden Wasserlilien... Baron Münchhausen erzählte während einer Festtafel von seinen Abenteuern auf der Entenjagd: »... und plötzlich gab

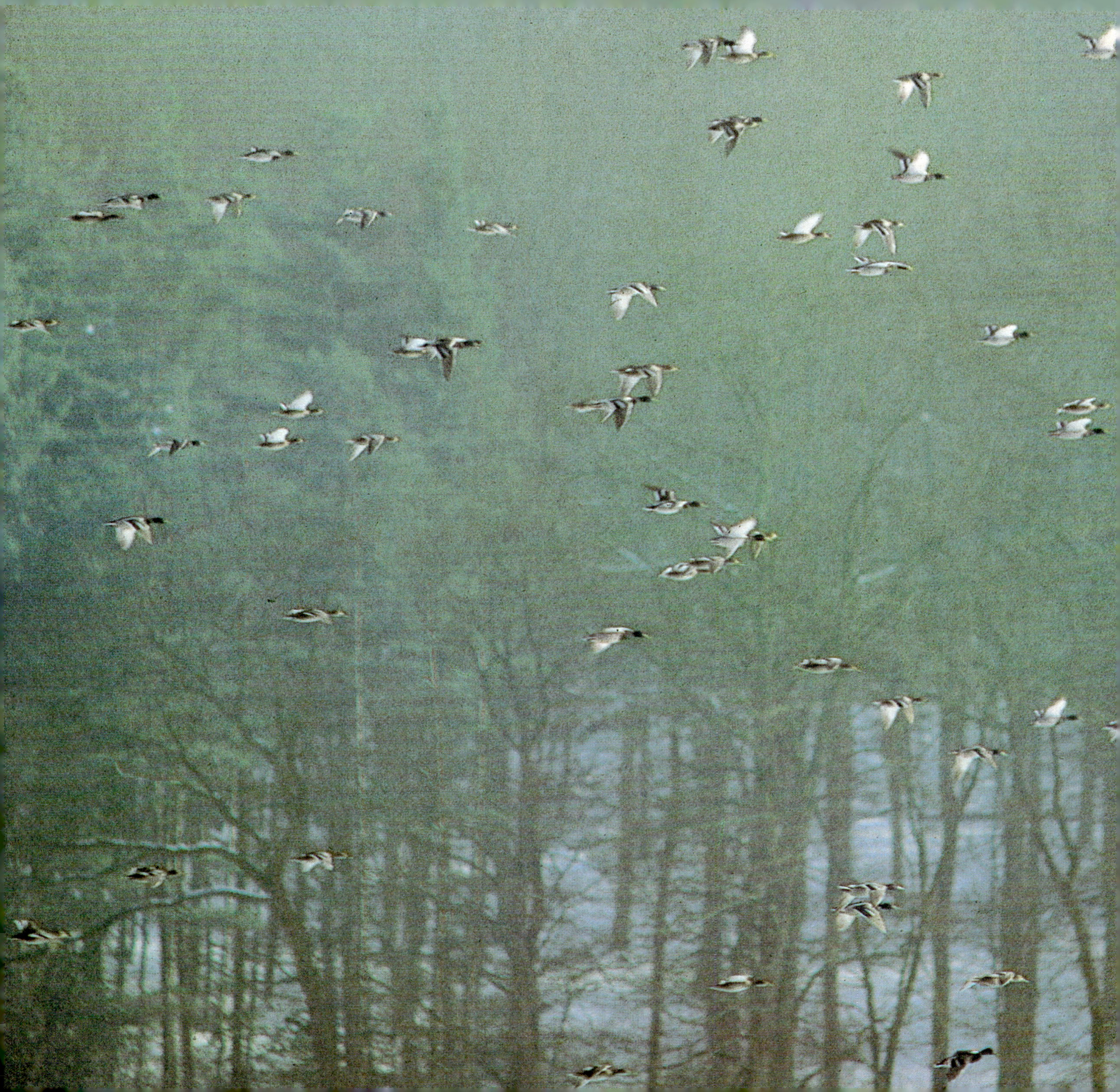

der Boden unter meinen Stiefeln nach und ich sank und sank im schwarzen Moor. Da rief ich um Hilfe – aber niemand konnte mich hören!« – »Ha, ha«, meinte sein Tischnachbar, »und dann zogen sie sich wohl am Zopfe selbst heraus?« – »Nein, mein Herr, ich ertrank, schlicht und einfach!«
Über einen Vorläufer unserer heutigen »Hochbrutflugenten« berichtet der Chronist aus dem Jahr 1718: August II. von Sachsen hielt auf dem Teich vor Schloß Moritzburg eine Entenjagd ab, bei der Wildenten mit gestutzten Flügeln, die Köpfe mit Federbüschen verziert, eingesetzt und zu Hunderten erlegt wurden.

»Wir haben in Bayern der Wasserjagden genug, gleichwohl bemerken ältere Jäger mit bedenklicher Miene die Ausbreitung der Torfstecherei und das Überhandnehmen der Austrocknungssysteme ... Die Menschen aber thun, als wäre die Welt allein für sie, rotten die Getiere des Waldes aus und die Vögel des Mooses, als hätten sie das Recht, Schöpfungsverbesserer zu seyn.« Dies wurde auch im Hinblick auf Enten von einem Jäger, nicht etwa von einem Naturschützer, Ornithologen oder Förster, vor hundertzwanzig Jahren geschrieben!

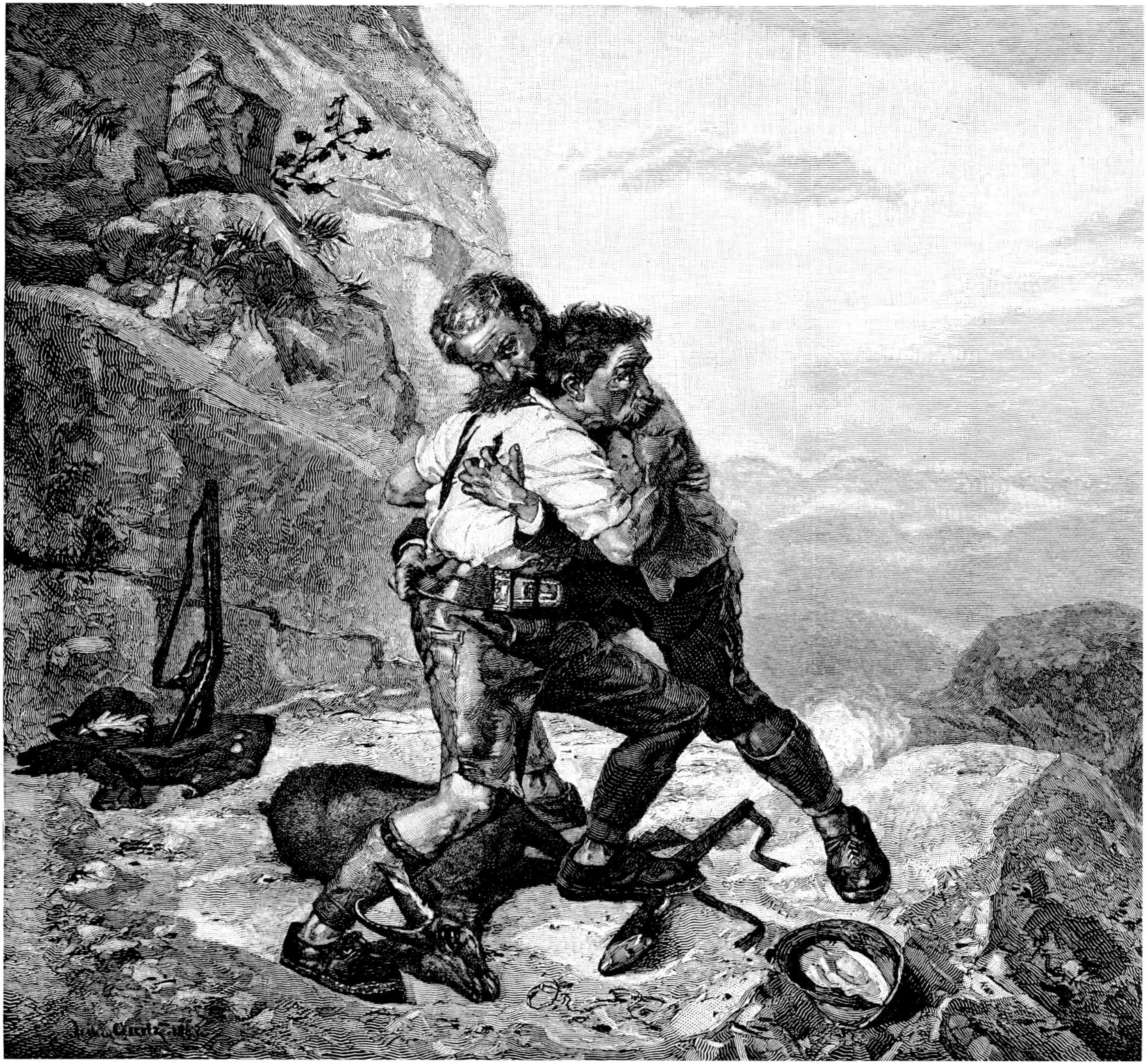

# Von grünen Hoffnungen und ebensolchen Seifenblasen

Ein Bogen weißes Papier liegt vor mir. Er hat den leicht bläulichen Schimmer einer Neuen, auf die noch kein Sonnenstrahl gefallen ist. Ich kneife die Augen zusammen zu einem schmalen Spalt. Und jetzt erkenne ich Spuren darauf, Fährten und Geläufe. Scheinbar ziellos kreuz und quer verteilt. Aber nur scheinbar. Für das geübte Auge ist es nicht schwierig, ein Ziel zu erkennen. Denn ein Ziel hat alles Wild: Es muß irgendwo den Kreuzungspunkt finden, um seinen Hunger zu stillen. Und damit kommt System in das Kreuz und das Quer.

Zielstrebig führen die Zeichen von der Dickung zum Altholz, zur Fütterung. Andere wieder vom Altholz zur Schütte, von der Ackerfurche zum Proßholzhaufen, vom Bau zum Mausloch, von Baum zu Baum.

In vier Wochen sieht das alles schon wieder anders aus. Dann liegt ein erster Hauch von Grün über dem Land, und damit wird der Winter zumeist gebrochen sein.

Wie jedes Jahr nutze ich diese Zeit zum jagerischen Pläneschmieden, so wie andere ihren Urlaub planen. Ich gebe um den Schwarzwildabschuß im Staatsforst ein, blättere in Prospekten und Angeboten von Jagdvermittlern, ziehe dies und das in Erwägung, verwerfe es wieder, vergleiche und entscheide mich schließlich.

Dann überdenke ich die »Einladungen«. Wenn ich all die Böcke hätte schießen können, die mir versprochen waren – allein für den Preis der Brettl zum Aufsetzen der Gewichtl könnte ich mir einen braven Bock in Ungarn kaufen.

A propos Ungarn! Dort habe ich einen erlegt, es liegt ein paar Jahre zurück. Hinsichtlich der Gebühr setzte ich mir ein bestimmtes Limit.

Ich wollte ja auch noch Urlaub machen in Ungarn und Land und Leute kennenlernen. Den Bock habe ich bekommen, nicht ganz einfach, aber auch nicht allzu schwer.

Da wollte mir der Jäger noch einen Bock aufschwatzen. Ob er dafür Provision bekam? Ich weiß es nicht. Zumindest taxierte er jeden Bock nach dem Schußgeld, das er ihm bringen würde. Einen – man verzeihe mir den unwaidmännischen Ausdruck – umwerfenden Sechser hatte ich in Anblick. Doppelt lauscherhoch und knuffig die Stangen, Perlen wie Erbsen so groß und heruntergezogene Dachrosen von einem fast unverschämten Durchmesser. Er stand in einem reifen Getreideschlag und prahlte mit dem Rot seiner Decke gegen das Rot der untergehenden Sonne.

Ich flüsterte »Wieviel?« – und der Jäger flüsterte zurück: »No – so Finfhundärt.« Er meinte D-Mark natürlich, nicht Gramm. Wir haben uns schon verstanden. Ich schüttelte den Kopf, ohne den Bock aus den Augen zu lassen. »Fünfhundert? Bestimmt dreimal soviel!« und zeigte dreimal fünf Finger. Der Jäger sah mich abschätzend an, wußte noch nicht, ob ich weich werden würde. »No, vielleicht Tausend, ist schwär . . . Abär guutär Bock, beste Bock von Gyölesgy . . .« – es ist für mich unaussprechlich geblieben.

»Bittä, schießen!«

Er hatte so seine Erfahrungen. Im Gästebuch des Forsthauses waren Eintragungen von deutschen Jägern zu lesen, die mir die Haare zu Berge stehen ließen und mir die Schamröte ins Gesicht trieben. In Budapest wurde mit Scheck gezahlt und die Reue fand sicher kurz wenn überhaupt statt. Daheim aber, da hatte man ein Leben lang etwas davon. An der Wand.

»Bittä, schießen!« lockte er noch einmal. Da nahm ich die Büchse von der Brüstung,

Wie viele Brüche kennen wir noch? Den Anschußbruch, den Standplatzbruch, den Fährtenbruch, den Erleger- oder Schützenbruch . . . Mehr nicht? Es gibt neun Brüche. Früher waren Brüche die für Nichteingeweihte unsichtbare Zeichensprache der Jäger. Da signalisierte der Hauptbruch ein deutliches »Achtung!« mit vielerlei Bedeutung. Der Wartebruch sagte dem nachfolgenden Jäger, er solle hier ausharren, bis der Bruchleger zurückkehre. Konnte der Wartende dies aus irgendeinem Grund nicht, befegte er die Zweige und legte sie wieder gekreuzt hin. Besonders auffällig zeigt sich dem kundigen Auge der Warnbruch: ein bis auf das helle Holz befegter Zweig, an dem nur noch die Spitze Laub oder Nadeln trägt und der kreisförmig zusammengesteckt wird. Verwendung findet er an Schlagfallen, oft in Verbindung mit dem Hauptbruch, und bei Gefahr, zum Beispiel: Vorsicht, Wilderer! Eingestürzter Steg! Nicht benutzbarer Hochsitz!

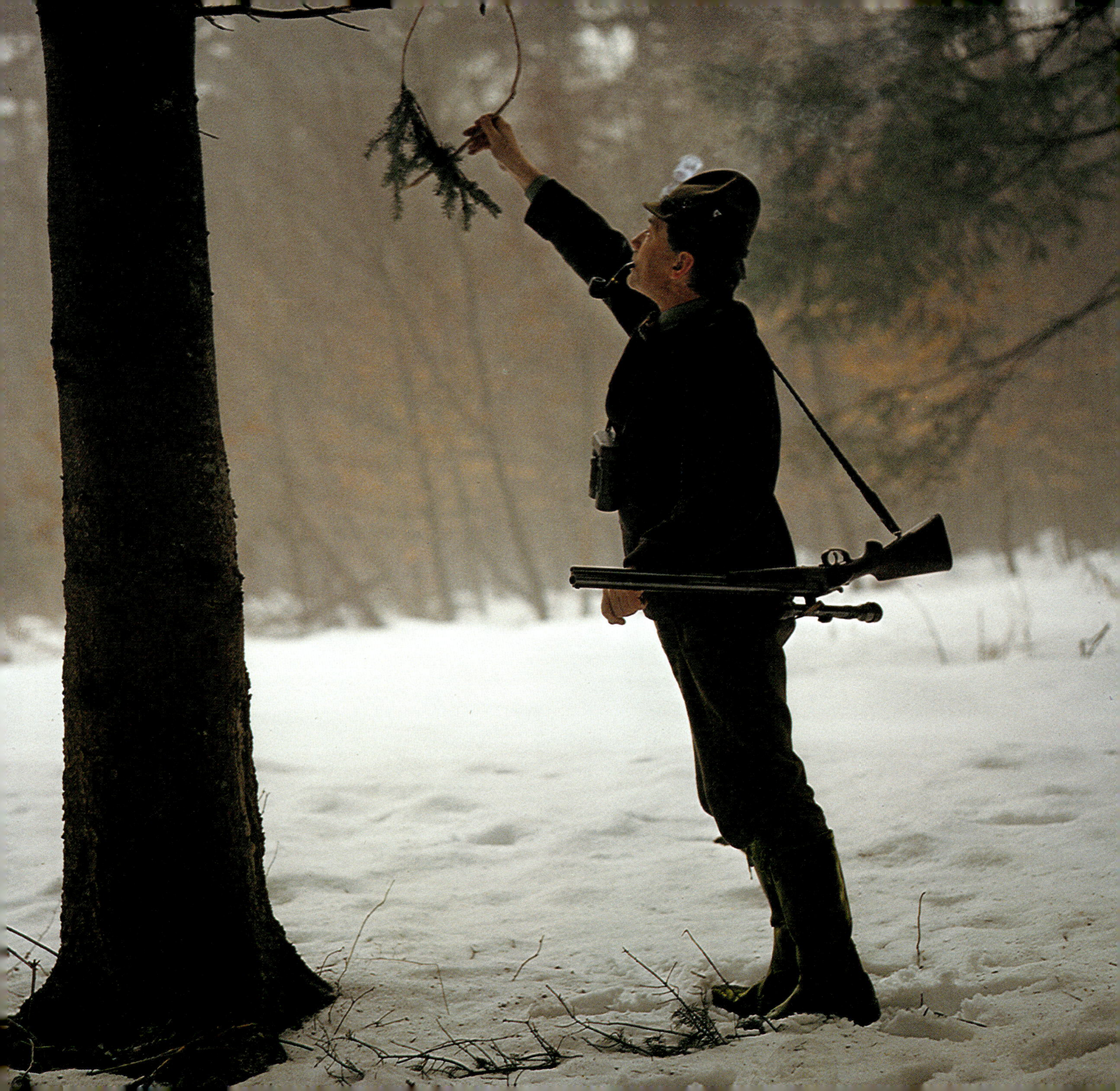

schaute ihn voll an und versicherte: »Ich schieße noch einen. Aber nicht diesen. Einen Geringen, sagen wir Hundertfünfzig oder so.«

Er zeigte keine Betroffenheit, lächelte freundlich und meinte: »Morgän wir birschän. Vielleicht ich weiß einen!«

Und er wußte. Am nächsten Nachmittag fuhr ich nach dem Baden im Plattensee, vollgetankt mit Sonne, die paar Kilometer südlich ins Land hinein. Ohne Mühe ließ sich's in dem leicht gewellten Gelände pirschen. Da und dort ein schattenspendender Baum, sonst gute Deckung durch Büsche und Sträucher. Das Gras reichte uns fast bis zur Brust und man brauchte eigentlich nur den Kopf einzuziehen, um unsichtbar zu werden.

Nach einer halben Stunde umgaben uns Margeriten. Ich hatte eine solche Menge und eine solche Pracht noch nie gesehen. Ringsum war alles weiß, auf einen halben Kilometer im Radius. Der Jäger wandte sich vorsichtig nach mir um, flüsterte »Da ist Bock!« und deutete mit dem Kopf nach links. Ebenso vorsichtig hob ich das Glas, um mir den schemenhaft roten Fleck im Margeritenfeld genauer anzusehen. Es war ein ungerader Gabler, ein vielleicht dreijähriger geringer Bock, der meinen Gebührenvorstellungen in etwa entsprach. Aber schießen? Kein Drandenken. Zwischen uns und dem Bock ein Margeritental von etwa zweihundert Meter Breite. Die Margeriten am Gegenhang deckten den Bock so gut, daß man nur Gewichtl und Lauscher, kaum einen Fetzen roter Decke sah. Eine Änderung der Situation war nicht abzusehen.

Doch der Jäger drängte zu schießen. Ich sagte ihm meine Bedenken. Die 7 × 57 bei diesem dichten Margeritenkraut tauge nicht, die Kugel würde zwei Meter vor dem Bock zerspritzen. Aber dann ließ ich mich doch breit schlagen, legte auf seiner Schulter auf, stach ein und zitterte mich ins vermutete Blatt, ließ es schnallen, als ich meinte, ein paar Quadratzentimeter Rot im dichten Weiß ausgemacht zu haben. Fest hielten die Augen den Bock durchs Feuer in Anblick. Aber der rührte sich nicht, äugte, wahrscheinlich auf den Knall hin, unschlüssig in die Runde. Ich schaute den Jäger an, der nickte, ich repetierte, schoß wieder und noch einmal. Da wurde es dem Bock zu dumm. Pomadig, aber immer gut gedeckt, trollte er sich über die Margeritenkuppe davon.

Am Anschuß kein Tropfen Schweiß. Der Jäger hob bedauernd die Schultern und wir marschierten zum Forsthaus zurück. Schweigend, denn ich ärgerte mich. Über mich selbst natürlich.

»Ich sagen Forstentschenöhr nix von Fählschuß. Bleiben untär uns!« ließ sich der Jäger vernehmen.

Da begriff ich.

Auf eine zweite Pirsch verzichtete ich. Zum sicher nicht kleinlichen Schußgeld für den ersten Bock legte ich die Hälfte des Betrages für einen Fehlschuß nach der »Preisliste« und verabschiedete mich. Ich grollte dem Jäger nicht. Bei einem Monatsgehalt von umgerechnet zweihundert Mark zählte das entgangene Trinkgeld für den starken Bock sehr hoch. Er hatte Hoffnungen wie ich auch. Grüne Hoffnungen, die man ernst nehmen sollte.

»Sicheres Auftreten ist nichts anderes als die Fähigkeit, sich sein Unbehagen nicht anmerken zu lassen«, sprach das tapfere Schneiderlein und prügelte den Kahlköpfigen vom Futtertrog.

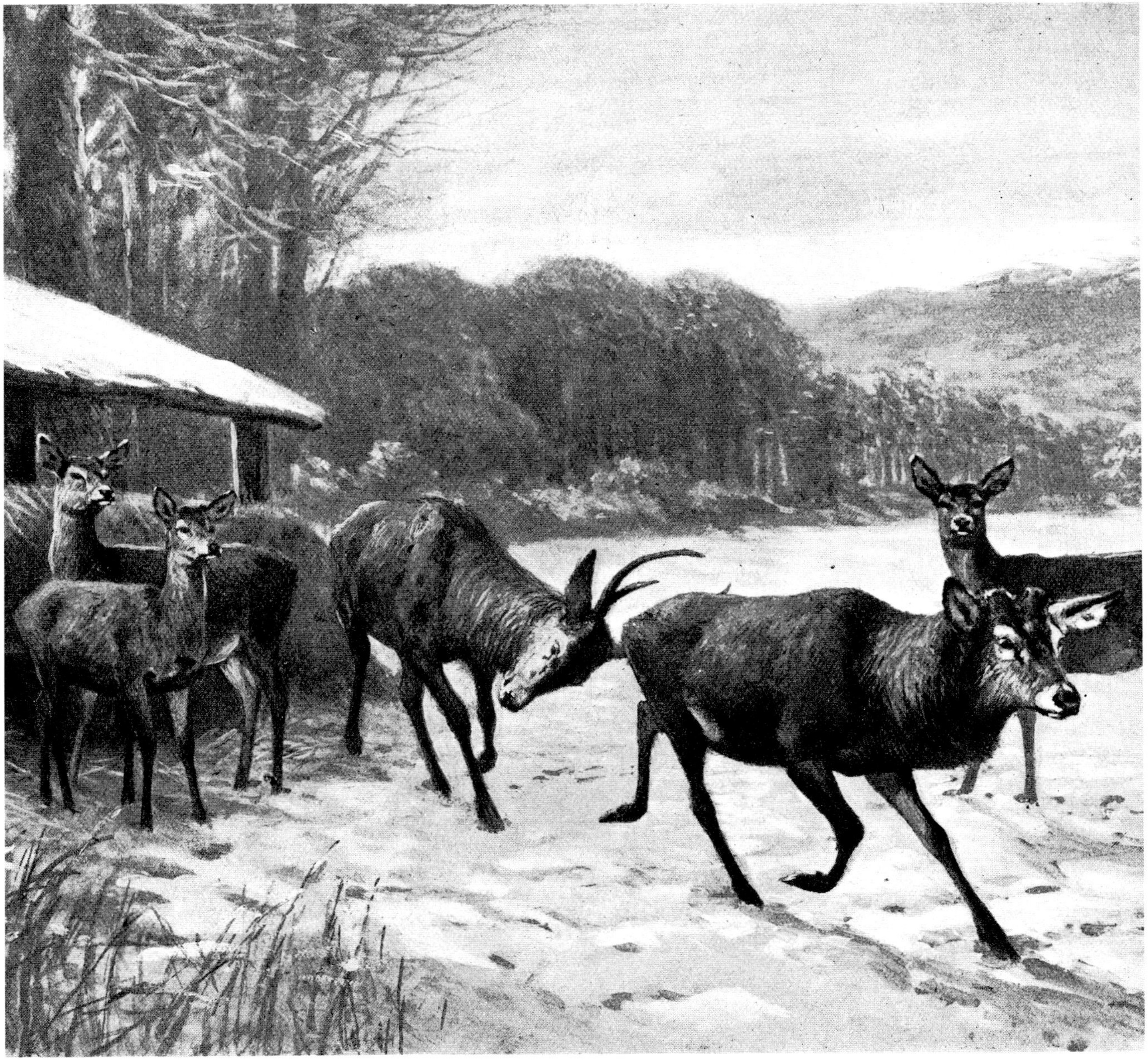

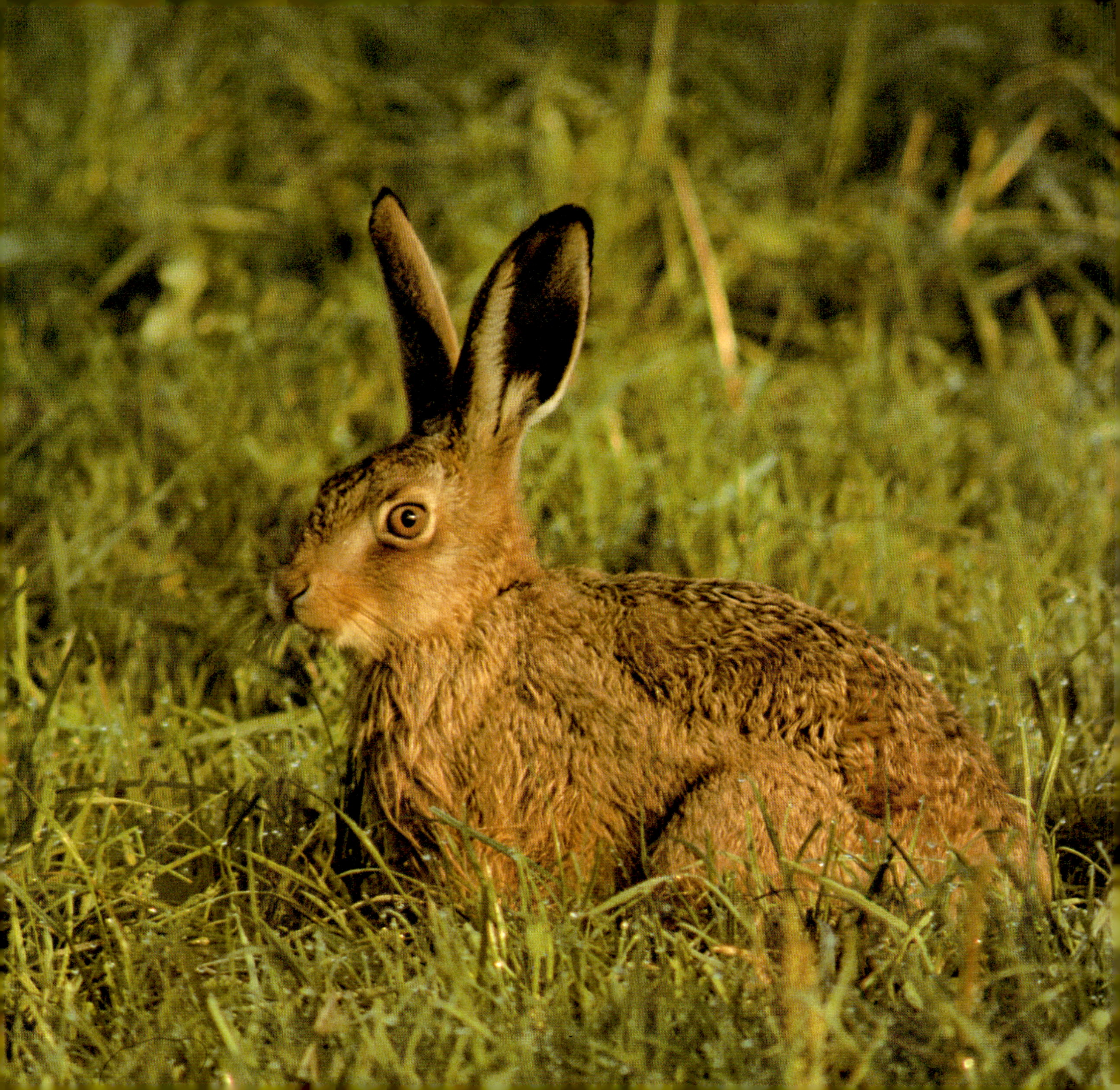

# März

## Schnepfenmonat · Lenzing

Man kann sich auf dreierlei Art durchs Revier bewegen. Gut gedeckt auf gepflegten, heimlichen Pirschpfaden, Wild und Menschen unsichtbar, unhörbar. Das genaue Gegenteil davon wäre: nur Wege benutzen, schon um zu zeigen, daß hier der »Herr des Waldes« allgegenwärtig ist. Ein anderes Extrem ist der rasende Jäger, der mit grünem Jagdwagen oder sonst einem Vehikel auf nicht öffentlichen Wegen durchs Revier rast und sich so den Unwillen der Nichtprivilegierten zuzieht. Variationen dazwischen gibt es in Hülle und Fülle.

Für den revierverbundenen Jäger, also den, der oft mehr mit Spaten, Heurechen, Saatgut und Futtersack unterwegs ist als mit der lässig umgehängten Waffe, stellen sich solche Probleme nicht. Denn er hat gar keine Zeit dazu, sich mit prestigehaschenden Oberflächlichkeiten, die uns Grüne schon oft in zwielichtiges Gerede brachten, aufzuhalten.

Trotzdem sollte auch er, gerade er aus seinem großen Wissen heraus »mit den Leuten reden.«

Ich habe die Erfahrung gemacht, daß erholungsuchende Wanderer und Spaziergänger meist sehr dankbar sind, wenn der Jäger mit ihnen spricht und ihnen nebenbei den einen oder anderen Hinweis oder Tip gibt. Wer Bescheid weiß, respektiert eher die Interessen des anderen. Auch wenn es etwas mühsam ist und er sich manchmal eine Enttäuschung einhandelt, sollte sich der Jäger ab und zu solche »Unterhaltungs«minuten abzwacken.

Gerade im März begegnen ihm wirkliche Naturfreunde, solche, die nicht nach den heute üblichen »Zusatznutzen« der Freizeitgestaltung fragen, sondern die zum Sehen und Erleben draußen sind. Wenn sie aus der Stadt kommen, ist es um so wichtiger, mit ihnen zu reden.

Den Menschen im ländlichen Raum sind die legitimen Anliegen der Jäger – bewußt oder unbewußt – geläufig bis selbstverständlich. Sie sehen den gewohnten Ablauf der Natur, sind ihm auch unmittelbarer ausgesetzt. Sie verstehen, daß der Landwirt die Kälber, die er aufzieht und mästet, auch verkaufen muß. Verkaufen zum Töten. Sie sehen die drei jungen Kätzchen nicht im Schaufenster einer Zoohandlung, sondern im Korb, der im Hausflur des Nachbarn steht, und wissen, daß es gestern noch acht waren . . .

Die Zeit zwischen den Jagdjahren ist zwar keine sehr ereignisreiche Zeit, aber eine Gelegenheit, um in Ruhe zu rüsten. Denn aus dem nun ausklingenden Jagdjahr war etliches zu lernen, wie man es besser machen kann, ja besser machen muß – da doch ringsum alles schlechter wird.

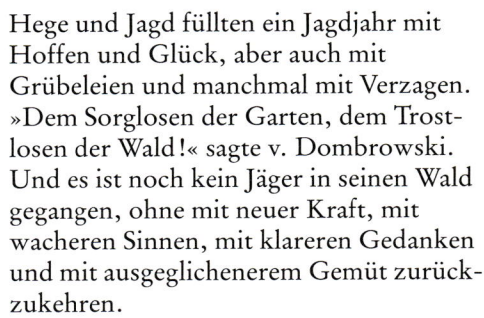

Hege und Jagd füllten ein Jagdjahr mit Hoffen und Glück, aber auch mit Grübeleien und manchmal mit Verzagen. »Dem Sorglosen der Garten, dem Trostlosen der Wald!« sagte v. Dombrowski. Und es ist noch kein Jäger in seinen Wald gegangen, ohne mit neuer Kraft, mit wacheren Sinnen, mit klareren Gedanken und mit ausgeglichenerem Gemüt zurückzukehren.

Ich wünsche Ihnen von Herzen auf's neue ein »jagerisches Jahr«!

171

# Das Wetter

Ein nasser März ist der Hasen Schmerz.

Soviel Nebel im März, soviel Wetter im Sommer.

Wenn der März als Schaf kommt, geht er als Wolf.

Der März kriegt den Pflug beim Sterz.

Ein Lot Märzenstaub (Trockenheit) ist einen Dukaten wert.

Wenn es an St. Albin (1. 3.) regnet, wird das Wild im Sommer hungern.

Donnert es um Kunigund (3. 3.), treibt's der Winter lange bunt.

Der 7. März entscheidet über den Frühling.

Friert es am Märtyrertag (10. 3.) recht, so friert's noch vierzig Nächt!

An Gregori (12. 3.) sieht der Jäger Schlechtwetter gern.

Wenn am Gregor (12. 3.) grobes Wetter ist, so fährt der Dachs aus dem Bau. Ist es aber schön, bleibt er noch zwei Wochen drin.

Ist Gertud (17. 3.) sonnig, wird's Wild und Jägern wonnig.

Josef (19. 3.) klar –
ein wildreiches Jahr!

Schöner St. Benedikt (21. 3.), schöner Frühling.

Geht der kalte Wind am Ottotag (23. 3.), das Wild noch vier Wochen Eicheln und Bucheln mag.

Ist Maria Verkündigung (25. 3.) hell und klar, so folgt ein gutes Jagerjahr.

Schöner Verkündigungsmorgen (25. 3.) befreit den Jäger von vielen Sorgen.

Soviel im März dich Nebel plagen – soviel Gewitter nach hundert Tagen.

»Obacht geben, Jager, der Tiro kommt zu Fuß!«

# Die Jagd

Viel gibt es nun für den Jäger zu sehen auf Pirsch und Ansitz.

Alte Böcke verfegen schon. Wo sie stehen, zeigen die frischen und jetzt besonders deutlich ins Auge springenden Fege- und Plätzstellen. Ein lustiges Experiment: Deckt man mit dem Schuh wieder Laub oder Nadeln über eine Plätzstelle, setzt der Bock eine neue. Aber nicht an der gleichen Stelle, sondern daneben.
Erstes Jagdglück verschafft der balzende Ringeltauber. Die Fuchsfähe hat ihr Geheck. Auch in Tollwutgebieten sollte man den Finger gerade lassen und noch eine Zeit zuwarten, bis die Welpen vor dem Bau zu schießen sind. Der Dachs steht auf und trabt zur Weide. Man könnte sich Paß und Stichplätze merken. Fleißige Krähenbejagung bedeutet wirksame Hasenhege. Der Lenzing ist Schnepfenmonat – und wird es immer bleiben! Die ersten Bachen frischen. Den einen oder anderen Überläufer könnte man doch noch erbeuten?

Trotz aller offenen oder noch versteckten Frühjahrsstimmung, trotz erster wärmender Sonnenstrahlen und erwachender Lebensgeister ringsum ist der Jäger auf der Hut und traut dem Frieden nicht ganz. Einzig das Verhalten des Wildes ist ihm das sicherste Frühjahrsbarometer. Jetzt beginnt auch die planmäßige Wildbeobachtung als Grundlage für einen gut überlegten, realistischen »Abschußplan«.

# Die Hege

Auf Feldkulturen und Grünland mit wenig Buschdeckung trifft der Spruch zu: »Hungermonat allerwärts ist der März!« Der erfahrene Heger räumt sein Futterlager, behält aber, vor allem in den Mittelgebirgen und im Voralpenland, noch eine eiserne Ration für den April zurück. Das Wild selbst zeigt uns, wann es keine Hilfe mehr braucht: es nimmt kein Futter mehr an.

Apfeltrester, so noch vorhanden, lockt immer und führt zum Kraftfutter, das jetzt noch dringend notwendig sein kann. Denn draußen in den Fluren gibt es nichts mehr zu beißen. Eher liefert schon der Wald spärliches Grün und Knospenäsung.

Die Fütterungen sollten deshalb nochmals voll beschickt und auf Annahme kontrolliert werden. Für den Haarwechsel des Schalenwildes sind jetzt Vitamine, Spurenelemente und Salz genauso wichtig wie ein voller Pansen.

Bestehende Wildäcker und Wildwiesen müssen gedüngt werden. Keine Angst vor Handelsdünger! Das Wort »Kunstdünger« ist ein überholter Begriff aus der Gründerzeit. Richtig ist, von Mineral- oder Handelsdünger zu sprechen. Umbrechen, Eggen und Aussaat haben noch etwas Zeit. Über die Anbaufrucht sollte man sich aber schon Gedanken machen und das Saatgut rechtzeitig bestellen. In manchen Jahren ist manches Saatgut knapp, weil es plötzlich »modern« wird.

An den ersten warmen Tagen kann man anfangen, zunächst Himbeeren und Brombeeren an allen möglichen Stellen des Reviers auszupflanzen. Das geht einfach durch Wurzelteilung und Winkelpflanzung: den Spaten ansetzen, eintreten, etwas kippen, Wurzel hinein, festtreten. Etwas Volldünger sorgt für guten Anwuchs und schnelles Austreiben. Auch Stecklinge und Pflanzen von Weide, Hasel, Eberesche, Holunder, Traubenkirsche, Weißdorn, Sanddorn und Heckenrose kann man bei gutem Wetter schon ausbringen.

Im März werden für die Hege entscheidende Weichen gestellt. Wer ein langes Jagdjahr gut fahren will, der kann sich jetzt im wahrsten Sinn des Wortes eine grüne Hegewelle schaffen.

# Was tut sich im Revier?

| | |
|---|---|
| Rotwild | Jüngere Hirsche werfen ab |
| Rehwild | Geweihe (Gehörne, Gewichtl, Krickel, Kronen) geschoben |
| Schwarzwild | Frischlinge (3–10) |
| Feldhase | Satzhasen (1–4) |
| Wildkaninchen | Satzkaninchen (4–8) |
| Dachs | Jungdachse (2–5) |
| Fuchs | Fähe geht dick, vereinzelt Jungfüchse |
| Steinmarder | Jungmarder (2–5) |
| Baummarder | Jungmarder (2–5) |
| Iltis | Ranz ab Monatsmitte (Iltisweib geht 40–43 Tage dick) |
| Hermelin | Ranz (Hermelinweib geht 40–45 Tage dick) |
| Auerwild | Tritt vereinzelt in die Balz |
| Haselwild | Balz ab Monatsmitte |
| Rebhuhn | Paarzeit |
| Waldschnepfe | Strich |
| Ringeltaube | Balz |
| Türkentaube | Balz |
| Stockente | Reihzeit und Gelege (8–14 Eier), Brutdauer 22–26 Tage |
| Graugans | Zug fällt aus dem Süden ein |
| Mäusebussard | Gelege (2–4 Eier), Brutdauer 28–31 Tage |
| Turmfalk | Paarzeit |
| Habicht | Paarzeit |
| Sperber | Paarzeit |

173

# Ein bekannter Unbekannter:
# Der Dachs (Meles taxus)

Meine erste Begegnung mit einem Dachs, auf die weder ich noch er gefaßt war, spielte sich um neun Uhr abends ab. Allein in dieser Zeit steckt schon der erste Widerspruch zu den Aussagen von Verhaltensforschern. Die einen behaupten nämlich, der Dachs trabe erst um Mitternacht zur Weide, die anderen wieder billigen ihm eine bemerkenswerte Tagestätigkeit zu. Mein Dachs war halt ein Kompromiß aus beidem.

Ich ging auf dem von mir besonders gepflegten Pirschpfad durch ein Altholz und bei völliger Dunkelheit vom Ansitz zurück. Da vernahm ich deutlich ein Schnauben, Schmatzen und Blasen, das sich mir immer mehr näherte. Ich überlegte krampfhaft, was außer Sauen, die es hier nicht gab, die Ursache sein könnte. Schließlich leuchtete ich mit der Taschenlampe voraus und entdeckte einen kauenden Dachs, der mir auf dem Pirschweg entgegenkam. Dezent machte ich das Licht aus und umschlug den Erschrockenen.

Früher stellte man Meister Grimbart vor allem wegen seines Fleisches, aber auch wegen des »Dachsbartes« – der Rückenhaare alter Rüden – nach, aus denen sich vortreffliche Rasierpinsel fertigen ließen. Auch brauchte man die Dachsschwarten als Tornisterfelle für die Jägerbataillone. Seine Fänge bzw. Haken waren begehrte Amulette am Charivari, ganz zu schweigen vom etwa sechs Zentimeter langen Penisknochen des Bären, mit dem man, am gleichen Gehänge, weibliche Wesen – zumindest der damaligen Zeit – zum holden Erröten bringen konnte.

Noch im 19. Jahrhundert zählte man den Dachs zu den Bärenartigen und zu den »seltsamen Thieren«.

Obwohl dem Dachs früher – aus den erwähnten Gründen, und weil er als »Jagdschädling« galt – intensiv nachgestellt wurde, konnte man ihn nicht ausrotten. Jedoch waren die damals angewandten Methoden ebenso unfein wie in unseren Tagen die Bauvergasung der Füchse, die letztlich mehr noch den Dachsbestand traf und arg dezimierte.

Man ließ Hunde einschliefen, wie auch heute noch, die vom Dachs oft bös zugerichtet wurden. Entschloß man sich zu einem Einschlag, wurde der »Dachsbohrer« angesetzt, ein korkenzieherartiges Werkzeug, mit dem der arme Grimbart grausam gequält wurde. Auch gegen die Anwendung der nicht weniger schmerzhaften Dachszange hatte man keine Bedenken.

Genauso schlimm war die Dachshaube, ein trichterförmiges Netz mit Nasenring und Verschlußzug, das man bei nächtlich verlassenem Bau in eine Röhre hing. Nun suchte man den Dachs mit Hunden im Holz und trieb ihn zur Haube, in der er sich fing. Solche Fänge benutzte man dann, um den Dachs entweder zu »prellen« oder ihn in einem geschlossenen Hof mit Hunden zu hetzen, bis er erlag. Bei der Hochzeitsfeier Kaiser Leopold I. (1640–1705) im Wiener Prater wurden zur Feier des Tages gleich 24 Dachse zu Tode gehetzt.

Dachsgraben war schon immer eine zeitraubende Angelegenheit. Fouilloux gibt 1590 in seinem berühmten Jagdbuch den Rat, sich gut mit Wein, Hühnerschenkeln, Schinken, Ochsenzungen »und anderen guten schleckerbißlein und fressereyen« einzudecken. Zur Kurzweil empfiehlt er auch »jung Töchterlein von 16 oder 18 Jahren« mitzunehmen.

Immer mehr Jäger verzichten auch dort auf eine Bejagung des Dachses, wo sie nach dem Gesetz noch möglich ist, um dem durch die Begasung dezimierten Bestand eine Erholung zu ermöglichen. »Jagdschädlich« im eigentlichen Sinn ist der Dachs nicht. Als Allesfresser nimmt er, was er findet: Erdinsekten, Mistkäfer, Mäuse, Schnecken, Frösche, Beeren, Eicheln, Pilze, Eidechsen, Schlangen, Gelege von Bodenbrütern, Junghasen. Er stellt dem Niederwild jedoch nicht gezielt nach, sondern »trabt zur Weide«. Vieles im Verhalten des Dachses ist noch unbekannt. Auch wenn man über einen Frechdachs genau Bescheid zu wissen glaubt.

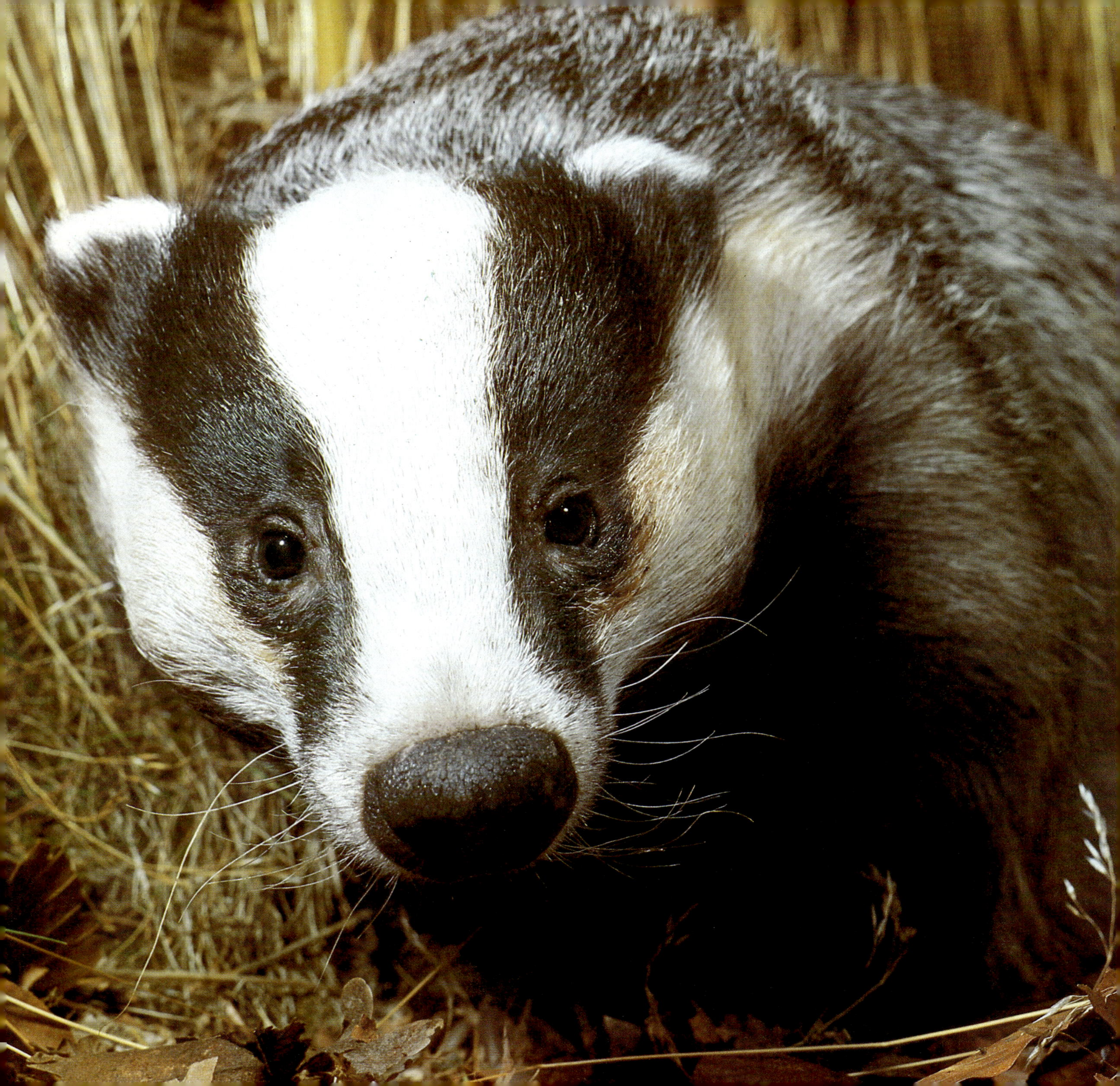

# Lustiges

Eine Bläsergruppe schmettert am frühen Morgen ein Geburtstagsständchen vor dem Forsthaus. Aber drin rührt sich nichts, obwohl das Korps mittlerweile den dritten Marsch geblasen hat. Da kommt ein Waldläufer vorbei, angelockt vom Klang der Jagdhörner, und erkundigt sich: »Für wen spielen Sie denn da?«
»Für unseren Forstmeister zum Wiegenfest«, antwortet ein Bläser.
»Schläft der so fest oder ist er so unhöflich«, meint der Sportsmann, »daß er sich nicht mal am Fenster zeigt?«
Da dreht sich einer aus der Bläsergruppe um und bemerkt gereizt: »Schließlich kann ich ja nicht überall sein!«

Kuno von Kauschwitz scheppert in Ritterrüstung durch seine Eigenjagd. Alles Wild springt vorzeitig ab und auch der Gast staunt über diesen Aufzug.
»Muß sparen!« erklärt Kuno. »Trage werktags alte Klamotten auf.«

Es heißt, daß es in Bayern zwischen einem Brief und einem Jagdhund gar keinen Unterschied gibt. Denn: »A Brief is adressiert und a Jagdhund is a dressiert.«

Zwei Waidgenossen treffen sich nach langer Zeit wieder. »Na, alter Freund, wie war das Jagdjahr?«
»Mal so, mal so. Neun Böcke geschossen – halt, es waren nur acht – und geheiratet.«

»Warum sieht man Sie eigentlich in letzter Zeit so selten mit der hübschen blonden Dame, die Sie immer begleitet hat?«
»Ja, die ist jetzt verheiratet.«
»So, mit wem denn?«
»Mit mir.«

Bei seinem Reviergang überrascht ein alter Förster einen jungen Holzdieb, der ihm aber durch einen Sprung über den Bach entwischen kann. Von drüben derbleckt der den Alten: »Du kannst mich mal am A...!« Der Förster, nicht faul, brennt ihm eine Ladung Vogeldunst hintendrauf und ruft hinüber: »Da staunst du wohl, wie lange meine Zunge ist!«

Ein passionierter Jäger hat seinen erfahrenen Hund verloren und muß sich nun einen neuen Schweißhund zulegen. Der Verkäufer namens Schindler versichert ihm, daß es sich um einen absolut spursicheren Jagdhund handle, der natürlich auch seinen Preis koste.
Schon nach kurzer Zeit erhält er von dem Jäger eine Karte: »Sehr geehrter Herr Schindler! Das »W«, das Ihrem Namen fehlt, hat Ihr Schweißhund zuviel!«

»Ist der sogenannte Schnepfendreck denn wirklich eine Delikatesse?« – »Probieren geht über Studieren! Von einem frisch geschossenen Schnepf schmeckt er logischerweise auch am frischesten. Da, versuch!«
»Ja, pfui Teufel, das ist nicht mein Gusto!«

Zwei Jäger sind beim Gewehrputzen. Sagt der eine: »Du, ich glaube, mein Lauf ist nicht mehr ganz gerade.« Hält der andere den Gewehrlauf an sein rechtes Auge, schaut angestrengt hinein und meint: »Laß mal ganz vorsichtig zwei Schuß kommen.«

Ein schönes Mägdlein ist ein Magnet,
gar mächtig zieht's den Mann,
ein wildreicher Wald es auch versteht,
zieht oft noch stärker dran.

Auch zieht es einen so hin und her,
nicht wüßte ich, was schöner wär!
Drum Liebe und Gejaid
gelobet seid ihr allezeit!

Der Liebe Lust und Poesie,
die sind ein flüchtig Spiel,
und ist's mit deinem Frühling 'rum,
bedeutet's nicht viel.

Des Jagens Lust und Poesie,
die haben bessern Halt
und bleiben sonder Wandel treu,
ob jung du oder alt.

Auf des Schnees weißem Blatt
kannst in roten Lettern lesen,
ob dein Schuß gerecht gewesen,
der dem Wild gegolten hat.

Und dich freut oft mehr fürwahr
jener Purpurschrift Gezweige,
als ein Liebesbrief sogar,
doch dem Liebchen das verschweige.
Franz von Kobell, 1859

Warum der Waldhäuser Peter keinen Schnepf balzen hört . . .

# Blüte und Ernte

*Es blühen (g = giftig):*

Ackerehrenpreis
Aspe

Buchsbaum
Buschwindröschen (g)

Eibe
Enzian

Frühlingsküchenschelle
Frühlingsscharbockskraut

Hasel
Huflattich

Kornelkirsche

Leberblümchen
Lerchensporn (g)

Milzkraut
Mistel

Nieswurz

Pappel
Pestwurz

Schlüssel
Schlehe
Schneeheide
Schwarzerle
Scilla
Seidelbast
Sumpfdotterblume

Ulme

Veilchen

Weide
Wollgras

*Geerntet werden:*

Verschiedene Heilkräuter

# Grüne Sprüche

Märzenbier und Schnepfenstrich,
Frühlingsluft und Bockanstich,
Hahnenbalz und Waidmannsheil
sind des Jagerns bester Teil!

Reminiscere – putzt die Gewehre,
Oculi – da kommen sie,
Laetare – ist's Wahre,
Judica – sind sie auch noch da,
Palmarum – trallarum,
Quasimodogeniti – halt, Jäger, halt!
Jetzt brüten sie!

*Aus dem grünen Dekameron*
Im März, da pirscht der Jägersmann auf Schmaltier, die blaue Lichter ha'm.

Im März schon balzt der Auerhahn,
der Birkhahn folgt dann im April.
Wie gut hat's doch der Jägersmann,
der balzt dann, wann er will!

Nicht immer krönt erwünschtes Glück
des braven Waidmanns Jagen:
Auch ihn pflegt oft das Mißgeschick
mit mancher Not zu plagen.
Hans Sachs von Nürnberg sagt es frei,
nicht jeder schöner Jagdtag sei
zum Fangtag auserkoren.
          L. v. Wildungen

Es ist alle Tage Jagdtag,
aber nicht alle Tage Fangtag.
          Hans Sachs

Schnepfenstrich und Taubenbalz:
Kleines Glück – Gott erhalt's!

Das Schießen allein macht den Jäger nicht aus.
Wer weiter nichts kann, bleibe besser zu Haus.
Doch wer sich ergötzet an Wild und an Wald,
auch wenn es nicht blitzet und wenn es nicht knallt.
Und wer noch hinauszieht zur jagdlosen Zeit,
wenn Heide und Holz sind vereist und verschneit,
wenn mager die Äsung und bitter die Not
und hinter dem Wild einherschleicht der Tod:
und wer ihm dann wehret, ist Waidmann allein,
der Heger, der Pfleger kann Jäger nur sein.
          Hermann Löns

Alt oder jung gilt nicht nach Jägerrecht,
Jäger sind immer nur gut oder schlecht.

Schieß auf der Scheib' einen Dreier,
So triffst du auch einen Reiher.
Kannst einen Zweier du schießen,
mag's wohl eine Gans verdrießen.
Geht ein Einser nur an,
noch triffst du den wilden Schwan.
Aber ein Loch im Weißen
wird keinen Vogel verheißen.

Laßt das Rot den englischen Reitern.
Deutsche Jägerfarbe ist grün,
wie die Farbe stolzer Eichen,
dran die wilden Ranken blüh'n.

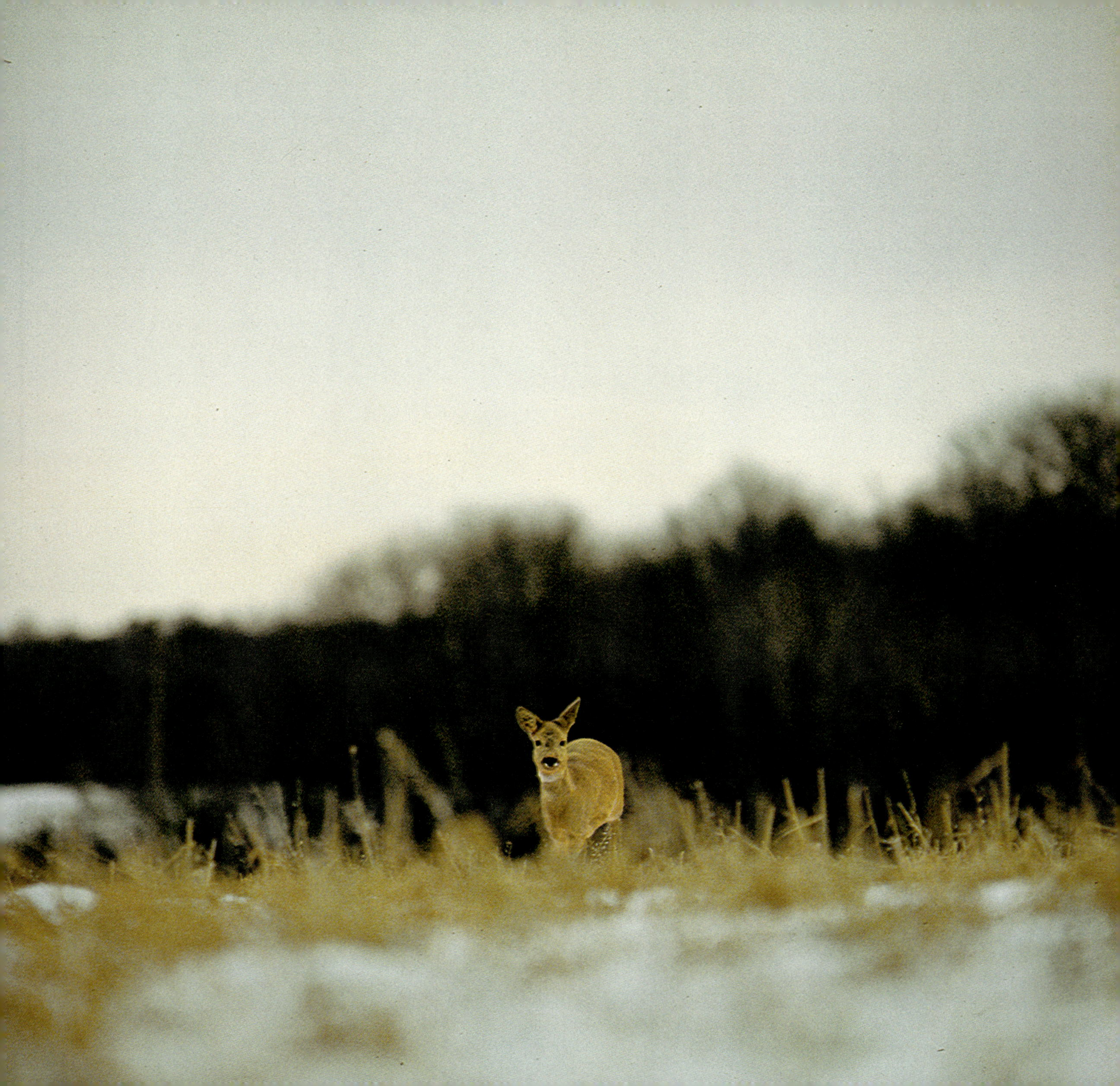

# Das verhängnisvolle Frühjahrsschießen

Diese Geschichte liegt schon etliche Jahre zurück, aber doch noch nicht so lange, daß sie schon anachronistisch wäre. Ich jagerte damals im Niederbayerischen und unter Bauern. Es war ein kommodes Jagern. Man freute sich über gute Böcke und deren Trophäen genauso wie über den Wildpreterlös. Jedes Jahr hielten die Jager aus den umliegenden Dörfern – sie kannten sich alle gut – ein »Frühjahrsschießen« ab. Meist Ende März, immer aber vor Ostern. Solche »Bauernjagerschiaßerts«, wie ein Stadtfrack diese Art Freude an Pulver und Blei, verbunden mit dem notwendigen Anschießen der Gewehre vor dem neuen Jagdjahr, einmal nannte, hatten ihren ureigenen Reiz.
Es ging hier eben nicht nur um Zweckmäßigkeit, sondern in erster Linie um Geselligkeit, naive Schießlust und natürlich um die Preise. Und die waren bei jenem Osterschießen von ganz besonderer Art!

Im Wirtshaus ging's dementsprechend hoch her und aus den bierdunstgeschwängerten, rauchgebeizten Stuben drang ein schauerlicher Spektakel nach draußen. Da krähte ein Gockel, gurrten Tauben, trillerten Harzer Roller, quakten Enten, schnatterten Gänse, kläfften Hunde, meckerte eine Ziege, miauten Katzen, gackerten Hennen. In der Mitte dieser Arche Noah aber quiekte und grunzte ein Spanferkel in der vollen Bandbreite der ihm von der Natur mitgegebenen Frequenzen, vorwiegend aber in den höchsten. Daneben brüllten die Teilnehmer des Schießens aufeinander ein, wie weiland die wilden Bestien in den Arenen des alten Roms, und schlugen mit den Fäusten auf die Tische, daß die Maßkrüge nur so tanzten.

Nun, das war ganz normal. Und solange sie mit den Fäusten nur die Tischplatten traktierten und nicht mit den Krügen gegenseitig ihre Denkgehäuse, machte es nichts.

An meinem Tisch ging es gerade am lautesten zu, weil sich der Großbauer und Eigenjagdbesitzer Maxleder und der Schuhmachermeister Dippold wegen der Festsetzung der Schützenpreise in die Haare geraten waren. Sie hatten ihre Köpfe bedrohlich dicht beieinander wie rauflustige Gockel und brüllten sich – schon wegen des hohen Umgebungslärmes – ihre gegenteiligen Ansichten in die vom hohen Blutdruck beängstigend roten Physiognomien.

Da schlug glücklicherweise der Dippold mit der Faust in ein Lackerl Bier, das sich im Lauf der Debatte auf der Tischplatte angesammelt hatte. Zu Atomen zerstäubt, spritzte der edle Gerstensaft den Streithähnen wie auch den Umsitzenden in die Gesichter, was ein sofortiges Verstummen der Runde zur Folge hatte. Mit geschlossenen Augen holten die beiden am meisten betroffenen Wortkämpfer ihre Schnupftüchl aus den Hosensäcken und trockneten sich die ergrauten Häupter damit ab.

In ruhigerer Tonart wurde sodann der Diskurs wieder aufgenommen und zu einem allseits befriedigenden Ende geführt. Um was es ging?

Nun, einfach um die Bewertung der Preise in der Rangfolge. Soviele Schützen – soviele Preise, das war klar. Aber zur Erhöhung der Gaudi hatte man diesmal lauter lebende Viecher ausgesetzt, und der Hauptpreis war – darauf hatten sich der Maxleder und der Dippold nun geeinigt – das Spanferkel, das in seiner mit Latten vernagelten Kiste grunzte, quietschte und tobte.

Im Lauf der nächsten Stunden hat dann jeder seine zehn Schüsse abgefeuert, sein Bier dazwischen getrunken und Punkte gesammelt. Und jeder hat sich im Geist einen ihm genehmen Preis herausgesucht. Daß dabei natürlich das Spanferkel im Mittelpunkt der bratenlüsternen Interessen stand, versteht sich von selbst. Auch der Hintermoser Sepp, Jagdaufseher und Maurer aus Finsterbach, hat in seiner Phantasie schon den britzelbraun gebratenen Frischling auf dem Ostermittagstisch gesehen, den mitgebratenen Apfel im Gebrech.

Und was er eigentlich nicht für möglich gehalten hatte, das traf ein: Er schoß die höchste Punktzahl und kassierte unter dem Jubel der Waidgenossen, die ihm den Festtagsbraten von Herzen gönnten, das Spanferkel.

In seiner Siegesfreude hat der Sepp noch allerhand durch die Gurgel laufen lassen. Gegen elf in der Nacht ist man dann allgemein aufgebrochen. Der Sepp hat das Ferkel am Pürzel gepackt, es daran aus der unhandlichen Kiste gezogen und das ob solcher Behandlung erboste Tier einfach in seinen Rucksack gesteckt und denselben gut zugebunden. Unbekümmert um das ohrenbetäubende Gequieke und wütende Strampeln seines Siegerpreises marschierte der Sepp los. Zwei Stunden Weg vor sich. Aber halt, warum denn nicht den Abkürzer durch den Staatsforst? Das bringt eine Dreiviertelstunde Ersparnis! Zügig schreitet der Sepp aus, soweit es der Alkoholspiegel eben zuläßt.

»IchschiiießdenHirschimwilllden-

Forrrsst« schmettert der Sepp mit lauter Stimme in den dunklen Wald hinein, und »Uiiih! uiiih!« gellt es schauerlich aus dem Rucksack. Als wären entfesselte Naturgewalten in Aufruhr, so nimmt das enge finstere Gefängnis auf seinem Rücken alle möglichen Formen an, was dem sowieso angeschlagenen Gleichgewichtssinn des Sepp nicht unbedingt bekömmlich ist.
»Uiiih! Uiiih!« Das temperamentvolle Fakei spreizt sich gerade in der Länge aus, und der Rucksack erhält Preßsackform. Jetzt – ein schnellender Tiefschlag in die Nieren vom Sepp, der ihn fast umreißt, dann wieder ein gählinger Hochhupfer, gefolgt von einem herzzerreißenden, bis ins hohe C gestimmten »Uiiih!« Und dann läuft etwas Nasses, Warmes aus dem Rucksack heraus und dem Sepp durch die Lederne den verlängerten Rücken hinunter.

Jetzt reicht's ihm aber! Es wird wohl besser sein, er nimmt das Malefizfakei an die Leine.

Gesagt, getan. Entschlossen nestelt der Sepp die Dackelleine vom Rucksack, holt das Ferkel mit festem Genickgriff heraus und befestigt die Halsung an dem sich wie toll gebärdenden Satansbraten. Unglückseliger Einfall! Das Fakei denkt gar nicht daran, leinenführig zu werden und neben dem Sepp auf dem Forstweg herzulaufen. Es stiebt nach allen erdenklichen Seiten weg. Der Sepp flucht, das Fakei kreischt, und dann verwickelt er sich noch in die Leine und muß sich zwangsläufig wie ein Kreisel um die eigene Achse drehen, um sich zu befreien. Aber, oh Unglück! Da ist ihm die Malefizkreatur ausgekommen, springt ins Brombeergebüsch ab, mitsamt der Leine, und gibt dabei markerschütternde Töne von sich.
Jetzt wird's dem Sepp endgültig zu dumm. Auf allen vieren kriecht er ins dornige Dickicht, holt die Bestie heraus. Dann nimmt er den Stutzen, hält dem Fakei die Mündung ins Genick und läßt den Schuß brechen.
»Gottseidank!« schnauft der Sepp, versorgt das Untier und stopft es in den Rucksack, um nun doch etwas gleichgewichtiger und schneller dem heimatlichen Einstand zuzustreben.

Er ist aber noch keine hundert Meter weit gekommen, da wird er jäh aus seinen Träumen vom brutzelbraunen Osterbraten gerissen durch ein donnerndes: »Halt, gib dich!« Und wie der Sepp entsetzt aufblickt, hält ihm einer drohend eine Laufmündung entgegen und wiederholt: »Gewehr runter, oder . . .«

Sigill:Miesb.

Dirnberger

Monat Maerz 1860.

Instinktiv läßt der Sepp den Stutzen von der Schulter gleiten und hebt die Hände: »Was willst denn, kennst mi net, i bin's doch, der Sepp!«
Doch der andere kanzelt ihn ab: »Maul halten, Lump, mitgehst, marsch! Laß dir's ja net einfall'n, abzuschieb'n!«
Sakra, da sitzt er aber im Schlamassel, sinniert der Sepp, das ist ja eine schöne G'schicht. Der da muß ein ganz neuer Forstbeamter sein, der ihn noch nicht kennt und vielleicht auch nicht weiß, daß heut' ein Schießen war, obwohl der Revierförster dabei war.
Also fängt er nochmal an: »I bin doch der Sepp von Finsterbach hint'. I geh g'rad vom Schießen hoam, und der Oberförster, der Alfons, war doch a da!« –
»Ruhig bist, Lump. Mach mir koane Schwierigkeiten, sonst duscht's! Was hast denn in deim Rucksack, der schwoaßt ja?«
»A Spofackl halt, mein Preis!«
»Daß i net lach, Falott, miserabliger. An Frischling hast g'wildert! Aber jetzt marsch, sag i, und koa Wörtel mehr!« Der Förster hebt erneut die Waffe und läßt damit keinen Zweifel an der Ernsthaftigkeit seiner Drohung.

Mit einem Schlag ist der Sepp stocknüchtern und begreift die fatale Situation. Resignierend hebt er die Schultern und sagt: »Also dann, genga ma.«

Zwar ballt er insgeheim die Fäuste und die gute Miene zum bösen Spiel wird ihm sauer, wenn er an die Blamage denkt, die er sich da eingehandelt hat. Wortlos gehen sie durch den Wald. Nach einer halben Stunde sind sie beim Forsthaus angelangt. Der Neue läutet den Chef aus dem Bett, der trotz eines Brummschädels herzlich und auch ein bißchen schadenfroh lacht, als sich die Geschichte nunmehr schnell aufklärt.
Dem Sepp hat der Siegerpreis, der ihn in solche Ungelegenheiten brachte, schließlich doch noch geschmeckt. Beim Stammtisch aber wurde beschlossen, das nächste Frühjahrsschießen wieder mit soliden und vor allem transportfreundlichen Preisen auszuschreiben.

# Bekenntnis

Und wenn es nichts ums Jagen wär',
als frei im Holz zu streifen,
zu lauschen, wie der Kuckuck ruft
und wie die Finken pfeifen,
zu atmen frischen Tannenduft
und taugekühlte Morgenluft,
es wär' genug der Lust dabei
zum Lob der Jägerei.

Und wenn es nichts ums Jagen wär',
als fern vom Stadtgewimmel
durch Lauben, wie sie baut der Wald,
zu schau'n den blauen Himmel,
den Schwätzern aus dem Weg zu geh'n
und keine Narren mehr zu seh'n,
es wär' genug der Lust dabei
zum Lob der Jägerei.

Und wenn es nichts ums Jagen wär',
als d'ran die Zeit gewinnen,
ein Liedlein an das Liebchen fein
in Ruhe zu ersinnen.
Und würde ob dem holden Bild
vergessen selber gar das Wild,
doch wär' genug der Lust dabei
zum Lob der Jägerei!

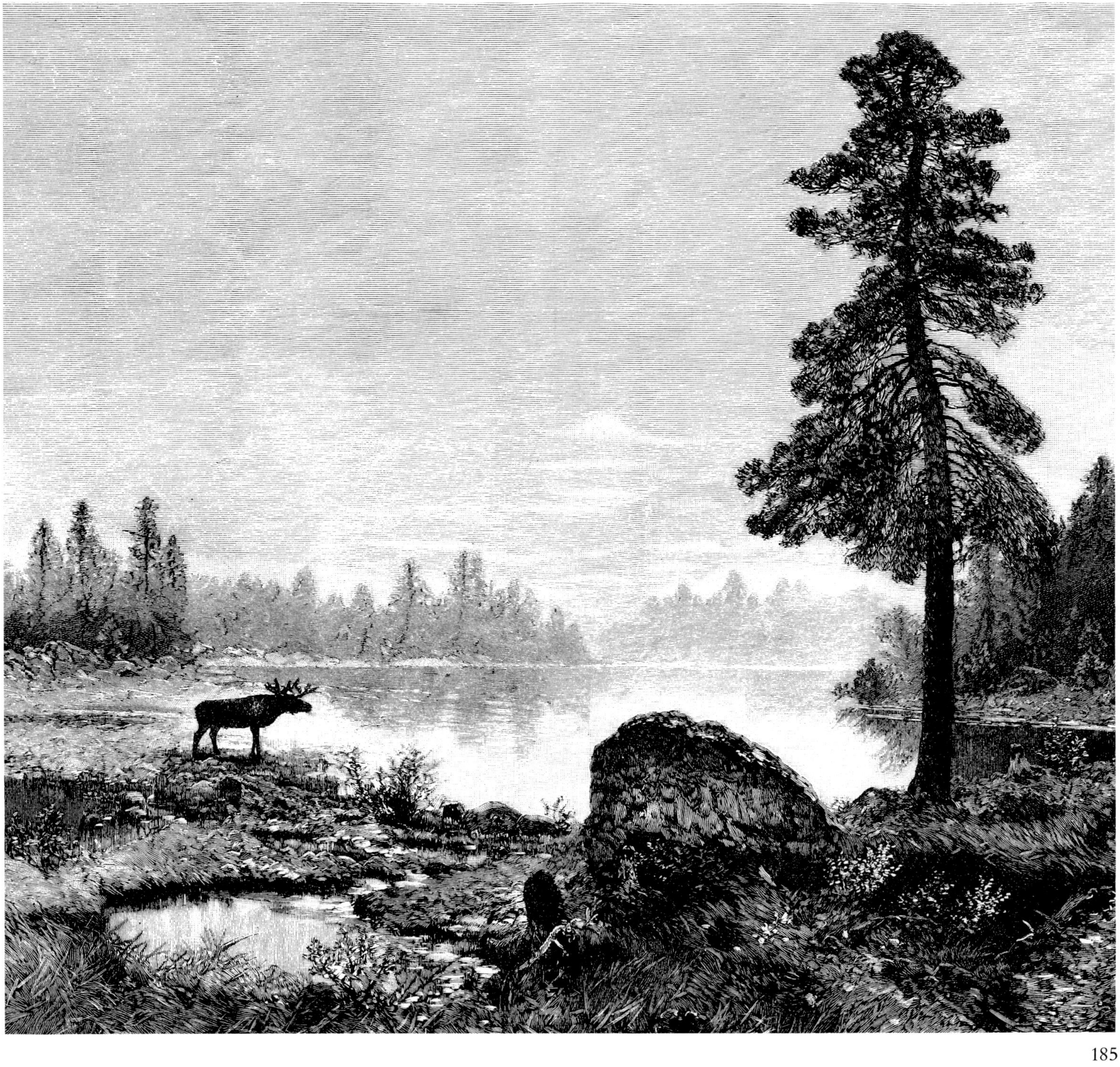

# Literaturhinweise

| | |
|---|---|
| o. A. | DJV-Handbücher, verschiedene Jahrgänge |
| o. A. | Lustige Jagd, 1898 |
| o. A. | Jagd und Kunst, Ausstellung Innsbruck, 1975 |
| o. A. | Herrn Petermanns Jagdbuch, 1870 |
| Konrad Dreher | Waldhornlieder, 1905 |
| Fitter/Blamey | Pareys Blumenbuch, 1975 |
| Ludwig Ganghofer | Jagdtagebuch, 1896/1978 |
| Albert Hauser | Bauernregeln, 1973 |
| Franz von Kobell | Wildanger, 1859 |
| Hermann Löns | Mein grünes Buch, 1912 |
| Walter Norden | Jagd-Brevier, 1970 |
| Walter Nordheim | Das Jagdhüttenbuch, 1978 |
| Walter Nordheim | Grüner Humor, 1973 |
| Walter Nordheim | Brevier für Waldwanderer, 1978 |
| Walter Nordheim | Die Jagd im Wandel der Zeit, 1975 |
| Walter Nordheim | Wandbildkalender Hege und Jagd, versch. Jahrgänge |
| Fritz Nüßlein | Jagdkunde, 1976 |
| Ferdinand v. Raesfeld | Das deutsche Waidwerk, 1919 |
| Riesenthal | Riesenthals Jagdlexikon, 1916 |
| Gisela Siebert | Kranichstein, 1969 |
| Ulrich Wendt | Kultur und Jagd, 1908 |

# Fotonachweise

| Seite | Fotograf |
|---|---|
| 10 | C. B. Thiermeyer |
| 15 | Löbl/Schreyer |
| 19 | Dr. Bahnmüller |
| 23 | Lehle |
| 26 | Adam/ZEFA |
| 31 | Elfner |
| 35 | Ziesler |
| 38 | Gerlach |
| 43 | Maier/Gdt |
| 47 | Tönges/Schuster |
| 50 | Lehle |
| 55 | Reinhard/Mauritius |
| 58 | Gerlach |
| 62 | Dr. Bahnmüller |
| 67 | K. H. Löhr |
| 71 | Löbl/Schreyer |
| 74 | Tönges/Schuster |
| 79 | Rastl |
| 83 | Gerlach |
| 87 | Nowak-Nordheim |
| 90 | Laßwitz |
| 95 | Thiermeyer |

| Seite | Fotograf |
|---|---|
| 98 | Elfner |
| 103 | Rohdich |
| 106 | Gerlach |
| 111 | Gerlach |
| 114 | pro carta |
| 119 | Gerlach |
| 122 | Elfner |
| 127 | Tilgner |
| 131 | Gerlach |
| 135 | Nowak-Nordheim |
| 138 | Lehle |
| 143 | Madersbacher/Mauritius |
| 147 | Löbl/Schreyer |
| 151 | K. H. Löhr |
| 154 | Lehle |
| 159 | Schmelzenbach |
| 163 | Gerlach |
| 167 | Lehle |
| 170 | Maier/GDT |
| 175 | Reinhard/Mauritius |
| 179 | Gerlach |
| 183 | Dr. Bahnmüller |

## Weitere Ratgeber für Hobby-Gärtner aus dem Bechtermünz Verlag:

**Peter Himmelhuber:**
**Obstgehölze richtig schneiden**
96 Seiten, Format 21,0 x 26,0 cm,
gebunden
Best.-Nr. 374 231
ISBN 3-86047-328-X
Sonderausgabe nur DM 15,–

**Peter Mchoy:**
**Das große Buch der Gartenplanung**
256 Seiten, Format 29,7 x 22,8 cm,
gebunden
Best.-Nr. 787 945
ISBN 3-8289-1520-5
Sonderausgabe nur DM 29,90

**Gärtner Pötschkes großes Gartenbuch**
288 Seiten, Format 16,0 x 24,0 cm,
gebunden
Best.-Nr. 344 952
ISBN 3-86047-735-8
Sonderausgabe nur DM 12,80

**Stein/Pinske:**
**Kleingewächshäuser**
80 Seiten, Format 21,5 x 26,6 cm,
gebunden
Best.-Nr. 229 799
ISBN 3-89440-160-5
Sonderausgabe nur DM 15,–

**Richard Bird:**

**Farbenfrohe Pflanzenideen**

80 Seiten, Format 21,0 x 21,0 cm,
gebunden
Best.-Nr. 762 880
ISBN 3-8289-1536-1
Sonderausgabe nur DM 16,90

**Richard Bird:**

**Farbenfrohe Hängekörbe für jede Jahreszeit**

128 Seiten, Format 21,0 x 21,0 cm,
gebunden
Best.-Nr. 758 474
ISBN 3-8289-1537-X
Sonderausgabe nur DM 16,90

**Fritz Köhlein:**

**Kleine Pflanzen für kleine Gärten**

272 Seiten, Format 17,0 x 22,5 cm,
gebunden
Best.-Nr. 757 971
ISBN 3-8289-1533-7
Sonderausgabe nur DM 19,80

**Julie London:**

**Gartenprojekte an einem Wochenende**

80 Seiten, Format 21,5 x 26,3 cm,
gebunden
Best.-Nr. 778 746
ISBN 3-8289-1524-8
Dt. Erstausgabe nur DM 15,–

**Peter Mchoy:**
**Der große Gartenpflanzenratgeber**
232 Seiten, Format 24,0 x 28,0 cm, gebunden
Best.-Nr. 787 952
ISBN 3-8289-1522-1
Dt. Erstausgabe nur DM 25,–

**Clarke Ethre:**
**Wasserspiele, Becken**
128 Seiten, Format 21,0 x 26,0 cm, gebunden
Best.-Nr. 758 318
ISBN 3-8289-1538-8
Sonderausgabe nur DM 19,90

**Jessica Houdret:**
**Die Hausapotheke**
128 Seiten, Format 25,0 x 23,0 cm, gebunden mit Schutzumschlag
Best.-Nr. 768 192
ISBN 3-8289-1526-4
Sonderausgabe nur DM 19,90

**Ron Fischer:**
**Küstenlandschaften Australiens**
200 Seiten, Format 20,5 x 29,0 cm, gebunden mit Schutzumschlag
Best.-Nr. 779 983
ISBN 3-8289-3395-5
Sonderausgabe nur DM 29,90